Das partiarische Darlehen als Instrument der Unternehmensfinanzierung

Europäische Hochschulschriften Recht

European University Studies in Law

Publications Universitaires Européennes de Droit

Band/Volume 6163

PETER LANG

Björn Brauer

Das partiarische Darlehen als Instrument der Unternehmensfinanzierung

PETER LANG

Bibliografische Information der Deutschen Nationalbibliothek
Die Deutsche Nationalbibliothek verzeichnet diese Publikation in der Deutschen Nationalbibliografie; detaillierte bibliografische Daten sind im Internet über http://dnb.d-nb.de abrufbar.

Zugl.: Berlin, Humboldt-Univ., Diss., 2019

Gedruckt auf alterungsbeständigem, säurefreiem Papier.
Druck und Bindung: CPI books GmbH, Leck

D 11
ISSN 0531-7312
ISBN 978-3-631-80931-0 (Print)
E-ISBN 978-3-631-82305-7 (E-PDF)
E-ISBN 978-3-631-82306-4 (EPUB)
E-ISBN 978-3-631-82307-1 (MOBI)
DOI 10.3726/b17010

Peter Lang – Berlin · Bern · Bruxelles · New York · Oxford · Warszawa · Wien

Diese Publikation wurde begutachtet.

www.peterlang.com

Vorwort

Die vorliegende Arbeit wurde im Oktober 2019 von der Juristischen Fakultät der Humboldt-Universität zu Berlin als Dissertation angenommen.

Ich möchte mich bei meinem Doktorvater Herrn Prof. Dr. Lars Klöhn für die Betreuung und Begutachtung meiner Arbeit bedanken. Während meiner Zeit als Promovierender studierte ich für ein Jahr an der University of Oxford und konnte dort wichtige Erkenntnisse für meine Dissertation gewinnen. Besonders bedanken möchte ich mich deshalb bei Herrn Prof. Dr. Klöhn für seine Unterstützung in den damit verbundenen Bewerbungsverfahren. Mein Dank gilt auch Herrn Prof. Dr. Dr. Stefan Grundmann für die zügige Erstellung des Zweitgutachtens. Bedanken möchte ich mich zudem bei Herrn PD Dr. Kaspar Krolop für die kurzfristige Übernahme des Prüfungsvorsitzes im Rahmen meiner Disputation.

Diese Arbeit widme ich meinen Eltern, die mich in den vielen Jahren meiner juristischen Ausbildung immer tatkräftig unterstützt haben. Meiner Frau Eloise möchte ich ebenfalls dafür danken, dass sie mir während meines Studiums und meiner Promotion mit Rat und Tat zur Seite stand. Schließlich danke ich Philipp Schoppe für die Durchsicht dieser Arbeit.

Berlin, im Oktober 2019
Björn Brauer

Inhaltsübersicht

Inhaltsverzeichnis

Abkürzungsverzeichnis

AnSVG	Anlegerschutzverbesserungsgesetz
BaFin	Bundesanstalt für Finanzdienstleistungsaufsicht
CESR	Committee of European Securities Regulators
EBIT	Earnings Before Interest and Taxes
EBITDA	Earnings Before Interest, Taxes, Depreciation and Amortization
ECMH	Efficient Capital Market Hypothesis
ESMA	Europäische Wertpapier- und Marktaufsichtsbehörde
FinVermV	Finanzanlagenvermittlungsverordnung
FFF	Family, Friends and Fools
MAD	Market Abuse Directive
MAR	Market Abuse Regulation
MBG	Mittelständische Beteiligungsgesellschaft
MoMiG	Gesetz zur Modernisierung des GmbH-Rechts und zur Bekämpfung von Missbräuchen
SEC	United States Securities and Exchange Commission
UGV	Umgekehrter Generationenvertrag
VermVerMiV	Vermögensanlagen-Veröffentlichungs- und Mitteilungspflichtenverordnung
VIB	Vermögensanlagen-Informationsblatt

Hinsichtlich der oben nicht aufgeführten Abkürzungen wird verwiesen auf Kirchner, Hildebert, Abkürzungsverzeichnis der Rechtssprache, 9. Aufl., Berlin, 2018 (bearbeitet von Böttcher, Eike).

A. Einleitung

Das partiarische Darlehen führte lange Zeit ein Schattendasein. In der rechtswissenschaftlichen Literatur fand es hauptsächlich Erwähnung aufgrund seiner Ähnlichkeit zur stillen Gesellschaft und der sich daraus ergebenden Abgrenzungsschwierigkeiten.[1] Eine umfangreiche zivil- und kapitalmarktrechtliche Aufarbeitung erfolgte mangels echter Praxisrelevanz nur sporadisch. Die öffentliche Wahrnehmung des partiarischen Darlehens änderte sich jedoch in den letzten Jahren, woran das Crowdinvesting einen erheblichen Anteil hatte. Durch eine Befreiung von der Prospektpflicht schuf der Gesetzgeber einen Anreiz, das partiarische Darlehen bei den sogenannten Schwarmfinanzierungen zu verwenden. Der neu geschaffene Anwendungsbereich rückte das partiarische Darlehen stärker in das Zentrum der Aufmerksamkeit und eine zivil- und kapitalmarktrechtliche Analyse wurde zunehmend relevant. Die Idee für die vorliegende Dissertation war entstanden.

Diese Arbeit soll allerdings keine Untersuchung des Crowdinvesting darstellen, sondern im ersten Teil grundsätzliche Rechtsfragen zum partiarischen Darlehen als Instrument der Unternehmensfinanzierung beantworten. Neue Erkenntnisse gewinnt die Dissertation insbesondere in Bezug auf die Vereinbarkeit von partiarischen (Nachrang-)Darlehen und allgemeinen Geschäftsbedingungen. Zudem zeigt sie, dass einige für Genussrechte entwickelte Rechtsgrundsätze auch auf partiarische Darlehen anwendbar sind. Das ist insbesondere der Fall bei gesetzlichen Informationsrechten und vertraglichen Schadensersatzansprüchen. Im weiteren Verlauf bespricht die Arbeit unter anderem die Rechtsfolgen einer Vereinbarung von Covenants bei partiarischen Darlehen. Zum Beispiel stellt sich die Frage, inwiefern Covenants zu einer Umdeutung des Rechtsgeschäfts in eine stille Gesellschaft führen können. Schließlich werden neue Gedanken zur Prospekthaftung und Ad-hoc-Publizität nach dem VermAnlG entwickelt.

Der zweite Teil der Arbeit baut auf der rechtlichen Betrachtung auf und beantwortet anhand einer ökonomischen Analyse folgende Frage: Ist das partiarische Darlehen ein „gutes“ oder „schlechtes“ Instrument der Unternehmensfinanzierung? Die Bewertung erfolgt aus der Investorensicht anhand von vier Kriterien: Information, Mitsprache, Liquidität und Risiken. Es wird deutlich,

1 Darauf lag ein wesentlicher Fokus früherer Dissertationen zum partiarischen Darlehen: *Kühnle*, Stille Gesellschaft und Partiarisches Darlehen, 1967, S. 134 ff.; *Ebert*, Stille Gesellschaft, Genussrecht und partiarisches Darlehen, 2010, S. 134 ff.

dass das partiarische Darlehen ein eher „gutes" Instrument der Unternehmensfinanzierung in Bezug auf seine Informations- und Mitsprachemöglichkeiten ist, während negative Eigenschaften bei der Liquidität und den Risiken überwiegen.

Mithilfe der Ergebnisse des zweiten Teils schlägt diese Arbeit zum Ende Gesetzesänderungen vor. Sollte der Gesetzgeber die aufgezeigten Ideen umsetzen, könnte das partiarische Darlehen zu einem besseren Instrument der Unternehmensfinanzierung werden. Es würde auch außerhalb des Crowdinvesting öffentlichkeitswirksame Verwendung finden und damit weiter aus seinem Schattendasein hervortreten.

B. Grundlagen

I. Partiarische Darlehen und Mezzanine-Finanzierung

Partiarische Darlehen sind eine besondere Form des Darlehensvertrags, die anstelle eines festen Zinssatzes zumindest teilweise eine erfolgsabhängige Vergütung vorsehen.[2] Sie werden in den §§ 488 ff. BGB nicht ausdrücklich erwähnt, jedoch vom Gesetzgeber an anderer Stelle, wie dem § 1 Abs. 2 Nr. 3 VermAnlG, vorausgesetzt.

Als Instrument der Unternehmensfinanzierung wird das partiarische Darlehen zum sogenannten Mezzanine-Kapital gezählt. Der Begriff Mezzanine stammt aus dem Italienischen und bedeutet „Zwischengeschoss".[3] Mezzanine-Finanzierungsinstrumente weisen sowohl Charakteristika von Eigen- als auch von Fremdkapital auf und nehmen damit eine Zwischenstellung ein.[4] Beim partiarischen Darlehen wird diese Zwischenstellung durch eine Beteiligung am Erfolg des Unternehmens erreicht, die jedoch ohne Einräumung einer Gesellschafterstellung einhergeht. Außerdem werden die Darlehensgläubiger nicht am Verlust des Schuldners beteiligt. Das wäre mit dem Wesen des Darlehens nicht vereinbar, denn nach § 488 Abs. 1 S. 2 BGB ist der Schuldner[5] verpflichtet, das Darlehen wieder zurückzuzahlen.[6] Eine Eigenkapitalähnlichkeit entsteht durch die in der Regel vereinbarte Nachrangklausel. Im Insolvenzfall tritt der Darlehensgeber grundsätzlich wie ein Gesellschafter hinter die übrigen Gläubiger zurück, was die Forderung häufig wertlos macht und das erhöhte Risiko dieses Finanzierungsinstruments offenbart.[7] Der Darlehensgeber erhält nur im Verhältnis zum echten Eigenkapital eine bevorzugte Auszahlung aus der Insolvenzmasse. Insgesamt zählt das partiarische Nachrangdarlehen zu den fremdkapitalähnlichen Mezzanine-Instrumenten (sogenannte Debt Mezzanine),

---

2 *Weidenkaff*, in: Palandt, BGB, 77. Aufl. 2018, Vorb v § 488 Rn. 20.

3 Duden, Das Fremdwörterbuch, 11. Aufl. 2015, S. 686.

4 *Hoffmann*, in: Derleder/Knops/Bamberger, Deutsches und europäisches Bank- und Kapitalmarktrecht, 3. Aufl. 2017, § 22 Rn. 84.

5 In der folgenden Arbeit wird aus Gründen der besseren Lesbarkeit ausschließlich die männliche Form verwendet. Sie bezieht sich auf Personen beiderlei Geschlechts.

6 *Jestädt*, DStR 1993, 387, 389; *Blaurock*, in: Blaurock, Handbuch stille Gesellschaft, 8. Aufl. 2016, Rn. 5.33; *Sagasser*, in: Assmann/Schütze, Handbuch des Kapitalanlagerechts, 4. Aufl. 2015, § 27 Rn. 512.

7 *Schmeisser/Clausen*, DStR 2008, 688.

wohingegen Genussrechte und stille Beteiligungen zumeist in stärkerem Maße eigenkapitalähnlich ausgestaltet sind (Equity Mezzanine).[8]

Die Vorteile einer Mezzanine-Finanzierung liegen insbesondere in der Stärkung der Eigenkapitalstruktur. Unabhängig davon, ob das Finanzierungsinstrument bilanz- oder steuerrechtlich als Eigen- oder Fremdkapital eingeordnet wird, können Mezzanine-Finanzierungsmittel im internen Ratingverfahren von Kreditgebern als Eigenkapital qualifiziert werden.[9] Das liegt an der überwiegend wirtschaftlichen Betrachtung beim Rating, die anstelle einer rein rechtlichen Bewertung erfolgt.[10] Man spricht deshalb auch von wirtschaftlichem Eigenkapital.[11] Maßgebliche Eigenkapitalkriterien sind häufig ein vereinbarter Nachrang und ein weitgehender Ausschluss von Kündigungsrechten. Ferner wird in der Regel vorausgesetzt, dass das Darlehen nicht besichert wird und eine langfriste Vertragslaufzeit von jedenfalls fünf Jahren besteht.[12] Ein verbessertes Rating reduziert die Fremdkapitalkosten eines Unternehmens. Die Ausgestaltung des Ratings ist jedoch institutsabhängig und variiert von Fall zu Fall.

Ein weiterer Vorteil der Mezzanine-Finanzierung ist, dass die Aufnahme neuer Gesellschafter und der damit verbundene Einflussverlust auf das Unternehmen vermieden werden kann.[13] Im Falle des partiarischen Darlehens besteht nicht einmal ein gesetzlich ausdrücklich normiertes Informations- und Kontrollrecht, wie es etwa einem stillen Gesellschafter gemäß § 233 HGB zusteht. Der Einfluss des Darlehensgebers ist damit auf ein Minimum reduziert. Nichtsdestoweniger können dem Investor im Darlehensvertrag entsprechende Rechte zugestanden werden.[14] Darauf wird im weiteren Verlauf der Arbeit näher eingegangen.

---

8 *Schmeisser/Clausen*, DStR 2008, 688, 689.

9 *Weitnauer*, GWR 2012, 193 f.; *Stamm/Riese*, in: Habersack/Mülbert/Schlitt, Unternehmensfinanzierung am Kapitalmarkt, 3. Aufl. 2013, § 24 Rn. 5; *Schmeisser/Clausen*, DStR 2008, 688.

10 *Weitnauer*, GWR 2012, 193; *Stamm/Riese*, in: Habersack/Mülbert/Schlitt, Unternehmensfinanzierung am Kapitalmarkt, 3. Aufl. 2013, § 24 Rn. 4.

11 *Brüse*, Mezzanine-Kapital für den Mittelstand, 2011, S. 43 Rn. 3.1.6.

12 *Brüse*, Mezzanine-Kapital für den Mittelstand, 2011, S. 43 Rn. 3.1.6; *Weitnauer*, GWR 2012, 193 f.

13 *Brokamp* et al., Mezzanine-Finanzierungen, 2008, S. 23.

14 *Blaurock*, in: Blaurock, Handbuch stille Gesellschaft, 8. Aufl. 2016, Rn. 5.37.

II. Erfolgsbeteiligung

Der partiarische Darlehensgeber erhält eine Erfolgsbeteiligung als Ausgleich für ein vergleichsweise hohes Risiko und aufgrund einer schwachen Stellung in der Gesellschaft. Die Beteiligung kann unterschiedlich ausgestaltet sein. Gängige Anknüpfungspunkte sind etwa der Jahresüberschuss, Bilanzgewinn, Umsatz, EBIT oder EBITDA.[15] Der Jahresüberschuss meint den Gewinn des Geschäftsjahres nach Steuern und vor Ergebnisverwendung (insbesondere Rücklagenbildung).[16] Bilanzgewinn beschreibt den Gewinn nach Steuern und Ergebnisverwendung.[17] Umsatz ist der Wert der verkauften Waren und Dienstleistungen. EBIT ist die Abkürzung für *Earnings Before Interest and Taxes*. Die Zinskosten und Steuerbelastungen werden dabei ausgeklammert, weil diese variieren und länderspezifisch ausgestaltet werden können. Marktbeobachter können dadurch die Gewinne von Wettbewerbern besser vergleichen.[18] Der EBITDA ist zusätzlich von *Depreciations* (Abschreibungen auf Wirtschaftsgüter) und *Amortizations* (Abschreibungen auf Geschäfts- und Firmenwerte) bereinigt. Er trifft vor allem eine Aussage zur objektiven Leistungsfähigkeit und Rentabilität eines Unternehmens.[19] Der partiarische Darlehensgeber wird in der Regel prozentual an einem der soeben genannten Anknüpfungspunkte beteiligt.[20]

Der BFH hat den Anwendungsbereich des partiarischen Darlehens durch ein Urteil aus dem Jahr 2010 noch einmal ausgeweitet. Danach liege ein partiarisches Darlehen auch dann vor, wenn beide Parteien eine Festverzinsung vereinbaren, aber die Zahlung des Darlehenszinses von der Liquiditätslage des Unternehmens abhängt.[21] Eine solche „zeitlich nicht begrenzte Stundungsregel" führe nach Ansicht des BFH dazu, dass der Darlehensgeber erst dann einen durchsetzbaren Anspruch auf den Darlehenszins erlangt, wenn das darlehensnehmende Unternehmen ein positives Betriebsergebnis erzielt.[22] Damit sei eine

---

15 *Peine/Weiers*, in: Bösl/Schimpfky/Beauvais, Fremdfinanzierung für den Mittelstand, 2014, § 10 Rn. 43; *Bader*, WM 2014, 2249, 2251.

16 *Merkt*, in: Baumbach/Hopt, HGB, 38. Aufl. 2018, § 275 Rn. 21.

17 *Winnefeld*, Bilanz-Handbuch, 5. Aufl. 2015, Kap. G Rn. 440.

18 *Binder/Högsdal*, Controlling & Management Review 2017, 58, 59.

19 *Binder/Högsdal*, Controlling & Management Review 2017, 58, 59.

20 *Werner*, Mezzanine-Kapital, 2. Aufl. 2007, S. 139.

21 BFH DStR 2010, 2448, 2449; so auch schon *Brezski* et al., Mezzanine-Kapital für den Mittelstand, 2006, S. 89.

22 BFH DStR 2010, 2448, 2449.

ausreichende Beteiligung am Erfolg gegeben und ein partiarisches Darlehen liege vor.[23]

III. Nachrang

Das partiarische Darlehen setzt nicht zwangsläufig eine Nachrangklausel voraus. Grundsätzlich wird der Darlehensgeber im Falle einer Insolvenz als Insolvenzgläubiger gemäß § 38 InsO bedient. Das durch den Nachrang erhöhte Risiko bildet jedoch ein wirtschaftliches Gegengewicht zu den hohen Renditechancen einer Erfolgsbeteiligung an einem Unternehmen.[24] Sieht die Parteivereinbarung einen ausreichenden Nachrang vor, entfällt das Risiko der Qualifikation als Einlagengeschäft gemäß § 1 Abs. 1 S. 2 Nr. 1 KWG.[25] Außerdem kann bei nachrangigen Darlehen in bestimmten Fällen gemäß § 19 Abs. 2 S. 2 InsO auf ein Ausweisen der Forderung in der Überschuldungsbilanz verzichtet werden.[26] Wie oben bereits erwähnt, kann der Nachrang auch eine Voraussetzung für ein Rating als wirtschaftliches Eigenkapital sein. Auf diese Punkte wird im weiteren Verlauf der Arbeit näher eingegangen.

Das partiarische Nachrangdarlehen ist nicht ausdrücklich im Gesetz geregelt. Die Möglichkeit, eine Nachrangklausel rechtlich wirksam zu vereinbaren, wird in § 39 II InsO vorausgesetzt. Zudem erwähnt der Gesetzgeber das Nachrangdarlehen in § 1 Abs. 2 Nr. 4 VermAnlG. Dogmatisch lässt sich die wirksame Vereinbarung einer Nachrangklausel damit begründen, dass es den Gläubigern freisteht, sich am Insolvenzverfahren zu beteiligen.[27] Daher wird ihnen als Minus die Option eingeräumt, gegenüber anderen Gläubigern bei der Befriedigung

---

23 BFH DStR 2010, 2448, 2449.

24 *Leopold/Reichling*, DStR 2004, 1360, 1361; *Peine/Weiers*, in: Bösl/Schimpfky/Beauvais, Fremdfinanzierung für den Mittelstand, 2014, S. 224 Rn. 2.

25 BT-Drs. 15/3641, S. 36; BaFin, Merkblatt Einlagengeschäft, Stand 11.03.2014, I 5 a) aa), abrufbar unter https://www.bafin.de/SharedDocs/Veroeffentlichungen/DE/Merkblatt/mb_140311_tatbestand_einlagengeschaeft.html (zuletzt abgerufen am 29.11.2018); BGH NZI 2018, 415; *Schäfer*, in: Boos/Fischer/Schulte-Mattler, KWG, CRR-VO, 5. Aufl. 2016, § 1 KWG Rn. 46; *Schürmann/Langner*, in: Schimansky/Bunte/Lwowski, Bankrechts-Handbuch, 5. Aufl. 2017, § 69 Rn. 6b; *Poelzig*, WM 2014, 917, 919; *Servatius*, in: Langenbucher/Bliesener/Spindler, Bankrechts-Kommentar, 2. Aufl. 2016, 35. Kap. Rn. 13.

26 *Schmidt*, BB 2008, 461, 463; *Henkel/Wentzler*, GmbHR 2013, 239, 240; *Bitter*, ZIP 2015, 345, 347.

27 *Ehricke*, in: MüKo-InsO, 3. Aufl. 2013, § 39 Rn. 62.

ihrer Forderung zurückzutreten.[28] Die zurücktretenden Forderungen werden auch als *junior debt* oder *subordinated debt* und die vorrangigen Ansprüche als *senior debt* bezeichnet.[29]

Es bestehen im Wesentlichen drei Arten von Nachrangvereinbarungen: relative, absolut einfache und absolut qualifizierte. Relative Nachrangvereinbarungen wirken lediglich schuldrechtlich zwischen einzelnen Gläubigern.[30] Der nachrangige Gläubiger verzichtet nicht auf seine Auszahlungen aus der Insolvenzmasse, sondern er zahlt die erhaltenen Gelder an einen oder mehrere Gläubiger, bis die vorrangigen Ansprüche erfüllt sind. Alternativ kann er vor der Auszahlung aus der Insolvenzmasse seine Ansprüche abtreten. Einigen sich zwei Gläubiger auf einen relativen Rangrücktritt, ist es in der Regel sinnvoll, den Schuldner in das Rechtsverhältnis mit einzubeziehen. Dadurch kann verhindert werden, dass der Schuldner weiterhin gegenüber dem nachrangigen Gläubiger aufrechnen oder mit erfüllender Wirkung leisten kann.[31] Aufgrund des rein schuldrechtlichen Charakters eines relativen Nachrangs, ist der Anwendungsbereich des § 39 Abs. 2 InsO nicht eröffnet.[32] Der Vorteil einer solchen Vereinbarung liegt darin, dass nicht alle Insolvenzgläubiger gleichermaßen von der Klausel profitieren, sondern nur ausgewählte Gläubiger.[33]

Darüber hinaus gibt es absolut wirkende einfache und qualifizierte Nachrangklauseln. Dabei handelt es sich um Vereinbarungen zwischen einem Gläubiger und seinem Schuldner mit insolvenzrechtlicher Wirkung gegenüber allen anderen Gläubigern.[34] Bei einer einfachen Nachrangvereinbarung erfolgt ein Rangrücktritt gegenüber dem restlichen Fremdkapital und im Zweifel bis zum Rang des § 39 Abs. 2 InsO.[35] Ein qualifizierter Nachrang (auch tiefer Rangrücktritt genannt) beinhaltet darüber hinaus die Vereinbarung einer vorinsolvenzrechtlichen Durchsetzungssperre (*pactum de non patendo*) und setzt im Falle des § 19

---

28 *Ehricke*, in: MüKo-InsO, 3. Aufl. 2013, § 39 Rn. 62; *Hirte*, in: Uhlenbruck/Hirte/Vallender, InsO, 14. Aufl. 2015, § 39 Rn. 52.

29 *Rödding*, in: Lüdicke/Sistermann, Unternehmensteuerrecht, 2. Aufl. 2018, § 3 Rn. 117.

30 *Gleske, Laudenklos*, in: Eilers/Rödding/Schmalenbach, Unternehmensfinanzierung, 2. Aufl. 2014, S. 536 Rn. 30; *Ebert*, Stille Gesellschaft, Genussrecht und partiarisches Darlehen, 2010, S. 116.

31 *Peters*, WM 1988, 641, 643.

32 *Bräuerle*, in: Braun, InsO, 7. Aufl. 2017, § 39 Rn. 32.

33 *Merkel/Richrath*, in: Schimansky/Bunte/Lwowski, Bankrechts-Handbuch, 5. Aufl. 2017, § 98 Rn. 126.

34 *Berger*, in: MüKo-BGB, 7. Aufl. 2016, Vor § 488 Rn. 105.

35 *Berger*, in: MüKo-BGB, 7. Aufl. 2016, Vor § 488 Rn. 105.

Abs. 2 S. 2 InsO den Rang des § 39 Abs. 2 InsO voraus.[36] Der Gläubiger darf seine Forderung nur noch dann geltend machen, soweit dies keine Überschuldung oder Insolvenz des Schuldners auslöst.[37] Durch einen qualifizierten Nachrang kann der Darlehensgeber gemäß § 19 Abs. 2 S. 2 InsO eine Überschuldung vermeiden, weil eine Passivierung der Darlehensforderung in der Überschuldungsbilanz nicht erfolgen muss.[38] Zwar setzt der § 19 Abs. 2 S. 2 InsO nach seinem Wortlaut keine vorinsolvenzrechtliche Durchsetzungssperre voraus, jedoch bedarf es eines solchen Instruments aufgrund des Sinn und Zwecks der Überschuldungsbilanz.[39] Die Überschuldungsbilanz soll feststellen, ob das Vermögen ausreicht, alle außenstehenden Gesellschaftsgläubiger zu befriedigen.[40] Wenn der nachrangige Darlehensschuldner vor der Insolvenz in der Lage ist, seine Forderung durchzusetzen, muss das in der Überschuldungsbilanz entsprechend gewürdigt werden.[41]

§ 19 Abs. 2 S. 2 InsO gilt nach seinem Wortlaut nur bei Gesellschafterdarlehen oder Rechtshandlungen, die einem solchen Darlehen wirtschaftlich entsprechen. Die Vorschrift ist auch auf außenstehende Drittgläubiger anwendbar.[42] Es besteht eine vergleichbare Interessenslage, denn bei der Feststellung, ob eine Überschuldung vorliegt oder nicht, ist es unerheblich, inwiefern das nachrangige Darlehen von einem Gesellschafter oder Dritten gewährt wurde.[43]

Rechtlich stellt die qualifizierte Nachrangvereinbarung nach überwiegender Auffassung ein Schuldänderungsvertrag gemäß § 311 Abs. 1 BGB dar.[44] Das

---

36 BGH NZI 2015, 315, 316; *Bitter*, ZIP 2015, 345, 346; *Prosteder/Dachner*, in: BeckOK-InsO, Stand: 26.04.2018, § 39 Rn. 113 ff.

37 *Prosteder/Dachner*, in: BeckOK-InsO, Stand: 26.04.2018, § 39 Rn. 115.

38 BGHZ 146, 264, 271 = BGH NJW 2001, 1280, 1281; BGH NZI 2015, 315, 316; *Kiethe*, DStR 2006, 1763, 1765; *Steinhauer*, in: Häger/Elkemann-Reusch/Alvensleben, Mezzanine Finanzierungsinstrumente, 2. Aufl. 2007, S. 181 Rn. 458; *Mock*, in: Uhlenbruck/Hirte/Vallender, InsO, 14. Aufl. 2015, § 19 Rn. 157; *Karsten Schmidt*, in: Schmidt, InsO, 19. Aufl. 2016, § 19 Rn. 35; *Bitter*, ZIP 2015, 345, 346; a.A. *Geiser*, NZI 2013, 1056 ff.; *Weitnauer*, BKR 2009, 18, 23; *Gehrlein*, BB 2011, 1539, 1540.

39 *Schmidt*, BB 2008, 461, 463; *Henkel/Wentzler*, GmbHR 2013, 239, 240; *Bitter*, ZIP 2015, 345, 347.

40 BGHZ 146, 264, 271 = BGH NJW 2001, 1280, 1281.

41 Siehe dazu auch das anschauliche Rechenbeispiel von *Bitter*, ZIP 2015, 345, 347.

42 BGH NZI 2015, 315, 316; *Weitnauer*, GWR 2012, 193, 195; *Frystatzki*, NZI 2013, 609, 611; *Schmidt*, ZIP 2015, 901, 903; a.A. *Bitter*, ZIP 2015, 345, 347.

43 *Weitnauer*, GWR 2012, 193, 195.

44 BGH NZI 2015, 315, 317; *Peters*, WM 1988, 641, 642; *Schrell/Kirchner*, BKR 2004, 212, 214; *Hoos/Köhler*, GmbHR 2015, 729, 731; a.A. *Fleck*, in: FS Döllerer, 1988, 109, 119 als pactum de non petendo.

gleiche gilt für die relative Nachrangvereinbarung.[45] Für die folgende Arbeit sind vor allem die rechtlichen Implikationen des qualifizierten Nachrangs interessant.

IV. Geschichtliche Entwicklung

Partiarische Rechtsgeschäfte existieren bereits seit dem dritten Jahrtausend v. Chr.[46] Sumerische Grundstückseigentümer vereinbarten mit Landwirten Pachtverträge, die anstelle eines festen Pachtzinses eine Beteiligung am Erfolg des Gewerbes vorsahen.[47] Partiarische Rechtsgeschäfte wurden auch bei den Ägyptern, im antiken Griechenland, Babylon und im römischen Reich abgeschlossen.[48] In Mitteleuropa verbreitete sich im zehnten Jahrhundert n. Chr. unter Kaufleuten das Rechtsinstitut der Commenda.[49] Kaufleute transportierten und veräußerten Waren ihrer Kollegen auf entfernten Handelsplätzen und erhielten dafür eine Beteiligung am Gewinn.[50] Die Rechtsnatur gleicht aus heutiger Sicht in vielen Fällen einem Kommissionsgeschäft mit partiarischer Erfolgsbeteiligung.[51] Die Commenda war wohl keine Gesellschaft, denn im Innenverhältnis haftete lediglich der Commendator.[52] Sie wird aber vor allem als Vorgängerin der stillen Gesellschaft betrachtet.[53]

Wann finden sich erste Spuren partiarischer Darlehen in der Geschichte? Teilweise wird auf römische Seedarlehen (*foenus nauticum*) aus dem zweiten Jahrhundert verwiesen, wobei es umstritten ist, ob diese Rechtsinstitute eine erfolgsabhängige Vergütung vorsahen.[54] Kreditgeber gewährten Händlern

---

45 *Merkel/Richrath*, in: Schimansky/Bunte/Lwowski, Bankrechts-Handbuch, 5. Aufl. 2017, § 98 Rn. 126.

46 *Silberschmidt*, Beteiligung und Teilhaberschaft, 1915, S. 122; *Denkhaus*, Die rechtliche Natur der partiarischen Rechtsgeschäfte, 1935, S. 4; *Ebert*, Stille Gesellschaft, Genussrecht und partiarisches Darlehen, 2010, S. 38.

47 *Crome*, Die partiarischen Rechtsgeschäfte, 1897, S. 37 ff.; *Silberschmidt*, Beteiligung und Teilhaberschaft, 1915, S. 122; *Ebert*, Stille Gesellschaft, Genussrecht und partiarisches Darlehen, 2010, S. 38.

48 *Silberschmidt*, Beteiligung und Teilhaberschaft, 1915, S. 121 ff.; *Denkhaus*, Die rechtliche Natur der partiarischen Rechtsgeschäfte, 1935, S. 4; *Ebert*, Stille Gesellschaft, Genussrecht und partiarisches Darlehen, 2010, S. 38.

49 *Denkhaus*, Die rechtliche Natur der partiarischen Rechtsgeschäfte, 1935, S. 5.

50 *Ebert*, Stille Gesellschaft, Genussrecht und partiarisches Darlehen, 2010, S. 39.

51 *Denkhaus*, Die rechtliche Natur der partiarischen Rechtsgeschäfte, 1935, S. 5.

52 *Denkhaus*, Die rechtliche Natur der partiarischen Rechtsgeschäfte, 1935, S. 5.

53 *Silberschmidt*, Beteiligung und Teilhaberschaft, 1915, S. 5 ff.; *Ebert*, Stille Gesellschaft, Genussrecht und partiarisches Darlehen, 2010, S. 70.

54 *Ebert*, Stille Gesellschaft, Genussrecht und partiarisches Darlehen, 2010, S. 44.

oder Schiffseigentümern festverzinste Darlehen zur Finanzierung von Warentransporten auf dem Seeweg.[55] Das Darlehen musste allerdings nur zurückgezahlt werden, wenn das Schiff sicher im Zielhafen ankam. Genügt das für die Begründung eines partiarischen Darlehens? Unser heutiges Verständnis der erfolgsabhängigen Vergütung ist insbesondere durch die weite Auslegung des BFH in seiner Entscheidung aus dem Jahr 2010 geprägt.[56] Danach liegt ein partiarisches Darlehen auch dann vor, wenn die Rückzahlung eines festverzinsten Darlehens von der Liquidität des Darlehensnehmers abhängt. Bei einem Seedarlehen kommt es zwar nicht auf die Liquidität, aber auf den Erfolg der Reise und des damit verbundenen Warenhandels an. Nach unserem heutigen Verständnis reicht das aus, um eine erfolgsabhängige Vergütung und damit ein partiarisches Darlehen zu begründen.

Das römische Seedarlehen war allerdings nicht das Erste seiner Art. Die Römer übernahmen das Seedarlehen von den Griechen (*nautikón dáneion*).[57] Erste Hinweise auf griechische Seedarlehen finden sich in der Zeit um 400 v. Chr.[58] Solche Seedarlehen wurden auch noch bis in das Mittelalter verwendet. Dort bezeichneten es die Vertragsparteien unter anderem als Bodmerei und Großaventurei.[59] Durch das Aufkommen von Versicherungsgeschäften verloren derartige Darlehenskonstruktionen aber an Relevanz.

In der deutschen Rechtsliteratur werden partiarische Darlehen erstmals im Rahmen des Abgrenzungsstreits mit der stillen Gesellschaft in dem Jahr 1875 erwähnt.[60] Gesetzlich kodifiziert war das partiarische Darlehen auch damals nicht.[61] Ende des 19. Jahrhunderts beschäftigte sich das Reichsgerichts in seinen Entscheidungen insbesondere mit dem Anwendungsbereich des partiarischen Darlehens. In einem Urteil aus dem Jahr 1888 sieht das Reichsgericht ein partiarisches Darlehen im Falle eines Vertrages zwischen Beteiligten an einer OHG vorliegen.[62] In dem Fall schied einer der Gesellschafter aus der OHG aus,

---

55 *Sieveking*, Das Seedarlehen des Altertums, 1893, S. 9; *Schmitz*, in: Bagnall, The Encyclopedia of Ancient History, 2013, Maritime Loans; *Honsell*, Römisches Recht, 7. Aufl. 2010, S. 120.

56 BFH DStR 2010, 2448; siehe auch oben B.II.

57 *Schmitz*, in: Bagnall, The Encyclopedia of Ancient History, 2013, Maritime Loans.

58 *Schmitz*, in: Bagnall, The Encyclopedia of Ancient History, 2013, Maritime Loans.

59 *Sieveking*, Das Seedarlehen des Altertums, 1893, S. 1.

60 *Crome*, Die partiarischen Rechtsgeschäfte, 1897, S. 8 ff.; *Ebert*, Stille Gesellschaft, Genussrecht und partiarisches Darlehen, 2010, S. 40.

61 *Denkhaus*, Die rechtliche Natur der partiarischen Rechtsgeschäfte, 1935, S. 7; *Ebert*, Stille Gesellschaft, Genussrecht und partiarisches Darlehen, 2010, S. 102.

62 RGZ 20, 163.

jedoch ließ er sein Kapital unverzinslich in der Gesellschaft. Dafür erhielt er eine gewinnabhängige Vergütung aus den Erlösen der Gesellschaft. Einen ähnlichen Fall entschied der BGH im Jahr 1964, bei der eine ehemalige Gesellschafterin ihr Kapital nach der Auflösung einer BGB-Innengesellschaft in dem Geschäft ließ.[63]

Inwiefern partiarische Darlehen im 20. Jahrhundert verwendet wurden, ist bis auf vereinzelte Gerichtsentscheidungen nicht hinreichend dokumentiert. Statistische Auswertungen sind – soweit ersichtlich – nicht vorhanden. Aufgrund der eingeschränkten Aufsicht über dieses Finanzierungsinstrument kann auch nicht auf Daten von Behörden zurückgegriffen werden.

Zu Beginn des 21. Jahrhunderts entwickelte die Unternehmensfinanzierung durch Mezzaninekapital praktische Relevanz. In den Jahren 2004 bis 2007 wurden sogenannte Standard-Mezzanine-Programme aufgelegt. Sie sollten für den deutschen Mittelstand eine bankenunabhängige und eigenkapitalähnliche Finanzierungsquelle schaffen.[64] Banken legten zwar die Programme auf, allerdings trugen sie selbst kein Risiko, sondern verbrieften die Forderungen gegen die Unternehmen und boten die Wertpapiere am Kapitalmarkt an.[65] Die Standardisierung ermöglichte es Mittelständlern, Mezzanine-Kapital auch in Höhe von niedrigen Millionenbeträgen kostengünstig einzuwerben. Insgesamt wurden ungefähr fünf Mrd. Euro an 800 Unternehmen in Deutschland ausgegeben.[66] Aufgrund einer Reihe von Zahlungsausfällen und dem Beginn der Finanzmarktkrise gab es nach 2007 keine Neuauflage der Standard-Mezzanine-Programme.[67] Bei den Programmen wurden hauptsächlich Forderungen aus Genussrechten und Nachrangdarlehen verbrieft. Partiarische Darlehen fanden hingegen keine Verwendung.[68]

An die Stelle der Standard-Mezzanine ist in den folgenden Jahren vermehrt die Individual-Mezzanine getreten.[69] Die Vertragskonditionen waren hier im Einzelfall ausgehandelt und es erfolgte auch keine Verbriefung[70]. Dadurch

---

63 BGH WM 1964, 965.

64 Habersack/Mülbert/Schlitt, Unternehmensfinanzierung am Kapitalmarkt, 3. Aufl. 2013, § 24 Rn. 24 ff.

65 *Brüse,* Mezzanine-Kapital für den Mittelstand, 2011, S. 72.

66 *Brüse,* Mezzanine-Kapital für den Mittelstand, 2011, S. 71.

67 *Brüse,* Mezzanine-Kapital für den Mittelstand, 2011, S. 83; *Mayer-Fiedrich/Müller*, BB 2013, 171.

68 *Brüse,* Mezzanine-Kapital für den Mittelstand, 2011, S. 72; Habersack/Mülbert/Schlitt, Unternehmensfinanzierung am Kapitalmarkt, 3. Aufl. 2013, § 24 Rn. 25; *Hommel/Nohtse/Schneider*, Corporate Finance biz 2011, 213.

69 *Mayer-Fiedrich/Müller*, BB 2013, 171, 172 f.

70 *Mayer-Fiedrich/Müller*, BB 2013, 171, 172 f.

entstanden in der Regel höhere Zins- und Transaktionskosten, weshalb überwiegend größere Finanzierungen durchgeführt wurden.[71] Eine Studie aus dem Jahr 2010 fand 26 Anbieter von Individual-Mezzanine in Deutschland, die sich insbesondere aus Banken, Sparkassen, öffentlich geförderten mittelständischen Beteiligungsgesellschaften (sog. MBGen) und sonstigen Investoren (z.B. Private Equity Fonds) zusammensetzten.[72] Die Studie zeigt aber auch, dass partiarische Darlehen keine Bedeutung auf dem Markt für Individual-Mezzanine spielten.[73]

V. Heutiger Anwendungsbereich

1. Crowdinvesting

Das partiarische Darlehen kommt heute überwiegend beim sogenannten Crowdinvesting zum Einsatz. Dabei handelt es sich um eine besondere Form des Crowdfunding. Durch Crowdfunding können vor allem Start-up-Unternehmen ihre Geschäftsideen auf Onlineplattformen präsentieren und finanzielle Unterstützung von registrierten Mitgliedern einwerben. Zu den Unterstützern zählen überwiegend Privatpersonen.[74] Erreicht die Finanzierung eine vorher festgelegte Schwelle, kommt es zur Auszahlung des eingesammelten Betrags an das einwerbende Unternehmen. Die Unterstützer einer Crowdfunding-Kampagne erhalten für ihren Beitrag eine Belohnung, etwa in der Form von Werbeprodukten oder der Zusendung des finanzierten Produktes. Hier steht der immaterielle Gedanke, die Unterstützung neuer und innovativer Ideen, im Vordergrund.

Das Crowdinvesting soll hingegen eine finanziell attraktive Investitionsmöglichkeit bieten. Start-up-Unternehmen können sich auch hier auf Onlineplattformen präsentieren, jedoch erhalten die Investoren als Gegenleistung eine Beteiligung am Erfolg des Unternehmens. Während der Anfangszeiten des Crowdinvesting erfolgte die Finanzierung durch stille Beteiligungen. Dabei bestand eine Befreiung von der Prospektpflicht lediglich bis zu einem Gesamtverkaufspreis von 100.000 € (§ 2 Nr. 3 lit. b VermAnlG a.F.). Um höhere Investitionsbeträge zu ermöglichen und gleichzeitig die kostenintensive Prospekterstellung zu vermeiden, wichen die Crowdinvestingplattformen zunehmend auf partiarische Nachrangdarlehen aus. Diese Finanzierungsinstrumente waren keine Vermögensanlagen gemäß § 1 Abs. 2 VermAnlG a.F. und fielen deshalb nicht in den Anwendungsbereich der Prospektpflicht gemäß § 6 VermAnlG a.F. Seit

71 *Brüse*, Mezzanine-Kapital für den Mittelstand, 2011, S. 33.
72 *Fleischhauer/Olkowski*, Unternehmeredition 2010, 30, 32.
73 *Fleischhauer/Olkowski*, Unternehmeredition 2010, 30, 36.
74 *Klöhn/Hornuf*, ZBB 2012, 237, 243.

dem Inkrafttreten des Kleinanlegerschutzgesetzes[75] ist das partiarische Darlehen vom Anwendungsbereich des VermAnlG gemäß § 1 Abs. 2 Nr. 3 VermAnlG erfasst. Das partiarische Darlehen ist jedoch weiterhin durch eine ebenfalls neu eingeführte Ausnahme in § 2a Abs. 1 VermAnlG von der Prospektpflicht bei Schwarmfinanzierungen befreit. Die Vorschrift begrenzt den maximalen Verkaufserlös allerdings auf 2.500.000 € für einen Zeitraum von zwölf Monaten. Stille Beteiligungen werden nicht von § 2a Abs. 1 VermAnlG erfasst und deshalb wird das partiarische Darlehen auch heute noch als Finanzierungsinstrument beim Crowdinvesting genutzt.[76]

Rechtlich erfolgt eine Crowdfinanzierung mit partiarischen Darlehen durch standardisierte Verträge, die von den Plattformen erstellt werden und die für die Finanzierungen gleichermaßen gelten.[77] Das reduziert die Transaktionskosten der Beteiligten und ermöglicht es Investoren, auf einigen Plattformen bereits ab einem Betrag von 100 € zu investieren.[78] Das partiarische Darlehen wird dabei häufig für einen Zeitraum von 5–8 Jahren vereinbart und eine Kündigungsmöglichkeit weitgehend ausgeschlossen. Neben einem endfälligen erfolgsunabhängigen Festzins von 1% p.a. bieten die Darlehen einen gewinnabhängigen Bonuszins. Da ein Start-Up seine Einnahmen in der Regel für neues Wachstum reinvestiert und damit der Gewinn in den ersten Jahren häufig gänzlich ausbleibt[79], besteht in vielen Fällen eine Beteiligung an Exit-Erlösen und eine Unternehmenswertbeteiligung bei Ablauf des Darlehens. Außerdem wird ein qualifizierter Nachrang vereinbart.

2. Sonstiger Anwendungsbereich

Wird das partiarische Darlehen auch für andere Unternehmensfinanzierungen neben dem Crowdinvesting eingesetzt? Das lässt sich nur schwer feststellen. Öffentlich zugängliche Daten sind zu prospektpflichtigen Angeboten von partiarischen Darlehen auffindbar. Eine Studie aus dem Jahr 2016 fand drei öffentlich angebotene partiarische Darlehen, die der Prospektpflicht nach § 6 VermAnlG unterlagen.[80] Ihr gemeinsames Emissionsvolumen betrug 26,85 Mio. €. Die

---

75 BGBl. I 2015, 1114, im Wesentlichen in Kraft getreten am 10.07.2015.

76 Siehe etwa www.companisto.de oder www.seedmatch.de.

77 Siehe dazu insbesondere www.companisto.de oder www.seedmatch.de.

78 So etwa www.companisto.de.

79 *Bader*, WM 2014, 2249, 2251.

80 Scope Analysis GmbH, Vermögensanlagen – Alternative zu geschlossenen AIF?, 23.02.2017, abrufbar unter https://www.dasinvestment.com/uploads/fm/1487933812-Scope%20Analysis_Vermoegensanlagen_2017%20Feb(1).pdf (zuletzt abgerufen am 29.11.2018).

Emittenten sammelten Gelder für den Breitbandausbau[81], den Handel und die Entwicklung von Immobilen[82] und für Sandelholzplantagen in Australien[83].

Auf dem kaum regulierten Markt von nicht öffentlich angebotenen Vermögensanlagen lassen sich partiarische Darlehen kaum finden. Auch die BaFin scheint keinen genauen Überblick über die Verwendung von partiarischen Darlehen zu haben. In ihrem BaFin-Journal heißt es dazu lediglich: „Die Angebote sind sehr vielfältig. Immer wieder finden und erfinden Anbieter neue Investitionsmöglichkeiten und -felder. Deshalb lassen sich diese auch nicht abschließend aufzählen. Zu den Marktsparten, in welchen Anbieter mit Nachrangdarlehen und partiarischen Darlehen vor allem im Internet um Anleger buhlen, zählen beispielsweise Rohstoffe, erneuerbare Energien, Immobilien, Forstwirtschaft, Landwirtschaft, Forschung und Entwicklung von Arzneimitteln, Küchenmöbel, Tiernahrung, Paniermehl, Vermarktung von Events und Happenings, Unterhaltungselektronik und Gastronomie."[84] Die Aufzählung ist leider nur wenig Aussagekräftig, weil das partiarische Darlehen mit den wohl deutlich häufiger verwendeten Nachrangdarlehen vermengt wird.

Als eine der wenigen öffentlich beworbenen partiarischen Darlehen außerhalb des Crowdinvesting sei hier auf die sognannten Bildungsfonds verwiesen.[85] Dabei gewährt ein Fonds Privatpersonen ein Darlehen bis zu 50.000 € für ein Studienvorhaben im In- und Ausland. Ein fester Zins ist nicht vorgesehen. Stattdessen zahlt der Darlehensschuldner nach seinem Studienabschluss über einen Zeitraum von bis zu 10 Jahren 5–10 % seines Bruttolohns an den Gläubiger zurück. Die Verträge werden auch als umgekehrte Generationenverträge (UGV) bezeichnet.[86] Sie sind auch ein Beispiel eines partiarischen Darlehens ohne Nachrangklausel. Der Qualifikation als Einlagengeschäft entgehen sie, indem die Verträge keine unbedingte Rückzahlungspflicht vorsehen, sondern die Rückzahlung von einem bestimmten Bruttolohn abhängig machen. Allerdings handelt es sich bei den partiarischen Darlehen der Bildungsfonds nicht um Unternehmensfinanzierungen und deshalb soll im weiteren Verlauf der Arbeit nicht näher darauf eingegangen werden.

---

81 Breitbandnetz, http://www.investmentcheck.de/?fct=fonds&id=2870 (zuletzt abgerufen am 29.11.2018).

82 BIK Deutsche Metropolen 2, http://www.investmentcheck.de/?fct=fonds&id=2740 (zuletzt abgerufen am 29.11.2018).

83 JC Indian Sandalwood 5, http://www.investmentcheck.de/?fct=fonds&id=2743 (zuletzt abgerufen am 29.11.2018).

84 *Bußalb*, BaFin-Journal März 2015, 19.

85 www.braincapital.de; www.festo-bildungsfonds.de.

86 So etwa an der Bucerius Law School in Hamburg.

Diese Ergebnisse deuten darauf hin, dass es neben dem Crowdinvesting nicht den oder die klassischen Anwendungsfälle für partiarische Darlehen im Rahmen von Unternehmensfinanzierungen gibt. Die Beteiligten entscheiden demnach von Fall zu Fall, ob sie auf dieses Finanzierungsinstrument zurückgreifen. *Eilers* merkt lediglich an: „Das Finanzierungsvolumen eines partiarischen Darlehens unterliegt keiner Begrenzung. Im Hinblick auf den vergleichsweise geringen Dokumentationsaufwand bietet sich der Einsatz bei kleineren Finanzierungsprojekten an."[87] Bei Unternehmensfinanzierungen kämen deshalb auch Anleger aus dem sogenannten FFF-Bereich (*Family*, *Friends* and *Fools*) in Betracht. Allerdings sind traditionell auch professionelle Investoren im Kreditgeschäft aktiv. Insbesondere Banken können individuell auf die Wünsche ihrer Kunden eingehen und maßgeschneiderte Darlehensverträge anbieten.[88] Da solche Vertragsabschlüsse aber grundsätzlich nicht veröffentlichungspflichtig sind, lässt sich an dieser Stelle nicht abschließend klären, wie häufig und in welchem Umfang die Beteiligten auf partiarische Darlehen zurückgreifen.

Es ist auch denkbar, dass Vertragsparteien partiarische Darlehen vereinbaren, ohne dies zu merken. Wie oben bereits besprochen, hat der BFH den Anwendungsbereich des partiarischen Darlehens ausgeweitet.[89] Nun kann ein partiarisches Darlehen auch mit reiner Festverzinsung vorliegen, wenn zum Beispiel die Zinszahlung von der Liquiditätslage des Darlehensnehmers abhängt.[90] Dazu kommen die Abgrenzungsschwierigkeiten des partiarischen Darlehens zur stillen Gesellschaft, die eine Umdeutung der Vereinbarung nach sich ziehen können.[91] Wie häufig diese Fälle in der Praxis auftreten, ist allerdings nur schwer feststellbar.

---

87 *Eilers/Teufel*, in: Eilers/Rödding/Schmalenbach, Unternehmensfinanzierung, 2. Aufl. 2014, Kap. A Rn. 101.

88 Näher dazu D.II.5.d).

89 Siehe oben B.II.

90 BFH DStR 2010, 2448, 2449.

91 Dazu näher C.I.1.

C. Rechtliche Analyse des partiarischen Darlehens

Nach der Grundlagendarstellung bedarf es nun einer näheren Analyse des rechtlichen Rahmens von partiarischen Darlehen. Erst danach kann eine Einschätzung erfolgen, ob es sich beim partiarischen Darlehen um ein „gutes" oder „schlechtes" Instrument der Unternehmensfinanzierung handelt. Bei der rechtlichen Prüfung liegt der Fokus auf solchen Fragestellungen, die vor allem bei einer Unternehmensfinanzierung relevant werden. Umfangreicher besprochen werden umstrittene Themen und solche, die noch nicht hinreichend bearbeitet wurden. Die folgende Analyse beginnt mit möglichen Hindernissen für eine wirksame Vertragsvereinbarung (C.I). Daran schließt sich eine Betrachtung der Informations- und Kontrollrechte eines partiarischen Darlehens an (C.II und C.III). Es folgen Ausführungen zum Eigenkapitalersatz (C.IV), zu Rücksichtnahmepflichten (C.V) und zur Vertragsanpassung (C.VI). Ferner werden das Aufsichtsrecht von partiarischen Darlehen (C.VII), die Prospektvorschriften (C. VIII) und die Normen zur Ad-hoc-Publizität (C.IX) analysiert. Schließlich werden noch Einzelfragen zur Besicherung (C.X) und dem Verwässerungsschutz (C.XI) besprochen. Die rechtliche Analyse findet ihren Abschluss mit einer Bearbeitung von Fragestellung zur Beendigung von partiarischen Darlehen (C. XII).

I. Wirksame Vertragsvereinbarung

Ein partiarisches Darlehen kann grundsätzlich formfrei gemäß §§ 488 ff. BGB vereinbart werden.

1. Abgrenzung zur stillen Gesellschaft

Der wirksamen Vereinbarung eines partiarischen Darlehens kann die Wesensähnlichkeit zur stillen Gesellschaft entgegenstehen. Unbemerkt und ungewollt können die Vertragsparteien eine stille Beteiligung anstelle eines partiarischen Darlehens vereinbaren. Deshalb soll im Folgenden die Abgrenzung der beiden Finanzierungsinstrumente näher beleuchtet werden.

a) *Rechtliche Einordnung der stillen Gesellschaft*

Eine stille Gesellschaft ist eine Personengesellschaft, die lediglich im Innenverhältnis zwischen Geschäftsinhaber und Gesellschafter wirkt.[92] Im Gegensatz zum partiarischen Darlehen wird dem Investor eine echte Gesellschafterstellung eingeräumt. Allerdings wird kein Gesamthandsvermögen gebildet und der Inhaber tritt alleine und im eigenen Namen nach außen auf.[93] Der Stille erhält für seine Einlage eine Gewinnbeteiligung gemäß § 231 HGB. Auch eine Verlustbeteiligung liegt im Zweifel vor, kann aber im Gesellschaftsvertrag ausgeschlossen werden (§ 231 Abs. 2 HGB). Zudem erhält der Stille gesetzlich definierte Informations- und Kontrollrechte (§ 233 HGB). Eine Handelsregistereintragung erfolgt nicht.

Bei der Gründung einer stillen Gesellschaft haben die Beteiligten einen umfangreichen Gestaltungsspielraum.[94] Eine nicht unerhebliche Abweichung vom gesetzlichen Leitbild der §§ 230 ff. HGB wird als atypische stille Gesellschaft bezeichnet.[95] Das ist insbesondere dann der Fall, wenn der Gesellschaftsvertrag den Stillen am Gesellschaftsvermögen und/oder an der Geschäftsführung beteiligt.[96] In der folgenden Analyse wird grundsätzlich das gesetzliche Leitbild zugrunde gelegt.

b) *Abgrenzungskriterien*

Für die Abgrenzung von stillen Beteiligungen und partiarischen Darlehen kommen eine ganze Reihe von Kriterien in Betracht. Es wäre naheliegend, zunächst auf die Bezeichnung im Vertrag abzustellen. Diesem Kriterium wird jedoch wenig Bedeutung beigemessen, denn die Grenze von partiarischen Darlehen und stillen Beteiligungen ist fließend.[97] War den Beteiligten bei Vertragsschluss die Unterscheidung der Finanzierungsinstrumente bekannt, kann die Relevanz des gewählten Namens steigen.[98]

---

92 *Roth*, in: Baumbach/Hopt, HGB, 38. Aufl. 2018, § 230 Rn. 2; *Wedemann*, in: Oetker, HGB, 5. Aufl. 2017, § 230 Rn. 15.

93 *Wedemann*, in: Oetker, HGB, 5. Aufl. 2017, § 230 Rn. 1.

94 *Karsten Schmidt*, in: MüKo-HGB, 3. Aufl. 2012, § 230 Rn. 3; *Wedemann*, in: Oetker, HGB, 5. Aufl. 2017, § 230 Rn. 5.

95 *Stöber*, in: Westermann/Wertenbruch, Hdb. Personengesellschaften, PH Lfg. 71 Juli 2018, § 230 Rn. I 231.

96 *Gehrlein*, in: Ebenroth et al., HGB, 3. Aufl. 2014, § 230 Rn. 65.

97 BGH WM 1967, 321.

98 OLG Frankfurt WM 1982, 198, 199; *Mock*, in: Röhricht/Westphalen/Haas, HGB, 4. Aufl. 2014, § 230 Rn. 57; *Karsten Schmidt*, in: MüKo-HGB, 3. Aufl. 2012, § 230 Rn. 61.

Es gibt eine Reihe von Kriterien, bei deren Vorliegen nur eines der beiden Finanzierungsinstrumente in Frage kommt. Vereinbaren die Parteien etwa eine Verlustbeteiligung, so ist ein partiarisches Darlehen ausgeschlossen. Aufgrund des Rückzahlungsanspruchs gemäß § 488 Abs. 1 S. 2 BGB widerspricht eine Verlustbeteiligung dem Wesen des Darlehens.[99] Bei einer stillen Gesellschaft ist eine Verlustbeteiligung grundsätzlich möglich und wird sogar im Zweifel gemäß § 231 Abs. 2 HGB vermutet. Schließen die Beteiligten hingegen eine Gewinnbeteiligung aus, kommt eine stille Beteiligung nicht in Betracht (§ 231 Abs. 1 HGB). Dann könnte noch ein partiarisches Darlehen mit Festverzinsung vorliegen, wobei die Zinszahlung zum Beispiel von der Liquiditätslage des Unternehmens abhängen müsste.[100] Ansonsten würde das erfolgsabhängige Element fehlen und es läge allenfalls ein gewöhnliches Darlehen vor.

Eine stille Gesellschaft scheidet auch dann aus, wenn die Vereinbarung gegen zwingende Verbote aus dem Gesellschaftsrecht verstößt. Das ist zum Beispiel der Fall bei § 717 S. 1 BGB, wenn eine Klausel festlegt, dass der Kapitalgeber das Vertragsverhältnis als Ganzes übertragen darf.[101] Gemäß § 717 S. 2 BGB darf ein Gesellschafter lediglich die dort aufgezählten Ansprüche abtreten. Kontroll- und Einsichtsrechte sind davon nicht erfasst.[102] Der Darlehensgeber kann hingegen alle seine Rechte gemäß § 398 BGB abtreten. *Schön* vertritt die Auffassung, dass in einem solchen Fall das Abtretungsverbot des § 399 BGB aufgrund des höchstpersönlichen Charakters von Kontroll- und Einsichtsrechten eingreifen würde.[103] Er verkennt allerdings, dass das partiarische Darlehen keine dem § 233 HGB vergleichbaren Einsichts- und Kontrollrechte gewährt.[104] Insofern kommt auch kein Abtretungsverbot in Frage.[105] Das Darlehen kann deshalb als Ganzes übertragen werden.

Was würde allerdings passieren, wenn die Parteien einen Vertrag mit Verlustbeteiligung und unter Verstoß des § 717 S. 1 BGB vereinbaren würden? Dann käme noch die Vereinbarung eines Genussrechts[106] oder die Anwendung des

---

99 *Blaurock*, in: Blaurock, Handbuch stille Gesellschaft, 8. Aufl. 2016, Rn. 5.33; *Baums*, Recht der Unternehmensfinanzierung, 2017, § 12 Rn. 34.

100 BFH DStR 2010, 2448, 2449.

101 *Schön*, ZGR 1993, 210, 237.

102 *Schön*, ZGR 1993, 210, 237.

103 *Schön*, ZGR 1993, 210, 237.

104 Näher dazu C.II.

105 Siehe näher zum Abtretungsverbot auch C.XII.5.

106 Dazu siehe C.I.2.

§ 139 BGB in Betracht. Maßgeblich wäre die Auslegung der Parteivereinbarung anhand der Umstände des Einzelfalls.

c) Verfolgung eines gemeinsamen Zwecks

Ist keine eindeutige Abgrenzung zwischen partiarischem Darlehen und stiller Beteiligung möglich, dann hat sich als maßgebliches Unterscheidungskriterium herauskristallisiert, inwiefern die Vertragsparteien einen gemeinsamen Zweck verfolgen.[107] Die stille Gesellschaft ist als Personengesellschaft gemäß § 705 BGB auf die Verfolgung eines gemeinsamen Zwecks gerichtet. Der Zweck ist die Beteiligung an dem Handelsgewerbe eines anderen – jedenfalls zur Teilnahme an dessen Gewinn.[108] Beim partiarischen Darlehen erfolgt keine gemeinsame Zweckverfolgung, sondern Darlehensgeber und Darlehensnehmer verfolgen jeweils eigene Interessen.[109] Der Darlehensnehmer will bei einer Unternehmensfinanzierung zum Beispiel mit Hilfe von frischem Kapital seine zukünftigen Erträge steigern und der Darlehensgeber hofft auf eine möglichst hohe Rendite.[110] Der Betrieb des Unternehmens ist für den Darlehensgeber aufgrund seiner Erfolgsbeteiligung lediglich mittelbar von Bedeutung.[111] Bei einem partiarischen Darlehen steht vielmehr das Austauschverhältnis im Vordergrund.[112]

Unterzieht man beiden Finanzierungsinstrumenten eine rein wirtschaftliche Betrachtung, so können die unterschiedlichen Ergebnisse zur Interessenslage kritisch betrachtet werden. Es kann gerade in Fällen von Unternehmensfinanzierungen davon ausgegangen werden, dass der stille Gesellschafter in erster Linie monetäre Ziele verfolgt und nicht altruistisch das Wohl der Gesellschaft im Sinn hat. Dem stillen Gesellschafter kommt es auf die gewinnbringende Anlage seines Kapitals an und er sieht deshalb die Beteiligung am Handelsgewerbe vor

---

107 BGHZ 127, 176, 177 f. = BGH NJW 1995, 192; *Blaurock*, in: Blaurock, Handbuch stille Gesellschaft, 8. Aufl. 2016, Rn. 5.32; *Sagasser*, in: Assmann/Schütze, Handbuch des Kapitalanlagerechts, 4. Aufl. 2015, § 27 Rn. 513.

108 *Blaurock*, in: Blaurock, Handbuch stille Gesellschaft, 8. Aufl. 2016, Rn. 1.15; *Kindler*, in: Koller et al., HGB, 8. Aufl. 2015, § 230 Rn. 7; *Baums*, Recht der Unternehmensfinanzierung, 2017, § 31 Rn. 14.

109 BGHZ 127, 176, 178 = BGH NJW 1995, 192; *Roth*, in: Baumbach/Hopt, HGB, 38. Aufl. 2018, § 230 HGB Rn. 4.

110 *Stöber*, in: Westermann/Wertenbruch, Hdb. Personengesellschaften, PH Lfg. 71 Juli 2018, Rn. I 230a.

111 *Stöber*, in: Westermann/Wertenbruch, Hdb. Personengesellschaften, PH Lfg. 71 Juli 2018, Rn. I 230a.

112 *Blaurock*, in: Blaurock, Handbuch stille Gesellschaft, 8. Aufl. 2016, Rn. 5.16.

allem als Mittel zum Zweck. Rechtlich gesehen ist der gemeinsame Zweck jedoch nicht mit dem Motiv der Beteiligten gleichzusetzen.[113] Gesellschafter können eigennützig sogenannte „Endzwecke" verfolgen, solange Sie zu deren Verwirklichung einen gemeinsamen Zweck fördern und sich entsprechend vertraglich verpflichten.[114] Deshalb sollen bei einer stillen Gesellschaft erbrachte Leistungen in Übereinstimmung mit dem Gesellschaftsvertrag dem gemeinsamen Zweck zugutekommen und nicht der Vermögensmehrung der Beteiligten dienen.[115] Aus diesem Grund ist die Zweckförderung bei der stillen Gesellschaft gemäß § 705 BGB auch Hauptpflicht.

Es ist allerdings fraglich, inwiefern der typische stille Gesellschafter überhaupt in der Lage ist, den gemeinsamen Zweck zu fördern. Seine Aufgabe beschränkt sich im Wesentlichen darauf, seine Einlage als Fördermittel bereitzustellen. Mithilfe seiner Informations- und Kontrollrechte gemäß § 233 HGB vollzieht er vor allem die Höhe seiner Gewinnbeteiligung nach. Er tritt auch nicht nach außen auf und übt grundsätzlich keine Geschäftsführungsbefugnisse aus. Allerdings kann der stille Gesellschafter von dem anderen Teil verlangen, dass die Einlagen dem gemeinsamen Zweck entsprechend eingesetzt werden.[116] Bei Zuwiderhandlung kann der stille Gesellschafter insbesondere Schadensersatz verlangen und aus wichtigem Grund kündigen.[117] Ferner fördert der Stille bereits durch seine Einlage den gemeinsamen Zweck.

Ausgangspunkt für die Bestimmung, ob ein gemeinsamer Zweck vorliegt, ist eine wertende Gesamtbetrachtung des Rechtsverhältnisses zwischen den Beteiligten.[118] Bei der Bewertung kann auf eine Reihe von Indizien zurückgegriffen werden.[119] Als Indiz für eine stille Gesellschaft spricht etwa eine vereinbarte unbegrenzte Vertragsdauer.[120] Zwar kann auch ein Darlehen unbefristet überlassen werden (§ 488 Abs. 3 S. 1 BGB), allerdings bildet die zeitweise Überlassung den Normalfall (§ 488 Abs. 1 S. 2, Abs. 3 S. 1 BGB). Weitere Indizien zu Gunsten einer stillen Gesellschaft sind umfassend eingeräumte Kontroll- und

---

113 *Schäfer*, in: MüKo-BGB, 7. Aufl. 2017, § 705 Rn. 147; *Keul*, in: Münch. Hdb. Gesellschaftsrecht, Bd. 2, 4. Aufl. 2014, § 73 Rn. 10.

114 BGH NJW 1951, 308.

115 BGH NJW 1951, 308.

116 *Blaurock*, in: Blaurock, Handbuch stille Gesellschaft, 8. Aufl. 2016, Rn. 5.21.

117 *Jung*, in: Blaurock, Handbuch stille Gesellschaft, 8. Aufl. 2016, Rn. 12.32.

118 *Mock*, in: Röhricht/Westphalen/Haas, HGB, 4. Aufl. 2014, § 230 Rn. 57.

119 *Mock*, in: Röhricht/Westphalen/Haas, HGB, 4. Aufl. 2014, § 230, Rn. 59 f.; *Schäfer*, in: MüKo-BGB, 7. Aufl. 2017, Vorbemerkung zu §§ 705 ff. Rn. 110.

120 *Karsten Schmidt*, in: MüKo-HGB, 3. Aufl. 2012, § 230 Rn. 61.

Mitwirkungsrechte, denn sie verstärken den gesellschaftsrechtlichen Charakter der Vereinbarung.[121] Die Vereinbarung von Kreditsicherheiten spricht wiederum für ein partiarisches Darlehen.[122] Allerdings ist auch die Sicherung von Ansprüchen des stillen Gesellschafters denkbar.[123]

Bei der wertenden Betrachtung lässt sich auch die Frage aufwerfen, wie Klauseln eingeordnet werden sollen, die lediglich den Inhalt des Gesetzes wiedergeben.[124] Schließen beide Parteien die Übertragbarkeit der Ansprüche als Ganzes aus, so ist das im Rahmen der stillen Beteiligung redundant. Wie oben beschrieben, sieht § 717 S. 1 BGB eine solche Regelung bereits vor.[125] Wollen die Parteien durch eine solche Klausel deutlich machen, dass sie eine stille Beteiligung vereinbaren? Oder geht man davon aus, dass die Beteiligten grundsätzlich keine überflüssigen Vereinbarungen treffen und deshalb ein partiarisches Darlehen mit einem Abtretungsverbot im Sinne des § 717 S. 1 BGB abschließen wollten? Beide Deutungen sind denkbar und bei der Auslegung sollten immer die Umstände des Einzelfalls berücksichtigt werden. Die wertende Betrachtung stellt maßgeblich darauf ab, inwiefern die Vereinbarung insgesamt einen gesellschaftsrechtlichen oder schuldrechtlichen Charakter aufweist. Nichtsdestoweniger sollte die ausdrückliche Vereinbarung gesetzlicher Regelungen eher dafürsprechen, dass das damit umschriebene Rechtsinstitut vereinbart wird.[126] Ansonsten haben die Parteien Schwierigkeiten, ihrem Willen bei der Vertragsgestaltung Ausdruck zu verleihen. Zur Vereinbarung ihres gewünschten Finanzierungsinstruments müssten sie vor allem auf die Bezeichnung im Vertrag vertrauen, die aber wie oben erwähnt gerade kein zwingendes Indiz bei der Auslegung darstellt.

Die wertende Betrachtung des gemeinsamen Zwecks macht die Abgrenzung von partiarischen Darlehen und stillen Beteiligungen wenig konkret und wurde dafür besonders von *Schön* kritisiert.[127] *Schön* hat in einem viel beachteten Beitrag die Ansicht geäußert, dass es das partiarische Darlehen wegen seiner zahlreichen Überschneidungen zur stillen Gesellschaft gar nicht gibt.[128] Zu seiner

---

121 BGHZ 127, 176, 178 = BGH NJW 1995, 192; *Gehrlein*, in: Ebenroth et al., HGB, 3. Aufl. 2014, § 230 Rn. 77; *Karsten Schmidt*, in: MüKo-HGB, 3. Aufl. 2012, § 236 Rn. 19.

122 BGHZ 127, 176, 178 = BGH NJW 1995, 192; *Karsten Schmidt*, in: MüKo-HGB, 3. Aufl. 2012, § 230 Rn. 68; *Roth*, in: Baumbach/Hopt, HGB, 38. Aufl. 2018, § 230 Rn. 4.

123 Der Anspruch aus § 236 kann etwa dinglich gesichert werden, siehe dazu *Karsten Schmidt*, in: MüKo-HGB, 3. Aufl. 2012, § 230 Rn. 68.

124 So *Schön*, ZGR 1993, 210, 215.

125 Siehe oben C.I.1.b).

126 So auch BGHZ 127, 176, 180 = BGH NJW 1995, 192.

127 *Schön*, ZGR 1993, 210 ff.

128 *Schön*, ZGR 1993, 210 ff.

Zeit war diese Auffassung noch vergleichsweise naheliegend, denn das partiarische Darlehen war gesetzlich nicht erwähnt. Heute hat sich diese Situation geändert, denn der Gesetzgeber hat die Existenz dieses Finanzierungsinstruments ausdrücklich bestätigt.[129]

d) Relevanz der Abgrenzung

Die Abgrenzung partiarischer Darlehen und stiller Beteiligungen beschäftigt Gerichte und Rechtswissenschaftler seit vielen Jahren, weil sich insbesondere im Zivil- und Gesellschaftsrecht unterschiedliche Rechtsfolgen ergeben. Bei beiden Finanzierungsinstrumenten bestehen gemäß §§ 488 Abs. 3 S. 1, 608 Abs. 1 BGB und § 234 HGB jeweils unterschiedliche Kündigungsfristen. Der Darlehensvertrag kann grundsätzlich mit einer Frist von drei Monaten gekündigt werden (§ 488 Abs. 3 S. 2 BGB). Bei der stillen Gesellschaft ist eine Kündigung in der Regel nur zum Schluss des Geschäftsjahres mit einer Frist von sechs Monaten möglich (§ 234 Abs. 1 HGB i.V.m. § 132 HGB). Zudem können außenstehende Gläubiger die stille Gesellschaft gemäß § 234 Abs. 1 HGB kündigen. Im Gegensatz zum Darlehen wird die stille Gesellschaft gemäß § 728 I BGB automatisch durch eine Insolvenz aufgelöst.

Von zivilrechtlicher Bedeutung ist ferner die nach überwiegender Auffassung abgelehnte Anwendung der AGB-Vorschriften §§ 305 ff. BGB auf die stille Gesellschaft (§ 310 Abs. 4 S. 1 BGB).[130] Im Gegensatz dazu finden die Grundsätze der fehlerhaften Gesellschaft nach vorherrschender Meinung nur auf die stille Beteiligung Anwendung.[131] Darüber hinaus kann die stille Beteiligung wie oben beschrieben nur erschwert übertragen werden (§ 717 S. 1 BGB).

---

129 Siehe etwa § 1 Abs. 2 Nr. 3 VermAnlG.

130 BGHZ 127, 176, 182 = NJW 1995, 192, 193; *Jung*, in: Blaurock, Handbuch stille Gesellschaft, 8. Aufl. 2016, Rn. 9.33; *Habarth*, in: HGB-Staub, 5. Aufl. 2015, § 230 Rn. 35; *Kindler*, in: Koller et al., HGB, 8. Aufl. 2015, § 230 Rn. 12; *Mock*, in: Röhricht/Westphalen/Haas, HGB, 4. Aufl. 2014, § 230 Rn. 16; *Grüneberg*, in: Palandt, BGB, 77. Aufl. 2018, § 310 Rn. 49; a.A. *Harry Schmidt*, ZHR 1995, 734, 744; bei Formularverträgen *Hubert Schmidt*, in: Wolf/Lindacher/Pfeiffer, AGB-Recht, 6. Aufl. 2013, § 310 Abs. 4 Rn. 11; bei typischer stiller Gesellschaft *Karsten Schmidt*, in: MüKo-HGB, 3. Aufl. 2012, § 230 Rn. 124; ferner siehe unten C.I.3.a).

131 Siehe dazu *Karsten Schmidt*, in: MüKo-HGB, 3. Aufl. 2012, § 230 Rn. 59.

2. Abgrenzung zum Genussrecht

Der Abgrenzungsfall von partiarischem Darlehen und stiller Gesellschaft ist ein Klassiker, der für viele Diskussionen in der Rechtswissenschaft gesorgt hat.[132] Partiarische Darlehen weisen allerdings nicht nur Gemeinsamkeiten mit stillen Beteiligungen, sondern auch mit Genussrechten auf. Wie sich im weiteren Verlauf zeigen wird, ist die Abgrenzung teilweise noch schwieriger. Trotzdem findet die Problematik nur vergleichsweise wenig Aufmerksamkeit in der Literatur und vor Gerichten.

a) Rechtliche Einordnung der Genussrechte

Genussrechte sind schuldrechtliche Verträge eigener Art gemäß § 311 Abs. 1 BGB.[133] Der Genussrechtsinhaber stellt dem Emittenten Geld gegen Gewährung von Vermögensrechten – oft einer Gewinnbeteiligung – zur Verfügung. Es handelt sich um einen Austauschvertrag und ein Dauerschuldverhältnis.[134] Wie beim partiarischen Darlehen erhält der Rechtsinhaber keine gesellschaftsrechtliche Stellung. In der Regel einigen sich die Parteien auf eine Nachrangklausel.[135] Genussrechte können auch in Genussscheinen verbrieft werden. Genussscheine stellen Inhaberschuldverschreibungen gemäß § 793 BGB dar und können an Börsen gehandelt werden.[136]

Der Gesetzgeber hat das Genussrecht nicht legal definiert, aber in vielen Normen erwähnt.[137] Es wurde in der jüngeren Vergangenheit zunehmend reguliert, da Genussrechte im Fall des Energieunternehmens PROKON für Negativschlagzeilen sorgten. Die Gesellschaft bot öffentlich Genussrechte im Umfang von rund 1,4 Milliarden Euro vor allem an Kleinanleger an.[138] Durch geschickte Vermarktung wurde der Eindruck erweckt, es könnten hohe Renditen ohne

---

132 Siehe oben C.I.1.

133 BGHZ 119, 305, 330 = BGH NJW 1993, 57, 63; *Koch*, in: Hüffer/Koch, AktG, 13. Aufl. 2018, § 221 Rn. 27.

134 BGHZ 119, 305, 330 = BGH NJW 1993, 57, 63; *Frantzen*, Genußscheine, 1993, S. 238; *Koch*, in: Hüffer/Koch, AktG, 13. Aufl. 2018, § 221 Rn. 27.

135 *Werner*, Mezzanine-Kapital, 2. Aufl. 2007, S. 32; *Seiler*, in: Spindler/Stilz, AktG, 3. Aufl. 2015, § 221 Rn. 36.

136 *Brokamp* et al., Mezzanine-Finanzierungen, 2008, S. 115.

137 Z.B. § 221 Abs. 3 AktG, § 53c Abs. 3a VAG, § 8 Abs. 3 S. 2 KStG, § 17 Abs. 1 EStG, § 20 Abs. 1 Nr. 1 EStG, § 1 Abs. 2 Nr. 5 VermAnlG.

138 http://www.faz.net/aktuell/wirtschaft/energiepolitik/windparkbetreiber-prokon-schreibt-erneut-millionenverluste-14833203.html (zuletzt abgerufen am 29.11.2018).

nennenswerte Risiken erzielt werden. Im Jahr 2014 stellte PROKON einen Insolvenzantrag, womit 75.000 Investoren etwa die Hälfte ihres angelegten Kapitals verloren.[139] Der Gesetzgeber nahm Genussrechte daraufhin in den Anwendungsbereich des Vermögensanlagengesetzes auf und schreibt seit 2015 insbesondere eine Prospektpflicht gemäß § 6 VermAnlG für öffentliche Angebote vor.

b) Abgrenzungskriterien

Ein Genussrecht bietet eine größere Gestaltungsvielfalt als ein partiarisches Darlehen. Die Parteien können zum Beispiel eine Verlustbeteiligung vereinbaren.[140] Die Verlustbeteiligung wird regelmäßig als Minderung des Rückzahlungsanspruchs im Verhältnis zur Entwicklung des bilanzierten Eigenkapitals ausgestaltet.[141] Beim partiarischen Darlehen ist eine solche Vereinbarung hingegen nicht möglich, denn sie widerspricht der Natur des Darlehens.[142] Außerdem kann ein Genussrecht – im Gegensatz zum partiarischen Darlehen – auch unentgeltlich gewährt werden.[143]

Vereinbaren zwei Parteien ein Genussrecht ohne Verlustbeteiligung und mit gewinnabhängiger Vergütung, so fällt die Abgrenzung zum partiarischen Darlehen schwer. Das Genussrecht setzt nicht die Verfolgung eines gemeinsamen Zwecks voraus[144], weshalb das zentrale Abgrenzungskriterium zwischen partiarischem Darlehen und stiller Beteiligung unergiebig ist. Es müssen also andere Abgrenzungskriterien gefunden werden. Vergleicht man partiarische Darlehen und Genussrechte, dann fällt auf, dass Genussrechte aufgrund der Möglichkeit der Verlustbeteiligung eine stärkere Ähnlichkeit zum Eigenkapital aufweisen.[145] Partiarische Darlehen sind hingegen eher fremdkapitalähnlich.[146] Deshalb sollte es bei Zweifelsfällen darauf ankommen, inwiefern von den Vertragsparteien

---

139 http://www.faz.net/aktuell/wirtschaft/energiepolitik/windparkbetreiber-prokon-schreibt-erneut-millionenverluste-14833203.html (zuletzt abgerufen am 29.11.2018).

140 BGHZ 119, 305 = BGH NJW 1993, 57; BGH DStR 2007, 539.

141 *Werner*, Mezzanine-Kapital, 2. Aufl. 2007, S. 46.

142 Siehe oben C.I.1.b).

143 *Zieble*, DStR 1991, 1594, 1595.

144 *Mock*, in: Röhricht/Westphalen/Haas, HGB, 4. Aufl. 2014, § 230 Rn. 53; *Hoffmann-Theinert*, in: BeckOK-HGB, Stand 15.04.2018, § 230 Rn. 18.

145 *Werner*, Mezzanine-Kapital, 2. Aufl. 2007, S. 31 ff; *Natusch*, in: Häger/Elkemann-Reusch/Alvensleben, Mezzanine Finanzierungsinstrumente, 2. Aufl. 2007, S. 34 f. Rn. 32.

146 *Natusch*, in: Häger/Elkemann-Reusch/Alvensleben, Mezzanine Finanzierungsinstrumente, 2. Aufl. 2007, S. 26 f. Rn. 11 ff.

eher eine eigen- oder fremdkapitalähnliche Beteiligung an dem Unternehmen gewollt war. Als Indizien für eine Eigenkapitalähnlichkeit kommen etwa ausgeprägte Beteiligungsrechte, wie das Recht zur Teilnahme an Gesellschafterversammlungen, in Frage.

c) Relevanz der Abgrenzung

Die Relevanz der Abgrenzung zwischen Genussrechten und partiarischen Darlehen ist nicht so groß wie bei partiarischen Darlehen und stillen Beteiligungen. Aufgrund der rein schuldrechtlichen Natur beider Finanzierungsinstrumente greifen häufig dieselben Rechtsfolgen aus dem allgemeinen Zivilrecht. Beide Verträge unterfallen der AGB-Kontrolle.[147] Zudem sind sie frei an Dritte übertragbar.[148] Außerdem können beide grundsätzlich frei gekündigt werden, wobei dies häufig durch einen qualifizierten Nachrang eingeschränkt wird.

Die Ähnlichkeit beider Finanzierungsinstrumente kann dabei helfen, heute noch strittige Rechtsfragen des partiarischen Darlehens zu lösen. Wie sich im weiteren Verlauf der Arbeit zeigen wird, können Argumentationsmuster aus der Rechtsprechung und Literatur zu Genussrechten teilweise auch bei partiarischen Darlehen fruchtbar gemacht werden.[149]

3. Allgemeine Geschäftsbedingungen

Für die wirksame Vereinbarung eines partiarischen Darlehens kommen allerlei Hindernisse in Betracht. Bei der Verwendung vorformulierter Vertragsbedingungen ist insbesondere ein Konflikt von Gewinnbeteiligung und Nachrangklausel mit den §§ 305 ff. BGB denkbar.

---

147 Zu Genussrechten siehe BGHZ 119, 305, 312 = BGH NJW 1993, 57, 58; BGH WM 2009, 1500; *Frantzen*, Genußscheine, 1993, S. 29; *Luttermann*, Unternehmen, Kapital und Genußrechte, 1998, S. 495 ff.; *Koch*, in: Hüffer/Koch, AktG, 13. Aufl. 2018, § 221 Rn. 35; *Fastrich*, in: Baumbach/Hueck, GmbHG, 21. Aufl. 2017, § 29 Rn. 89; zu partiarischen Darlehen *Schmidt*, ZHR 1995, 734, 739 f.; *Blaurock*, in: Blaurock, Handbuch stille Gesellschaft, 8. Aufl. 2016, Rn. 5.29; *Basedow*, in: MüKo-BGB, 7. Aufl. 2016, § 310 Rn. 91; *Habarth*, in: HGB-Staub, 5. Aufl. 2015, § 230 Rn. 35; außerdem siehe unten C.I.3.a).

148 Zu Genussrechten *Blaurock*, in: Blaurock, Handbuch stille Gesellschaft, 8. Aufl. 2016, § 230 Rn. 5.38; Zu partiarischen Darlehen siehe oben C.I.1.b).

149 Siehe etwa C.V.1.b).

a) Anwendbarkeit der §§ 305 ff. BGB

Das AGB-Recht ist grundsätzlich auf schuldrechtliche Verträge wie den Darlehensvertrag anwendbar.[150] Vereinbarungen auf dem Gebiet des Gesellschaftsrechts werden hingegen von der Ausnahme des § 310 Abs. 4 S. 1 BGB erfasst. Diese Ausnahme gilt auch für die stille Gesellschaft.[151] Ist das partiarische Darlehen aufgrund seiner Ähnlichkeit zur stillen Gesellschaft und wegen seiner Zwitterstellung zwischen Eigen- und Fremdkapital von einer AGB-Kontrolle ausgeschlossen?

Im Falle eines Nachrangdarlehens hat der BGH die Vorschriften der §§ 305 ff. BGB ohne weitere Diskussion angewendet.[152] Der behandelte Vertrag sah eine absolut wirkende einfache Nachrangklausel im Rang des § 39 Abs. 2 InsO vor.[153] Wie oben bereits festgestellt, steht bei einem partiarischen Darlehen und bei einem Nachrangdarlehen das Austauschverhältnis im Vordergrund der Vereinbarung.[154] Die BGH-Entscheidung entspricht damit dem Sinn und Zweck des AGB-Rechts, Verträge zu kontrollieren, die auf einen schuldrechtlichen Leistungsaustausch gerichtet sind[155]. Vereinbarungen auf dem Gebiet des Gesellschaftsrechts regeln hingegen die organisationsrechtliche Struktur einer Gesellschaft.[156] Sie sind durch einen höchstpersönlichen Charakter gekennzeichnet.[157] Maßgeblicher Kontrollmaßstab ist dort auch nicht der dem AGB-Recht zugrundeliegende Grundsatz von Treu und Glauben (§ 242 BGB), sondern die gesellschaftsrechtliche Treuepflicht.[158] Insofern ist es sinnvoll, die stille Gesellschaft von der AGB-Kontrolle auszunehmen. Partiarische Darlehen werden

150 *Basedow*, in: MüKo-BGB, 7. Aufl. 2016, § 305 Rn. 9.

151 BGHZ 127, 176, 182 = NJW 1995, 192, 193; *Grüneberg*, in: Palandt, BGB, 77. Aufl. 2018, § 310 Rn. 49; a.A. etwa *Bieder*, ZHR 2010, 705, 726 unter Hinweis auf die schuldrechtliche Prägung der gesetzestypischen stillen Gesellschaft.

152 BGH WM 2014, 897, 898.

153 Zur Terminologie Siehe oben B.III.

154 Siehe oben C.I.1.c).

155 *Ulmer/Schäfer*, in: Ulmer/Brandner/Hensen, AGB-Recht, 12. Aufl. 2016, § 310 Rn. 109; *Becker*, in: BeckOK-BGB, Stand 01.08.2018, § 310 Rn. 29.

156 *Ulmer/Schäfer*, in: Ulmer/Brandner/Hensen, AGB-Recht, 12. Aufl. 2016, § 310 Rn. 122; *Stoffels*, AGB-Recht, 3. Aufl. 2015, S. 57 Rn. 156; *Becker*, in: BeckOK-BGB, Stand 01.08.2018, § 310 Rn. 29.

157 *Ulmer/Schäfer*, in: Ulmer/Brandner/Hensen, AGB-Recht, 12. Aufl. 2016, § 310 Rn. 119.

158 *Becker*, in: BeckOK-BGB, Stand 01.08.2018, § 310 Rn. 29.

hingegen nicht von § 310 Abs. 4 BGB erfasst und es finden die §§ 305 ff. BGB Anwendung.[159]

b) Ungewöhnlich und überraschend (§ 305c Abs. 1 BGB)

Ist der Anwendungsbereich des AGB-Rechts eröffnet, stellt sich unter anderem die Frage, inwiefern einzelne Klauseln des partiarischen Darlehens gemäß § 305c Abs. 1 BGB Vertragsbestandteil werden. § 305c Abs. 1 BGB ist einschlägig, wenn die Vertragsbestimmungen nach dem äußeren Erscheinungsbild des Vertrags so ungewöhnlich sind, dass der Vertragspartner des Verwenders nicht mit ihnen zu rechnen braucht. Als ungewöhnliche und überraschende Klauseln kommen bei einem partiarischen Darlehen vor allem die Gewinnbeteiligung und ein vereinbarter Rangrücktritt in Betracht.

Die Literatur nimmt bei § 305c Abs. 1 BGB eine zweiteilige Prüfung vor. Im ersten Schritt wird die Vertragsbestimmung dahingehend geprüft, ob sie objektiv ungewöhnlich ist. Dabei erfolgt eine nähere Betrachtung des Gesamtbilds des konkreten Vertrages und der Erwartungen, die der redliche Verkehr typischerweise oder auf Grund des Verhaltens des Verwenders bei Vertragsschluss an den Vertragsinhalt knüpft.[160] Für die Bewertung, ob eine Klausel objektiv ungewöhnlich ist, können empirische Daten herangezogen werden. Je häufiger eine Bestimmung in einer vergleichbaren Situation von Marktteilnehmern verwendet wird, desto eher ist sie gewöhnlich.[161] Allerdings kann nicht ausschließlich auf eine zahlenmäßige Betrachtung abgestellt werden, denn das würde neuen Entwicklungen in der Rechtspraxis mangels Verbreitung entgegenstehen.[162]

Bei § 305c Abs. 1 BGB wird nicht nur eine objektiv ungewöhnliche Klausel verlangt, sondern sie muss im zweiten Schritt auch überraschend sein („nicht zu rechnen braucht").[163] Auf subjektiver Ebene wird geprüft, inwiefern der

---

159 So auch *Schmidt*, ZHR 1995, 734, 739 f; *Blaurock*, in: Blaurock, Handbuch stille Gesellschaft, 8. Aufl. 2016, Rn. 5.29; *Basedow*, in: MüKo-BGB, 7. Aufl. 2016, § 310 Rn. 91; *Habarth*, in: HGB-Staub, 5. Aufl. 2015, § 230 Rn. 35.

160 *Stoffels*, AGB-Recht, 3. Aufl. 2015, S. 119 f. Rn. 334; *Schmidt*, in: BeckOK-BGB, Stand 01.08.2018, § 305c Rn. 14; *Schulte-Nölke*, in: Schulze, BGB, 9. Aufl. 2017, § 305c Rn. 2.

161 BGH NJW 1990, 247, 249; *Schlosser*, in: Staudinger-BGB, 2013, § 305c Rn. 7; *Ulmer/Schäfer*, in: Ulmer/Brandner/Hensen, AGB-Recht, 12. Aufl. 2016, § 305c Rn. 20; a.A. *Lindacher/Hau*, in: Wolf/Lindacher/Pfeiffer, AGB-Recht, 6. Aufl. 2013, § 305c Rn. 25; *Schwab*, AGB-Recht, 2. Aufl. 2014, S. 80 Rn. 313.

162 *Schlosser*, in: Staudinger-BGB, 2013, § 305c Rn. 13.

163 BGH NJW 2013, 1803, 1804; *Ulmer/Schäfer*, in: Ulmer/Brandner/Hensen, AGB-Recht, 12. Aufl. 2016, § 305c Rn. 13; *Grüneberg*, in: Palandt, BGB, 77. Aufl. 2018, § 305c Rn. 4.

Vertragspartner durch die Bestimmung überrumpelt wurde.[164] Maßgebliches Kriterium ist die Erkenntnismöglichkeit, der für derartige Verträge in Betracht kommenden Personenkreise.[165] Kannte der Vertragspartner die objektiv ungewöhnliche Bestimmung oder musste er nach den Umständen mit ihr rechnen, ist eine Überraschung ausgeschlossen.[166] Durch drucktechnische Hervorhebung kann eine Klausel zwar immer noch ungewöhnlich sein, für den Vertragspartner ist sie dann aber nicht mehr überraschend.[167]

Die Rechtsprechung nimmt nur unregelmäßig eine klare Trennung zwischen objektivem und subjektivem Element vor.[168] Nach der Prüfung des BGH ist die Einbeziehung von Klauseln in den Vertrag ausgeschlossen, wenn die Bestimmung nach den vertraglichen Umständen so ungewöhnlich ist, dass der Vertragspartner mit ihr nicht zu rechnen braucht.[169] Diese Definition konkretisiert die Rechtsprechung, indem sie § 305c Abs. 1 BGB in einzelne Fallgruppen unterteilt. So haben sich insbesondere die Fälle herausgebildet, bei denen eine Klausel ungewöhnlich ist, weil sie in einem bestimmten Grad vom Leitbild und dispositiven Recht des Vertrags abweicht. Ferner kann eine Klausel ungewöhnlich sein aufgrund ihres äußeren Erscheinungsbildes oder aufgrund der Höhe des geregelten Entgelts. Letztlich nehmen BGH und Literatur damit eine ähnliche Prüfung vor, wobei die Rechtsprechung durch ihre Fallgruppen einen hilfreichen Einstieg in die Prüfung des § 305c Abs. 1 BGB gewährt. Die folgende Untersuchung orientiert sich an den Fallgruppen des BGH.

aa) Leitbild des Vertrags und dispositives Recht

Der § 305c Abs. 1 BGB kommt nach Auffassung des BGH also insbesondere dann infrage, wenn die Bestimmung vom Leitbild des Vertrags[170] und vom

---

164 *Stoffels*, AGB-Recht, 3. Aufl. 2015, S. 119 f. Rn. 334; *Ulmer/Schäfer*, in: Ulmer/Brandner/Hensen, AGB-Recht, 12. Aufl. 2016, § 305c Rn. 13a.

165 BGHZ 102, 152, 159 = NJW 1988, 558, 560; BGH NJW-RR 2012, 1261; *Ulmer/Schäfer*, in: Ulmer/Brandner/Hensen, AGB-Recht, 12. Aufl. 2016, § 305c Rn. 13a.

166 *Ulmer/Schäfer*, in: Ulmer/Brandner/Hensen, AGB-Recht, 12. Aufl. 2016, § 305c Rn. 23.

167 *Ulmer/Schäfer*, in: Ulmer/Brandner/Hensen, AGB-Recht, 12. Aufl. 2016, § 305c Rn. 23.

168 Mit strikter Trennung etwa in BGH NJW-RR 2001, 439; BGH WM 2014, 897; ohne Trennung hingegen BGH NJW-RR 2004, 1397, 1398; BGH NJW-RR 2006, 750, 751; BGHZ 202, 309 = BGH WM 2015, 847.

169 BGH NJW-RR 2007, 3423, 3424; BGHZ 202, 309, 313 = BGH WM 2015, 847, 848 f.

170 BGHZ 121, 107, 113 = BGH NJW 1993, 779, 780.

dispositiven Recht[171] abweicht. Das Gericht unterscheidet zwischen diesen beiden Fallgruppen, allerdings ohne eine klare Abgrenzung vorzunehmen.[172] Wenn der BGH von der einen oder anderen Fallgruppe spricht, stellt er schlussendlich die gleichen Erwägungen an. Maßgeblich ist dabei die Frage, wie weit sich die Vertragsbestimmung vom gesetzlichen Normalfall entfernt.

Der BGH hat sich in einer Entscheidung damit befasst, inwiefern eine Nachrangklausel im Rahmen eines zinslosen Nachrangdarlehens, das von Privatpersonen an einen privaten Schulträger gewährt wurde, von § 305c Abs. 1 BGB erfasst wird.[173] Die Darlehensgeber waren Eltern von Schülern einer Einrichtung des Darlehensnehmers. In dem Urteil führt das Gericht aus, dass bei einem Darlehen eine Nachrangklausel mit Wirkung des § 39 Abs. 2 InsO objektiv ungewöhnlich ist.[174] Gerade bei der Gewährung von Privatdarlehen sei eine solche Bestimmung von dem Vertragspartner typischerweise nicht zu erwarten. Bei wirtschaftlicher Betrachtung erfolge eine Annäherung an ein Gesellschafterdarlehen, dessen Rückgewähranspruch ebenfalls gemäß § 39 Abs. 1 Nr. 5 InsO nachrangig sei. Allerdings fehlen beim Nachrangdarlehen die damit einhergehenden Rechte eines Gesellschafters, insbesondere in Bezug auf Informations- und Einwirkungsmöglichkeiten. Damit sei ein hoher Grad an Abweichung vom dispositiven Recht des Darlehensvertrags gegeben. Trotz der objektiven Ungewöhnlichkeit stellt der BGH im vorliegenden Fall fest, dass auf die ungewöhnliche Nachrangklausel ausreichend deutlich hingewiesen wurde und damit keine Überraschung vorlag.[175] Durch eine drucktechnische Hervorhebung konnte davon ausgegangen werden, dass der Vertragspartner von der Bestimmung Kenntnis erlangt.

Die Entscheidung wurde in einem aktuellen Urteil vom vierten Strafsenat des BGH bestätigt.[176] Darin heißt es, dass eine „Nachrangabrede bei einem privat gewährten Darlehen in der Regel objektiv ungewöhnlich ist, weil sie die Finanzierungsleistung des Darlehensgebers wirtschaftlich den Forderungen auf Rückgewähr eines Gesellschafterdarlehens annähert (vgl. § 39 Abs. 1 Nr. 5 InsO), ohne dass ihn die Finanzierungsfolgenverantwortung eines Gesellschafters trifft oder er die Informations- und Einwirkungsmöglichkeiten eines Gesellschafters hat".[177] In dem Fall ging es um einen absoluten qualifizierten Nachrang. Bei der

171 BGH NJW-RR 2001, 195, 196; BGH NJW 1992, 1234.
172 So auch *Grüneberg*, in: Palandt, BGB, 77. Aufl. 2018, § 305c Rn. 4.
173 BGH WM 2014, 897.
174 BGH WM 2014, 897, 898.
175 BGH WM 2014, 897, 898.
176 BGH NZI 2018, 415.
177 BGH NZI 2018, 415, 416.

Prüfung des § 305c Abs. 1 BGB müsse es laut BGH auch berücksichtigt werden, wenn es sich im konkreten Fall nicht „um am allgemeinen Kapitalmarkt agierende profitorientierte Anleger handelte, sondern um Personen, die mit den Zielen des Angeklagten sympathisierten und denen es darauf ankam, die bereits geschaffenen oder noch einzurichtenden gemeinnützigen Projekte der Gemeinschaft zu fördern".[178]

Aus den Äußerungen der beiden Gerichtsentscheidungen lässt sich schließen, dass für die objektive Ungewöhnlichkeit im Fall von Privatpersonen ein geringerer Grad an Abweichung vom Leitbild des Vertrags notwendig ist, als dies etwa bei professionellen Anlegern der Fall wäre. Auch beim Überraschungsmoment sind niedrigere Voraussetzungen anzuwenden. Maßgeblich ist also der Erkenntnishorizont der typischen Vertragspartner.[179] Erschwerend kommt in den vorliegenden BGH-Fällen hinzu, dass es sich um zinslose Darlehen handelte, die nicht primär zur Kapitalanlage gewährt wurden. Es konnte nicht davon ausgegangen werden, dass die Darlehensgeber Vorkenntnisse in Bezug auf Finanzierungsinstrumente und Nachrangvereinbarungen haben. Der Überraschungseffekt kann allerdings durch die ausreichende Kenntlichmachung ausgeschlossen werden.

Folglich ist Vorsicht geboten bei der Verwendung von formularmäßigen Nachrangklauseln. Zur Absicherung sollte die Bestimmung ausreichend deutlich hervorgehoben werden. Ansonsten läuft der Verwender Gefahr, dass die Nachrangklausel nicht in den Vertrag einbezogen wird. Dann würde ein Schuldner, der durch sein partiarisches Nachrangdarlehen wirtschaftliches Eigenkapital generieren will, sein Ziel verfehlen.[180] Bei einem öffentlichen Angebot würde ein Emittent auch Gefahr laufen, gegen bankaufsichtsrechtliche Vorschriften zu verstoßen, weil sein Darlehensangebot ohne Nachrang möglicherweise ein unerlaubtes Einlagengeschäft darstellt (§§ 32 Abs. 1 S. 1, 1 Abs. 1 S. 2 Nr. 1 KWG). Zudem würde der Darlehensschuldner dem Darlehensgläubiger durch eine partiarische Beteiligung hohe Gewinnaussichten gewähren, ohne dass dafür die Nachrangklausel als wirtschaftliches Gegengewicht Vertragsbestandteil wäre.

Der BGH hat seine Rechtsprechung auch bei einem Darlehen mit vorinsolvenzrechtlicher Durchsetzungssperre bestätigt.[181] Das ist nicht selbstverständlich, denn eine solche Klausel entfernt sich noch weiter vom Leitbild, als dies schon bei einer gewöhnlichen Nachrangklausel der Fall ist. Das Gesetz sieht

---

178 BGH NZI 2018, 415, 416.

179 *Lindacher/Hau*, in: Wolf/Lindacher/Pfeiffer, AGB-Recht, 6. Aufl. 2013, § 305c Rn. 36.

180 Siehe zu den Anforderungen an wirtschaftliches Eigenkapital oben B.III.

181 BGH NZI 2018, 415.

schließlich vor, dass das Darlehen grundsätzlich bei Fälligkeit (§ 488 Abs. 1 S. 2 BGB) oder jedenfalls nach Kündigung (§ 488 Abs. 3 S. 1 BGB) zurückzuzahlen ist. Bei einer vorinsolvenzrechtlichen Durchsetzungssperre ist der Gläubiger daran gehindert, von seinem Rückzahlungsanspruch Gebrauch zu machen, wenn dadurch die Überschuldung des Darlehensnehmers droht. Eine solche Durchsetzungssperre ist daher besonders ungewöhnlich.[182] Im Vertrag sollte deshalb deutlich auf die Klausel und deren Bedeutung hingewiesen werden. Es genügt grundsätzlich nicht, wenn lediglich von einem qualifizierten Nachrang die Rede ist.[183] Es muss deutlich werden, dass der Nachrang schon vor der Insolvenz seine Wirkung entfaltet und eine Rückzahlung verhindern kann.[184] Dieses erhöhte Risiko muss sich aus dem Vertrag ergeben.[185]

bb) Äußeres Erscheinungsbild

AGB-Klauseln können auch aufgrund ihres äußeren Erscheinungsbildes gemäß § 305c Abs. 1 BGB ungewöhnlich und überraschend sein.[186] Das äußere Erscheinungsbild des Vertrags wird insbesondere von der Überschrift, der Gliederung und der Gesamtaufmachung geprägt.[187] Erfasst werden unter anderem Klauseln, die an einer Stelle im Vertrag stehen, die dem Erwartungshorizont eines durchschnittlichen Vertragspartners widersprechen.[188] Denkbar wäre etwa eine mit „Darlehensvertrag" betitelte Vereinbarung, die in dem Abschnitt „Sonstiges" eine Nachrangklausel vorsieht. Das OLG Düsseldorf hat auch entschieden, dass die Bezeichnung „Nachrangdarlehen" unzureichend ist, wenn die zusätzlich vereinbarte vorinsolvenzrechtliche Durchsetzungssperre sich nicht in den hervorgehobenen Hinweisen finden lässt.[189] Der Verwender muss also darauf achten, dass der Vertrag und seine einzelnen Abschnitte so aufgebaut sind, dass der Vertragspartner von den einzelnen Klauseln Kenntnis nehmen kann.

---

182 So im Ergebnis auch *Bitter*, ZIP 2015, 345, 349 f.

183 OLG Düsseldorf NZI 2018, 317, 319 f.

184 OLG Düsseldorf NZI 2018, 317, 319.

185 OLG Düsseldorf NZI 2018, 317, 319.

186 BGH NZI 2018, 415, 416.

187 BGHZ 84, 109, 113 = BGH NJW 1982, 2309; BGH NJW 1984, 171, 173; *Lindacher/Hau*, in: Wolf/Lindacher/Pfeiffer, AGB-Recht, 6. Aufl. 2013, § 305c Rn. 21; *Roloff*, in: Erman, BGB, 15. Aufl. 2017, § 305c Rn. 13; *Ulmer/Schäfer*, in: Ulmer/Brandner/Hensen, AGB-Recht, 12. Aufl. 2016, § 305c Rn. 17.

188 BGH NJW-RR 2012, 1261; *Roloff*, in: Erman, BGB, 15. Aufl. 2017, § 305c Rn. 13.

189 OLG Düsseldorf NZI 2018, 317, 320.

cc) Höhe des Entgelts

Vertragsbestimmungen können auch aufgrund der darin geregelten Höhe des Entgelts kein Vertragsbestandteil gemäß § 305c Abs. 1 BGB werden. Davon sind vor allem Fälle betroffen, in denen der Vertragspartner von einer unentgeltlichen Leistung ausging, oder wenn die Preisgestaltung nur schwer nachvollziehbar ist.[190] Bei partiarischen Darlehen kommt diese Fallgruppe insbesondere in Frage, wenn der betroffene Verkehrskreis eine Gewinnbeteiligung nicht erwartet und sich diese auch nicht deutlich genug aus dem Vertragstext ergibt.[191]

Hat der Vertragspartner die partiarische Klausel hingegen erkannt, ist es für ihn nicht ungewöhnlich oder überraschend, dass zum Zeitpunkt des Vertragsschlusses noch gar nicht ersichtlich ist, ob und wieviel Geld durch die partiarische Klausel verdient werden kann. Die Erfolgsbeteiligung kann ohne weiteres dazu führen, dass der Darlehensgeber überhaupt kein Entgelt für seine Investition erhält. Der Anwendungsbereich des § 305c Abs. 1 BGB ist nicht dann schon eröffnet, wenn die Vertragsbestimmung wirtschaftlich ungünstig für den Vertragspartner ist.[192] Solange der Vertragspartner die partiarische Klausel erkennt, geht er auch bewusst das damit einhergehende Risiko eventuell gänzlich ausbleibender Gewinne ein. Das liegt in der Natur eines solchen Finanzierungsinstruments.

dd) Zwischenergebnis

Die Parteien eines partiarischen Darlehens können also in Übereinstimmung mit § 305c Abs. 1 BGB eine Gewinnbeteiligungs- und eine Rangrücktrittsklausel vereinbaren. Sind die Bestimmungen – insbesondere aufgrund des angesprochenen Verkehrskreises – objektiv ungewöhnlich, kann durch eine ausreichende drucktechnische Hervorhebung der subjektive Überraschungseffekt entfallen.

c) Mehrdeutige Klauseln (§ 305c Abs. 2 BGB)

Partiarische Nachrangdarlehen bieten eine gewisse Gestaltungsvielfalt. Sowohl die Gewinnbeteiligung als auch der Rangrücktritt können in unterschiedlichen Variationen vereinbart werden. Dadurch drohen mehrdeutige Klauseln zu entstehen. Im AGB-Recht sieht § 305c Abs. 2 BGB eine Auslegungsregel bei Zweifeln zu Lasten des Verwenders vor. Die Vorschrift greift ein, wenn eine Vereinbarung

190 *Schlosser*, in: Staudinger-BGB, 2013, § 305c Rn. 35.

191 So im Falle einer Entgeltlichkeitsvereinbarung in BGH NJW-RR 2012, 1261.

192 *Lindacher/Hau*, in: Wolf/Lindacher/Pfeiffer, AGB-Recht, 6. Aufl. 2013, § 305c Rn. 24.

mehrere Deutungen ermöglicht.[193] Eine Klausel ist dann zulasten des Verwenders ausgelegt, wenn bei Mehrdeutigkeit das für den Vertragspartner Günstigste gilt.[194] Der Verwender zieht die Vorteile aus der einseitigen Vorformulierung der Vertragsbestimmungen und trägt daher auch die Konsequenzen, wenn Unklarheiten im Vertrag bestehen.[195] Die Rechtsprechung folgt bei § 305c Abs. 2 BGB einem restriktiven Ansatz und wendet die Vorschrift erst an, wenn alle sonstigen Auslegungsmethoden zu keinem klaren Ergebnis kommen.[196]

aa) Auslegung von AGB-Klauseln

Die Auslegung von Vertragsbestimmungen erfolgt grundsätzlich anhand eines objektiven Empfängerhorizonts unter Beachtung der Umstände des Einzelfalls (§§ 133, 157 BGB).[197] Für AGB-Klauseln gilt das nicht. Stattdessen findet eine objektive Auslegung statt, bei der die individuellen Umstände außer Betracht bleiben.[198] Maßgeblich ist die Sicht des durch den Vertrag typischerweise angesprochen Verkehrskreises.[199] Grund dafür ist, dass der Verwender die AGB für eine Vielzahl von Verträgen vorformuliert.[200] Die Umstände des Einzelfalls konnte er zu diesem Zeitpunkt noch gar nicht vorhersehen. Der Kunde ist sich dessen bewusst und bei darüberhinausgehenden Individualvereinbarungen über § 305b BGB geschützt.[201]

---

193 *Schmidt*, in: BeckOK-BGB, Stand 01.08.2018, § 305c Rn. 42.

194 Das ergibt sich aus Art. 5 S. 2 der Richtlinie 93/13/EWG; so auch *Basedow*, in: MüKo-BGB, 7. Aufl. 2016, § 305c Rn. 33 und *Schwab*, AGB-Recht, 2. Aufl. 2014, Rn. 536.

195 BGH WM 1978, 10, 11; *Schmidt, in:* BeckOK-BGB, Stand 01.08.2018, § 305c Rn. 42; *Stoffels*, AGB-Recht, 3. Aufl. 2015, S: 136 Rn. 365; *Schorn*, Die Unklarheitenregel des § 305c Abs. 2 BGB, 2011, S. 30.

196 BGH NJW 1990, 3016, 3017; BGH NJW-RR 2003, 1247; BGH NJW 2007, 504, 506; BGH NJW 2008, 2495, 2496.

197 *Busche*, in: MüKo-BGB, 8. Aufl. 2018, § 133 Rn. 12.

198 BGH NJW-RR 1990, 1525, 1526; BGH NJW 2009, 2671, 2673; *Schwab*, AGB-Recht, 2. Aufl. 2014, Rn. 407 f.; *Ulmer/Schäfer*, in: Ulmer/Brandner/Hensen, AGB-Recht, 12. Aufl. 2016, § 305c Rn. 73; *Busche*, in: MüKo-BGB, 8. Aufl. 2018, § 133 Rn. 25.

199 *Schwab*, AGB-Recht, 2. Aufl. 2014, Rn. 407 f.; *Ulmer/Schäfer*, in: Ulmer/Brandner/Hensen, AGB-Recht, 12. Aufl. 2016, § 305c Rn. 73.

200 *Ulmer/Schäfer*, in: Ulmer/Brandner/Hensen, AGB-Recht, 12. Aufl. 2016, § 305c Rn. 75.

201 *Ulmer/Schäfer*, in: Ulmer/Brandner/Hensen, AGB-Recht, 12. Aufl. 2016, § 305c Rn. 75.

bb) Mehrdeutigkeit bei Nachrangklauseln

§ 305c Abs. 2 BGB kann insbesondere bei der Vereinbarung von Nachrangklauseln relevant werden, wenn die objektive Auslegung zu keinem klaren Ergebnis kommt.[202] Wie oben bereits erwähnt, differenziert man grundsätzlich zwischen drei unterschiedlichen Formen des Nachrangs: der relativ wirkende Nachrang gegenüber einzelnen Gläubigern und der absolut wirkende einfache oder qualifizierte Nachrang.[203] Der absolute Nachrang wirkt insolvenzrechtlich gegenüber allen sonstigen Unternehmensgläubigern. Der absolute qualifizierte Nachrang sieht auch eine vorinsolvenzrechtliche Durchsetzungssperre und den Rang des § 39 Abs. 2 InsO vor. Welcher Nachrang gemäß § 305c Abs. 2 BGB im Zweifel gut für den Vertragspartner ist, hängt zunächst davon ab, ob der Vertragspartner Darlehensgeber oder Darlehensnehmer ist.

(1) Darlehensgeber als Vertragspartner

Im Folgenden soll zunächst auf die Situation eingegangen werden, dass der Darlehensgeber der Vertragspartner gemäß § 305c Abs. 2 BGB ist. In diesem Fall gilt, je schwächer der vereinbarte Nachrang, desto günstiger ist die Klausel für den Darlehensgeber. Schließlich wird die Ausfallwahrscheinlichkeit des Rückzahlungsanspruchs reduziert und ein relativer Nachrang sieht keine insolvenzrechtliche Wirkung vor.

Vor der Prüfung des § 305c Abs. 2 BGB muss aber zunächst anhand der oben beschriebenen objektiven Auslegung bestimmt werden, welche Deutungsmöglichkeiten der Nachrangklausel im konkreten Fall überhaupt in Frage kommen. Die Deutung als relativ wirkende Nachrangklausel wäre zwar für den darlehensgebenden Vertragspartner am günstigsten, sie kommt jedoch in vielen Fällen aufgrund der Auslegung der Erklärungen nicht in Betracht. Häufig wird die relative Nachrangvereinbarung zwischen einzelnen Gläubigern und nicht bloß zwischen dem Schuldner und dem Darlehensgläubiger geschlossen.[204] Finden sich zudem Hinweise darauf, dass der Darlehensgläubiger „in der Insolvenz" hinter die anderen Unternehmensgläubiger zurücktreten soll, spricht das eher für einen absoluten Nachrang mit seiner insolvenzrechtlichen Wirkung.

Lassen sich keine Anhaltspunkte für einen relativen Nachrang finden, kommen nur die absolut wirkenden Nachrangklauseln in Frage. Für den

---

202 Siehe zu Einzelfällen beim Darlehensvertrag *Roloff*, in: Erman, BGB, 15. Aufl. 2017, § 305c Rn. 30.

203 Siehe oben B.III.

204 Siehe oben B.III.

darlehensgebenden Vertragspartner wäre ein Rücktritt hinter möglichst wenige Gläubiger vorteilhaft (also noch vor den in § 39 Abs. 1 InsO genannten Forderungen). § 305c Abs. 2 BGB würde dann aber im Widerspruch zu § 39 Abs. 2 InsO stehen, wonach ein Darlehensgeber im Zweifel hinter die Forderungen des § 39 Abs. 1 InsO zurücktritt. Der BGH hat sich bis heute noch nicht ausdrücklich zum Verhältnis von § 39 Abs. 2 InsO und § 305c Abs. 2 BGB geäußert. Er gewährt dem § 39 Abs. 2 BGB aber faktisch Vorrang, indem er die Vorschrift im Rahmen seiner AGB-Prüfung anwendet.[205]

§ 39 Abs. 2 InsO trifft allerdings keine Aussage darüber, ob ein relativer oder absoluter Nachrang vorliegt. Denn § 39 Abs. 2 InsO findet erst Anwendung, wenn eine Nachrangvereinbarung mit Insolvenzwirkung vorliegt, was bei einer relativen Nachrangklausel gerade nicht der Fall ist[206]. Im Verhältnis von relativen und absoluten Rangrücktritten findet also weiterhin § 305c Abs. 2 BGB Anwendung.

Damit bleibt noch der Fall einer im Zweifel stehenden vorinsolvenzrechtlichen Durchsetzungssperre zu klären. § 39 Abs. 2 InsO trifft keine Aussage zu einer solchen Klausel und sie wäre nachteilig für den darlehensgebenden Vertragspartner. § 305c Abs. 2 BGB schließt daher eine Deutung zugunsten einer vorinsolvenzrechtlichen Durchsetzungssperre im Zweifelsfall aus. Etwas anderes gilt nur, wenn aus den vorrangigen Auslegungsmethoden deutlich wird, dass es dem Verwender gerade darauf ankam, eine vorinsolvenzrechtliche Insolvenzsperre in den Vertrag aufzunehmen – etwa um wirtschaftliches Eigenkapital zu generieren. In einem solchen Fall greift die im Verhältnis zu § 305c Abs. 2 BGB vorrangige AGB-Auslegung zugunsten eines absoluten qualifizierten Nachrangs. Der Verwender darf allerdings nicht nur im konkreten Einzelfall wirtschaftliches Eigenkapital einwerben wollen, sondern in allen Verträgen, in denen er seine AGB-Klausel aufnimmt. Bei der objektiven Auslegung bleiben schließlich die Umstände des Einzelfalls außer Betracht.

(2) Wertungskorrektur

§ 305c Abs. 2 BGB erscheint damit auf den ersten Blick leicht handhabbar, doch kann die Vorschrift in bestimmten Konstellationen zu Wertungswidersprüchen führen. Angenommen, es sei zweifelhaft, ob zwei Vertragsparteien einen absolut wirkenden einfachen oder qualifizierten Nachrang vereinbart haben. Ferner sei angenommen, dass in diesem Fall der qualifizierte Nachrang gemäß § 307

205 BGH WM 2014, 897 f.

206 *Bäuerle*, in: Braun, InsO, 7. Aufl. 2017, § 39 Rn. 32.

BGB – oder aus einem anderen Grund – unwirksam wäre. Der einfache Nachrang wäre hingegen wirksam. Nach der oben beschriebenen Lösung würde § 305c Abs. 2 BGB wieder zur Auslegung zugunsten des einfachen Nachrangs führen. Damit würde die Vorschrift allerdings ihrem Sinn und Zweck zuwiderlaufen.[207] Die für den Vertragspartner günstigste Lösung wäre vielmehr eine Vermutung zugunsten des absoluten Nachrangs. Da eine geltungserhaltene Reduktion im AGB-Recht grundsätzlich nicht stattfindet[208], wäre nicht nur die vorinsolvenzrechtliche Durchsetzungssperre, sondern die ganze Nachrangklausel unwirksam.

Aus diesem Grund hat sich eine zweistufige Prüfung des § 305c Abs. 2 BGB herausgebildet.[209] Zunächst muss geprüft werden, ob alle in Frage kommenden Deutungsmöglichkeiten der Vereinbarung wirksam wären. Ist dies nicht der Fall, führt § 305c Abs. 2 BGB zur Deutung zugunsten der unwirksamen Klausel. Wären alle in Frage kommenden Deutungen hingegen wirksam, so wird zugunsten des Vertragspartners die jeweils Günstigste angenommen.

(3) Darlehensnehmer als Vertragspartner

Welche Nachrangklausel ist im Zweifel die Günstigste, wenn der Vertragspartner der Darlehensnehmer ist? Das ist leicht zu beantworten bei der Frage, ob eine vorinsolvenzrechtliche Durchsetzungssperre bestehen soll oder nicht. Besteht sie, kann der Darlehensnehmer eine Überschuldung verhindern und sein Unternehmen fortführen. Im Zweifel wird daher zu Gunsten des Darlehensnehmers eine solche Klausel gemäß § 305c Abs. 2 BGB angenommen.

Hinter welche Gläubiger der Darlehensgeber zurücktritt, ist für den Darlehensnehmer grundsätzlich von geringerer Bedeutung. Der genaue Rang ist von größerem Interesse für den Darlehensgeber, der einen Totalverlust seiner Investition fürchten muss. Die Rangfolge kann für den Darlehensnehmer allerdings relevant werden, wenn die Voraussetzungen für ein bestimmtes Ratingverfahren

---

207 *Stoffels*, AGB-Recht, 3. Aufl. 2015, S. 140 Rn. 375; *Schorn*, Die Unklarheitenregel des § 305c Abs. 2 BGB, 2011, S. 122 ff.

208 *Lindacher/Hau*, in: Wolf/Lindacher/Pfeiffer, AGB-Recht, 6. Aufl. 2013, § 306 Rn. 31 ff., § 305c Rn. 119.

209 BGH NJW 1982, 2309, BGH NJW 1985, 970; BGH NJW 2003, 1237, 1238; BGHZ 176, 244, 250 = BGH NJW 2008, 2172; *Grüneberg*, in: Palandt, BGB, 77. Aufl. 2018, § 305c Rn. 18; *Gottschalk*, AcP 2006, 555, 576 f.; *Stoffels*, AGB-Recht, 3. Aufl. 2015, S. 140 Rn. 375; *Schorn*, Die Unklarheitenregel des § 305c Abs. 2 BGB, 2011, S. 122 ff.; *Schmidt*, in: BeckOK-BGB, Stand 01.08.2018, § 305c Rn. 61; *Basedow*, in: MüKo-BGB, 7. Aufl. 2016, § 305c Rn. 35.

erfüllt werden müssen. Ein solches Rating entscheidet insbesondere über die Qualifikation der Darlehenssumme als wirtschaftliches Eigenkapital. Häufig setzen Ratingverfahren bei einem Darlehen einen Rücktritt hinter die Forderungen des § 39 Abs. 1 InsO voraus.[210] Wie oben beschrieben, fällt die Bestimmung des konkreten Rangs allerdings in den Anwendungsbereich des § 39 Abs. 2 InsO.[211] Im Zweifel tritt der Darlehensgeber damit hinter die Gläubiger des § 39 Abs. 2 InsO zurück. Das gilt unabhängig davon, was für den Darlehensnehmer günstiger ist oder nicht.

Damit bleibt noch der Günstigkeitsvergleich zwischen einem relativen und einem absoluten Nachrang. Hier ist der absolute Nachrang grundsätzlich günstiger für den Darlehensnehmer. Das folgt bereits daraus, dass es für den Darlehensnehmer leichter ist, weiteres Fremdkapital zur Unternehmensfinanzierung aufzunehmen, wenn das neue Kapital vorrangig gegenüber den Altverbindlichkeiten bedient wird. Auch ohne Qualifizierung als wirtschaftliches Eigenkapital steigt die Wahrscheinlichkeit, weitere Kreditgeber zu finden.

cc) Mehrdeutigkeit bei partiarischen Klauseln

Was wäre die günstigste Klausel gemäß § 305c Abs. 2 BGB bei einer partiarischen Beteiligungsklausel? Würde in den AGB etwa nur von einer Beteiligung am Erfolg des Unternehmens die Rede sein, wäre nicht klar, was der Anknüpfungspunkt für die Beteiligung sein soll. Wie oben beschrieben, kommen unterschiedliche Faktoren in Frage (z.B. der Jahresüberschuss, Bilanzgewinn, Umsatz, EBIT, EBITDA).[212] Die für den Darlehensgeber als Vertragspartner günstigste Klausel wäre grundsätzlich diejenige Vereinbarung, die den höchsten Profit einbringt.[213] Bei einer prozentualen Beteiligung wird der höchste Ertrag in der Regel mit dem Umsatz als Anknüpfungspunkt generiert, da hier noch keine Verluste eingerechnet wurden. In den meisten Fällen wird aber wohl zumindest von einer „Gewinnbeteiligung" die Rede sein, womit nur schwerlich auf den Umsatz geschlossen werden kann. Von den oben genannten Gewinnbeteiligungen würde der EBITDA grundsätzlich den höchsten Beteiligungswert ermöglichen. Der EBITDA weist die *earnings before interest and taxes* aus und ist zusätzlich von *depreciations* (Abschreibungen auf Wirtschaftsgüter) und *amortizations* (Abschreibungen auf Geschäfts- und Firmenwerte) bereinigt.[214]

---

210 Siehe oben B.III.
211 Siehe oben C.I.3.c)bb)(1).
212 Siehe oben B.II.
213 OLG München, WM 2015, 2192.
214 Siehe oben B.II.

Anders wäre es, wenn der Vertragspartner Darlehensnehmer wäre. Er hat grundsätzlich ein Interesse daran, möglichst geringe Zahlungen an den Darlehensgeber zu leisten. Von den oben genannten Beteiligungsmöglichkeiten ist der Bilanzgewinn derjenige, der die niedrigsten Zahlungen ermöglicht.[215]

dd) Verhältnis zum Dissens

Bei Unklarheiten im Vertrag kommt neben § 305c Abs. 2 BGB noch die Anwendung von § 155 BGB in Frage. Bei einem sogenannten versteckten Dissens haben sich die Parteien über eine Vertragsbestimmung unbemerkt nicht geeinigt. Der Vertrag kommt gemäß § 155 BGB nur dann zustande, wenn anzunehmen ist, dass sich die Parteien auch ohne die Vereinbarung über diesen Punkt geeinigt hätten. Nach herrschender Auffassung verdrängt der § 305c Abs. 2 BGB den § 155 BGB.[216] Das Risiko der Gesamtnichtigkeit des Vertrags soll grundsätzlich nur der AGB-Verwender tragen, denn der Vertragspartner hat bei der Erstellung der AGB nicht mitgewirkt und er trägt daher keine Verantwortung für die eindeutige Gestaltung der AGB.[217] Die Regelung des § 155 BGB findet erst dann Anwendung, wenn die AGB so undurchsichtig sind, dass sich ein vernünftiger Sinn nicht mehr entnehmen lässt.[218]

ee) Zwischenergebnis

Bei mehrdeutigen Nachrang- oder Erfolgsbeteiligungsklauseln ist ein Günstigkeitsvergleich gemäß § 305c Abs. 2 BGB vorzunehmen. Das Ergebnis hängt davon ab, ob der Vertragspartner Darlehensgeber oder Darlehensnehmer ist. Für den Darlehensgeber ist der relative Nachrang der Günstigste. Bei dem Darlehensnehmer ist es hingegen der absolute qualifizierte Rangrücktritt. Es gilt die Besonderheiten zu beachten, dass § 39 Abs. 2 InsO gegenüber § 305c Abs. 2 BGB vorrangig ist und es in Einzelfällen zu einer Wertungskorrektur beim Günstigkeitsvergleich kommen kann. Bei der Anwendung des § 305c Abs. 2 BGB auf eine Erfolgsbeteiligungsklausel ist für den Darlehensgeber eine Umsatz- oder jedenfalls eine EBITDA-Beteiligung am günstigsten. Ist der Darlehensnehmer

---

215 Siehe oben B.II.

216 *Raiser*, Das Recht der allgemeinen Geschäftsbedingungen, 1935, S. 260 ff.; *Knütel*, JR 1981, 221, 224; *Ulmer/Schäfer*, in: Ulmer/Brandner/Hensen, AGB-Recht, 12. Aufl. 2016, § 305c Rn. 61; *Stoffels*, AGB-Recht, 3. Aufl. 2015, S. 136 Rn. 365; *Schmidt*, in: BeckOK-BGB, Stand 01.08.2018, § 305c Rn. 61.

217 *Raiser*, Das Recht der allgemeinen Geschäftsbedingungen, 1935, S. 260 f.

218 *Raiser*, Das Recht der allgemeinen Geschäftsbedingungen, 1935, S. 262 f.

der Vertragspartner, würde für ihn der Günstigkeitsvergleich zu einer Beteiligung am Bilanzgewinn führen. § 305c Abs. 2 BGB ist gegenüber den Vorschriften zum Dissens vorrangig.

d) Inhaltskontrolle (§ 307 BGB)

Erfolgsbeteiligungs- und Nachrangvereinbarungen können als allgemeine Geschäftsbedingungen auch unwirksam gemäß § 307 BGB sein. Das ist der Fall, wenn die Klausel den Vertragspartner unangemessen benachteiligt. § 307 BGB unterteilt sich in die Generalklausel (§ 307 Abs. 1 S. 1 BGB), das Transparenzgebot (§ 307 Abs. 1 S. 2 BGB), die Konkretisierungen der Generalklausel (§ 307 Abs. 2 Nr. 1 und 2 BGB) und die Begrenzung des Anwendungsbereichs der Vorschrift (§ 307 Abs. 3 BGB). Ferner wird § 307 BGB konkretisiert durch die §§ 308, 309 BGB. Im weiteren Verlauf der Analyse liegt der Fokus auf Gewinnbeteiligungs- und Rangrücktrittsklauseln, weshalb auf die Besprechung der dafür wenig relevanten §§ 308, 309 BGB verzichtet wird.

aa) Verhältnis zu § 305c BGB

Das Verhältnis von § 307 BGB und § 305c BGB ist auf den ersten Blick nicht ganz eindeutig. Zwar gibt das Gesetz eine klare Prüfungsreihenfolge vor: Eine Klausel unterliegt nur der Inhaltskontrolle, wenn sie auch Bestandteil des Vertrags geworden ist.[219] Allerdings lässt die Rechtsprechung häufig die Frage der Einbeziehung einer Klausel offen und erklärt die Bestimmung jedenfalls gemäß § 307 BGB für unwirksam.[220] Unsicherheiten bei der Abgrenzung folgen insbesondere daraus, dass in der Vergangenheit die beiden Normen nicht getrennt, sondern zusammen geprüft wurden.[221] Das AGBG nahm erstmals eine gesetzlich kodifizierte Trennung der beiden Rechtsinstitute vor.[222] Dogmatisch haben sich mittlerweile vergleichsweise klare Linien zwischen den beiden Vorschriften herausgebildet. § 305c Abs. 1 BGB regelt die Art und Weise, wie die Bestimmung in den Vertrag einbezogen wird, während sich § 307 BGB auf den Inhalt der Vereinbarung konzentriert.[223] Deshalb kann eine gegen § 307 BGB verstoßende Klausel durch einen ausdrücklichen Hinweis ihren ungewöhnlichen und

---

219 *Grüneberg*, in: Palandt, BGB, 77. Aufl. 2018, § 307 Rn. 2.
220 *Grüneberg*, in: Palandt, BGB, 77. Aufl. 2018, § 307 Rn. 2.
221 *Stoffels*, AGB-Recht, 3. Aufl. 2015, S. 117 Rn. 325.
222 *Stoffels*, AGB-Recht, 3. Aufl. 2015, S. 117 Rn. 325.
223 *Roloff*, in: Erman, BGB, 15. Aufl. 2017, § 305c Rn. 6.

überraschenden Charakter verlieren.[224] § 305c BGB wird vor allem dann relevant, wenn eine Inhaltskontrolle wegen § 307 Abs. 3 S. 1 BGB nicht in Frage kommt.[225]

bb) Anwendungsbereich der Inhaltskontrolle

Gemäß § 307 Abs. 3 S. 1 BGB unterliegen nur solche Klauseln einer umfassenden Inhaltskontrolle, durch die von Rechtsvorschriften abweichende oder diese ergänzende Regelungen vereinbart werden. Außerdem werden von der Inhaltskontrolle Entgeltvereinbarungen ausgenommen.[226] Inhaltlich begrenzt werden sogenannte Preishauptabreden durch die Sittenwidrigkeit gemäß § 138 BGB.[227] Damit sind auch Erfolgsbeteiligungsklauseln von dem Anwendungsbereich der Inhaltskontrolle ausgenommen. Gemäß § 307 Abs. 3 S. 2 BGB erfolgt lediglich eine Kontrolle anhand des Transparenzgebots. Dieser eingeschränkte Anwendungsbereich des § 307 BGB erfolgt als Ausdruck des Grundsatzes der Privatautonomie.[228]

Anders ist der Fall bei einer formularmäßigen Nachrangvereinbarung. Sie ändert die Rückzahlungsforderung aus dem Darlehensvertrag in Bezug auf deren Insolvenzrang gemäß § 38 InsO[229] und wird deshalb von § 307 Abs. 3 S. 1 BGB erfasst[230]. Der BGH nimmt eine Inhaltskontrolle bei einer Rangrücktrittsklausel vor, ohne § 307 Abs. 3 S. 1 BGB überhaupt zu problematisieren.[231] Einige Stimmen aus der Literatur lehnen eine inhaltliche Überprüfung unter dem Hinweis ab, dass der Nachrang zum Kernbereich des Darlehens gehört, wenn nach dem Zweck des Vertrags wirtschaftliches Eigenkapital generiert werden soll.[232]

---

224 *Ulmer/Schäfer*, in: Ulmer/Brandner/Hensen, AGB-Recht, 12. Aufl. 2016, § 305c Rn. 12.

225 *Grünberger*, in: Palandt, BGB, 77. Aufl. 2018, § 307 Rn. 41.

226 BGHZ 116, 117, 118 f. = BGH NJW 1992, 688, 689; BGHZ 141, 380, 382 f. = BGH WM 1999, 1271, 1272; *Nobbe*, WM 2008, 185, 186; *Fuchs*, in: Ulmer/Brandner/Hensen, AGB-Recht, 12. Aufl. 2016, § 307 Rn. 18; *Schmidt*, in: BeckOK-BGB, Stand 01.08.2018, § 307 Rn. 89.

227 *Nobbe*, WM 2008, 185, 186.

228 *Nobbe*, WM 2008, 185, 186; *Fuchs*, in: Ulmer/Brandner/Hensen, AGB-Recht, 12. Aufl. 2016, § 307 Rn. 18.

229 *Poelzig*, WM 2014, 917, 924.

230 *Bitter*, ZIP 2015, 345, 350 f.; *Schmidt/Herchen*, in: Schmidt, InsO, 19. Aufl. 2016, § 39 Rn. 21; *Prosteder/Dachner*, in: BeckOK-InsO, Stand: 26.04.2018, § 39 Rn. 118; a.A. *Poelzig*, WM 2014, 917, 923 f.

231 BGH WM 2014, 897, 899; BGH NZI 2018, 415, 417; wohingegen das OLG Düsseldorf die Anwendbarkeit prüft. Siehe OLG Düsseldorf NZI 2018, 317, 320 f.

232 *Poelzig*, WM 2014, 917, 923 f.

Zudem sei die Nachrangvereinbarung Teil der Rückzahlungsverpflichtung, also eine Hauptleistungspflicht, die auch die Höhe des Zinszahlungsanspruchs maßgeblich beeinflusse.[233] Deshalb sei eine Inhaltskontrolle ausgeschlossen. Das kann aus mehreren Gründen nicht überzeugen. Zum einen kann nicht mit jeder Nachrangklausel wirtschaftliches Eigenkapital generiert werden. Wie oben dargestellt, bedarf es für wirtschaftliches Eigenkapital grundsätzlich der Vereinbarung eines absoluten qualifizierten Nachrangs.[234] Würde man diese Nachrangklausel mit Verweis auf den Eigenkapitalzweck ausnehmen, dann wäre gerade die für den darlehensgebenden Vertragspartner besonders belastende Rangrücktrittsklausel von der AGB-Kontrolle ausgeschlossen. Die weniger intensiv wirkenden einfachen und relativen Nachrangklauseln würden hingegen einer Überprüfung unterliegen. Ferner kann die Aussage nicht überzeugen, dass jegliche Klauseln von einer Inhaltskontrolle ausgenommen sein sollen, die der Erfüllung des Vertragszwecks dienen. Der § 307 Abs. 3 S. 1 BGB ist als Ausnahmevorschrift und nach dem Schutzzweck der Inhaltskontrolle restriktiv auszulegen.[235] Insofern kann der Vorschrift eine so weitgehende Bedeutung nicht entnommen werden. Das Gleiche gilt für die Annahme, dass alle Klauseln einer inhaltlichen Überprüfung entzogen sind, wenn sie den Rückzahlungsanspruch und damit die Höhe des Zinsanspruchs beeinflussen. Diese Aussage würde zumindest mittelbar auf nahezu alle Klauseln eines Nachrangdarlehens zutreffen. Man denke etwa an Fälligkeitsvereinbarungen, Aufrechnungsverbote, Kündigungsausschlüsse und Abtretungsverbote. Die Höhe des Zinssatzes eines Darlehens wird durch die Parteien anhand einer Gesamtschau der Vertragsbedingungen vereinbart, in der letztlich alle Klauseln einkalkuliert werden. Deshalb kann es nicht überzeugen, eine derart große Gruppe von Vertragsbestimmungen – zu der auch Nachrangvereinbarungen zählen – von der Inhaltskontrolle auszunehmen. Eine unangemessene Benachteiligung durch eine Nachrangklausel kommt allerdings nur dann in Betracht, wenn der Darlehensgeber der Vertragspartner und der Darlehensnehmer der Klauselverwender ist.

cc) Unangemessene Benachteiligung

Eine Nachrangklausel ist nach § 307 Abs. 1 und 2 BGB unwirksam, wenn sie eine unangemessene Benachteiligung für den Vertragspartner darstellt. Die Prüfung der unangemessenen Benachteiligung erfolgt grundsätzlich objektiv ohne

---

233 *Primozic/Schaaf*, ZinsO 2014, 1831, 1834 f.

234 Siehe oben B.III.

235 *Schmidt*, in: BeckOK-BGB, Stand 01.08.2018, § 307 Rn. 71.

Einbeziehung des konkreten Einzelfalls.[236] Lediglich im Rahmen von Verbraucherverträgen sind gemäß § 310 Abs. 3 Nr. 3 BGB die den Vertragsschluss begleitenden Umstände zu berücksichtigen.

Der eingetretene Nachteil muss von nicht unerheblichem Gewicht sein.[237] Es muss zu einer nicht nur geringfügigen rechtlichen Schlechterstellung im Vergleich zur Rechtslage ohne die AGB-Klausel kommen.[238] Die Benachteiligung ist zudem unangemessen, wenn der Verwender durch einseitige Vertragsgestaltung missbräuchlich eigene Interessen auf Kosten seines Vertragspartners durchsetzt, ohne von vornherein auch dessen Belange hinreichend zu berücksichtigen und ihm einen angemessenen Ausgleich zu bieten.[239]

(1) § 307 Abs. 2 Nr. 1 BGB

Zur weiteren Konkretisierung des § 307 Abs. 1 S. 1 BGB hat der Gesetzgeber in § 307 Abs. 2 BGB zwei Regelbeispiele aufgenommen. Gemäß § 307 Abs. 2 Nr. 1 BGB liegt eine unangemessene Benachteiligung des Vertragspartners im Zweifel vor, wenn die Bestimmung mit wesentlichen Grundgedanken der gesetzlichen Regelung, von der abgewichen wird, nicht zu vereinbaren ist. Die Regelung, von der bei einem absoluten Nachrang abgewichen wird, ist die insolvenzrechtliche Gleichrangigkeit gemäß §§ 38, 174 Abs. 1 InsO.[240] Der Gleichrang wird für den Darlehensgläubiger im Zweifel durch den Rang des § 39 Abs. 2 InsO ersetzt.

Inwiefern diese Abweichung unvereinbar ist mit den wesentlichen Grundgedanken der gesetzlichen Regelung, richtet sich zunächst danach, ob die Norm einem wesentlichen Schutzbedürfnis des anderen Teils dient.[241] § 38 InsO ist eine Ausprägung des Gläubigergleichbehandlungsgrundsatzes im Insolvenzverfahren und schützt damit den darlehensgebenden Vertragspartner.[242] Der Grundsatz soll eine Verteilungsgerechtigkeit herstellen und den sozialen Frieden fördern.[243] Die Gleichbehandlung folgt auch daraus, dass sich im Nachhinein nicht feststellen lässt, welche Forderung besonders viel Nutzen oder Schaden

236 *Fuchs*, in: Ulmer/Brandner/Hensen, AGB-Recht, 12. Aufl. 2016, § 307 Rn. 110.

237 BT-Drs. 7/5422, S. 6; *Coester*, in: Staudinger-BGB, 2013, § 307 Rn. 91; *Fuchs*, in: Ulmer/Brandner/Hensen, AGB-Recht, 12. Aufl. 2016, § 307 Rn. 100.

238 *Fuchs*, in: Ulmer/Brandner/Hensen, AGB-Recht, 12. Aufl. 2016, § 307 Rn. 100.

239 BGH NJW 2005, 1774, 1775; OLG Düsseldorf NZI 2018, 317, 321.

240 BGH WM 2014, 897, 899; *Poelzig*, WM 2014, 917, 924.

241 *Pfeiffer*, in: Wolf/Lindacher/Pfeiffer, AGB-Recht, 6. Aufl. 2013, § 307 Rn. 114 ff.; *Grüneberg*, in: Palandt, BGB, 77. Aufl. 2018, § 307 Rn. 30.

242 *Ehricke*, in: MüKo-InsO, 3. Aufl. 2013, § 38 Rn. 4.

243 *Madaus*, in: BeckOK-InsO, Stand: 26.04.2018, § 1 Rn. 3.

gestiftet hat, denn die Auswirkungen traten letztlich aufgrund späterer Schuldnerentscheidungen ein.[244] Vielmehr ist jeder Insolvenzgläubiger mit seiner Forderung im Verhältnis zur gesamten Insolvenzmasse dafür verantwortlich, dass die anderen Gläubiger nicht vollständig befriedigt werden können.[245] Insofern erscheint auch eine verhältnismäßige Kürzung der Forderungen im Insolvenzverfahren angemessen.[246] Durch einen Rangrücktritt wird ein Gläubiger aus dieser gleichmäßigen Verteilung herausgenommen und er erhält weniger oder sogar gar nichts aus der Insolvenzmasse.

Darüber hinaus bedeutet eine Abweichung von den „wesentlichen Grundgedanken der gesetzlichen Regelung" bei § 307 Abs. 2 Nr. 1 BGB, dass all diejenigen Beeinträchtigungen eine Unangemessenheit hervorrufen können, die sich gegen die tragenden Gedanken des gesetzlichen Gerechtigkeitsmodells – also des vertraglichen Leitbildes – richten.[247] Bei einer Nachrangklausel ist es durchaus vorstellbar, dass sie den Gerechtigkeitsgehalt und damit das Leitbild des Darlehensvertrags aus dem Gleichgewicht bringt. Der BGH stellt bei Nachrangvereinbarungen fest, dass sie die Darlehensforderung wirtschaftlich einer Forderung auf Rückgewähr eines Gesellschafterdarlehens annähert.[248] Auch der Anspruch aus einem Gesellschafterdarlehen sei gemäß § 39 Abs. 1 Nr. 5 InsO nachrangig. Im Gegensatz dazu gehe die Vereinbarung eines Nachrangdarlehens grundsätzlich ohne Finanzierungsfolgenverantwortung[249] oder Informations- und Einwirkungsmöglichkeiten wie bei einem Gesellschafter einher.[250] Den Ausführungen des BGH lässt sich noch hinzufügen, dass der Darlehensgeber ein hohes wirtschaftliches Risiko trägt, während der Darlehensnehmer bei entsprechend tiefem Nachrang besondere Vorteile genießt. Wie oben bereits erwähnt,

244 *Häsemeyer*, KTS 1982, 507, 517.
245 *Häsemeyer*, KTS 1982, 507, 515.
246 *Häsemeyer*, KTS 1982, 507, 515.
247 *Coester*, in: Staudinger-BGB, 2013, § 307 Rn. 247.
248 BGH WM 2014, 897, 899; BGH NZI 2018, 415, 416.
249 In BGHZ 127, 336, 344 = BGH DStR 1994, 1902, 1904 folgendermaßen definiert: „Verantwortung der Gesellschafter für die Folgen ihrer in der Krise der Gesellschaft getroffenen Entscheidung [...], die liquidationsreife Gesellschaft fortzuführen und über das satzungsmäßige Eigenkapital hinaus weiterzufinanzieren, anstatt die in dieser Situation aus eigener Kraft nicht mehr überlebensfähige Gesellschaft – wie an sich nach den Grundsätzen ordnungsmäßiger Unternehmensführung geboten (vgl. dazu auch den Tatbestand des § 32a Abs. 1 GmbHG) – entweder unmittelbar oder mittelbar durch Verweigerung weiterer oder den Abzug bereits gewährter Gesellschafterhilfen zu liquidieren".
250 BGH WM 2014, 897, 898; BGH NZI 2018, 415, 416.

kann der Darlehensnehmer zum Beispiel wirtschaftliches Eigenkapital generieren und auf eine Ausweisung der Forderung in der Überschuldungsbilanz verzichten.[251] Das Gerechtigkeitsgefüge eines Darlehens verschiebt sich dadurch auf den ersten Blick zu Gunsten des Darlehensnehmers.

Andererseits ist die Vereinbarung des absoluten einfachen Nachrangs gesetzlich in § 39 Abs. 2 InsO vorgesehen.[252] Das folgt daraus, dass es dem Gläubiger freisteht, am Insolvenzverfahren teilzunehmen.[253] Der Gläubigergleichbehandlungsgrundsatz wird dadurch nicht aufgehoben. Der Gesetzgeber hat nicht nur in § 39 Abs. 2 InsO, sondern auch in anderen Normen das Bedürfnis des Rechtsverkehrs zur Vereinbarung von Nachrangdarlehen ausdrücklich anerkannt. In § 1 Abs. 2 Nr. 4 VermAnlG wird das Nachrangdarlehen explizit als Finanzierungsinstrument erwähnt und bei bestimmten öffentlichen Angeboten sogar gegenüber einer Reihe von Instrumenten privilegiert, indem es etwa von der Prospektpflicht (§ 6 VermAnlG) befreit ist.

Außerdem darf im Rahmen des § 307 Abs. 2 Nr. 1 BGB die Rangrücktrittsklausel nicht isoliert betrachtet werden, sondern es muss in einer Abwägung das Abweichungsinteresse des Klauselverwenders im Verhältnis dazu gesetzt werden, inwiefern die Interessen des anderen Teils berücksichtigt wurden[254]. Gerade bei einem partiarischen Nachrangdarlehen ist der Rangrücktritt ein wirtschaftliches Gegengewicht für die hohen Ertragschancen durch die Gewinnbeteiligung. Das gilt auch für den grundsätzlich noch stärker wirkenden qualifizierten Nachrang, der eine vorinsolvenzliche Durchsetzungssperre vorsieht. Zwar reduziert sich die Rückzahlungswahrscheinlichkeit des Darlehens nochmals und der Vertrag entfernt sich weiter vom gesetzlichen Leitbild. Jedoch bietet erst der qualifizierte Nachrang dem klauselverwendenden Darlehensnehmer eine wirtschaftlich tragbare Möglichkeit, seinem Vertragspartner hohe Gewinnchancen zu ermöglichen. Ferner kann der Darlehensnehmer nur dann die Qualifizierung als wirtschaftliches Eigenkapital und eine Nichtbeachtung des Rückzahlungsanspruchs in der Überschuldungsbilanz erreichen, wenn er einen qualifizierten Nachrang vereinbart.[255] Sein Abweichungsinteresse vom gesetzlichen Leitbild ist daher entsprechend hoch. Und der Zweck der Abweichung ist auch nicht die einseitige Benachteiligung des anderen Teils. Wirtschaftliches Eigenkapital

251 Siehe oben B.I.

252 *Poelzig*, WM 2014, 917, 924; *Bitter*, ZIP 2015, 345, 352.

253 *Ehricke*, in: MüKo-InsO, 3. Aufl. 2013, § 39 Rn. 62.

254 *Coester*, in: Staudinger-BGB, 2013, § 307 Rn. 253.

255 Siehe oben B.III.

hilft dem Darlehensnehmer auch in schwierigen Liquiditätssituationen weiter Fremdkapital einwerben zu können. § 19 Abs. 2 InsO kann eine Insolvenz verhindern, sodass der Schuldner seine möglicherweise aussichtsreiche Unternehmung fortführen kann. Zumindest beim partiarischen Darlehen weicht eine Rangrücktrittsklausel damit grundsätzlich nicht von wesentlichen Grundgedanken der gesetzlichen Regelung ab und stellt keine unangemessene Benachteiligung im Sinne des § 307 Abs. 2 Nr. 1 BGB dar.

(2) § 307 Abs. 2 Nr. 2 BGB

Neben § 307 Abs. 2 Nr. 1 BGB kommt auch das zweite Regelbeispiel aus § 307 Abs. 2 Nr. 2 BGB bei einer Nachrangvereinbarung in Betracht. Die beiden Vorschriften sind grundsätzlich nebeneinander anwendbar.[256] Gemäß § 307 Abs. 2 Nr. 2 BGB liegt eine unangemessene Benachteiligung im Zweifel dann vor, wenn wesentliche Rechte oder Pflichten, die sich aus der Natur des Vertrags ergeben, so eingeschränkt werden, dass die Erreichung des Vertragszwecks gefährdet ist. Das ist vor allem dann der Fall, wenn von gesetzlich nicht normierten Grundsätzen abgewichen wird.[257] Bei einer Nachrangvereinbarung liegen diese Voraussetzungen nicht vor, denn der Nachrang und seine Rechtsfolgen sind wie oben beschrieben insbesondere in § 39 Abs. 2 InsO gesetzlich geregelt.

Darüber hinaus greift der Tatbestand des § 307 Abs. 2 Nr. 2 BGB ein, wenn Kardinalspflichten des Vertrags ausgehöhlt werden.[258] Das könnte bei einem qualifizierten Nachrang durch die Aushöhlung des Rückzahlungsanspruchs des Darlehens vorliegen. Der § 488 Abs. 1 BGB statuiert die Rückzahlung des Darlehens als gesetzlichen Normalfall. Je nach Ausgestaltung der Rangrücktrittsvereinbarung kann die Rückzahlung bereits von Beginn an unwahrscheinlich sein. Insofern könnte der Vertrag seine Natur als Zurverfügungstellung von Geld auf Zeit verlieren.[259]

Aus einem ähnlichen Grund ist auch die Verlustbeteiligung bei einem (partiarischen) Nachrangdarlehen ausgeschlossen.[260] Sie widerspricht der Rückzahlungsverpflichtung des Darlehensnehmers. Ein Rangrücktritt ist allerdings

256 *Pfeiffer*, in: Wolf/Lindacher/Pfeiffer, AGB-Recht, 6. Aufl. 2013, § 307 Rn. 97.

257 *Pfeiffer*, in: Wolf/Lindacher/Pfeiffer, AGB-Recht, 6. Aufl. 2013, § 307 Rn. 133; *Fuchs*, in: Ulmer/Brandner/Hensen, AGB-Recht, 12. Aufl. 2016, § 307 Rn. 197.

258 *Fuchs*, in: Ulmer/Brandner/Hensen, AGB-Recht, 12. Aufl. 2016, § 307 Rn. 197; *Grüneberg*, in: Palandt, BGB, 77. Aufl. 2018, § 307 Rn. 33; *Roloff*, in: Erman, BGB, 15. Aufl. 2017, § 307 Rn. 31.

259 Zu dieser Fallgruppe siehe *Saenger*, in: Erman, BGB, 15. Aufl. 2017, § 488 Rn. 6a.

260 Siehe oben B.I.

in seiner Wirkung kaum vergleichbar mit einer Verlustbeteiligung. Eine Nachrangvereinbarung kommt erst in der Insolvenz zum Tragen. Im Gegensatz dazu absorbiert eine Verlustbeteiligung Gesellschaftsverluste bereits vor der Insolvenz.[261] Auch eine vorinsolvenzliche Durchsetzungssperre ändert nichts an dieser Differenzierung. Der Darlehensgeber muss nicht den Verlust mittragen, sondern wird lediglich an der Durchsetzung seines Anspruchs gehindert. Das Unternehmen kann sich im Fall eines qualifizierten Nachrangs auch wieder wirtschaftlich erholen, sodass es zu einer Rückzahlung kommt.

Zudem können anerkennenswerte Interessen des Klauselverwenders rechtfertigend auf einen möglicherweise aushöhlenden Effekt der Vertragsbestimmung wirken.[262] Das kommt vor allem bei einem qualifizierten Nachrang in Betracht, denn dort erfolgt der Rangrückritt grundsätzlich nicht, um den Vertragspartner einseitig zu benachteiligen. Stattdessen kann der Darlehensnehmer durch den Nachrang wirtschaftliches Eigenkapital generieren und die Ausweisung der Forderung in der Überschuldungsbilanz vermeiden.[263]

Dass die Rückzahlungswahrscheinlichkeit reduziert wird, ist auch keine exklusive Folge einer Nachrangvereinbarung. Vielmehr liegt es in der Natur der Sache, dass jede Investition und Unternehmensfinanzierung mit bestimmten Risiken einhergeht. Es kann bei AGB-Klauseln aber keine Risikoprüfung im Einzelfall vorgenommen werden. Das widerspricht der objektiv-generellen Betrachtung von allgemeinen Geschäftsbedingungen und würde auch eine nicht unerhebliche Rechtsunsicherheit mit sich bringen. Die Rechtsunsicherheit wäre bei Nachrangklauseln besonders problematisch, weil die Konsequenzen eines nach § 307 BGB unwirksamen Rangrücktritts schwerwiegend sein können. Der klauselverwendende Darlehensnehmer kann sich insbesondere wegen einer Verletzung der Insolvenzantragspflicht (§ 15a Abs. 4 InsO) und unerlaubtem Betreiben von Bankgeschäften (§ 54 Abs. 1 Nr. 2 KWG) strafbar machen.[264] Das gilt selbst bei lediglich fahrlässigem Verhalten (§ 15a Abs. 5 InsO und § 54 Abs. 2 KWG). Deshalb führt eine Rangrücktrittsklausel nicht zur Aushöhlung des Rückzahlungsanspruchs und damit auch nicht zum Vorliegen von § 307 Abs. 2 Nr. 2 BGB.

---

261 *Armour* et al., Principles of Financial Regulation, 2016, S. 296; *Baums*, Recht der Unternehmensfinanzierung, 2017, § 3 Rn. 12.

262 BGHZ 123, 83, 88 = BGH NJW 1993, 2369, 2370; *Pfeiffer*, in: Wolf/Lindacher/Pfeiffer, AGB-Recht, 6. Aufl. 2013, § 307 Rn. 145.

263 Siehe oben B.III.

264 *Dörner*, EWiR 2014, 423, 424.

(3) Generalklausel (§ 307 Abs. 1 S. 1 BGB)

Zur Beurteilung der unangemessenen Benachteiligung bleibt noch der Rückgriff auf die Generalklausel in § 307 Abs. 1 S. 1 BGB. In der Praxis wird der Generalklausel mehr Bedeutung zugesprochen, als sich systematisch aus § 307 BGB ergibt.[265] Die Prüfung der Regelbeispiele gemäß § 307 Abs. 2 BGB wird oft mit dem Hinweis ausgelassen, dass dies dahinstehen könne, wenn keine unangemessene Benachteiligung im Sinne des § 307 Abs. 1 S. 1 BGB vorliegt.[266] Sind die Voraussetzungen des § 307 Abs. 2 BGB gegeben, würde schließlich nur „im Zweifel" eine unangemessene Benachteiligung bestehen.[267]

Eine unangemessene Benachteiligung gemäß § 307 Abs. 1 S. 1 BGB liegt vor, wenn der AGB-Verwender einseitig seine Interessen durchsetzen will.[268] Darin spiegelt sich das dem AGB-Recht und der Generalklausel zugrundeliegende Gebot von Treu und Glauben wieder.[269] Zur Bewertung der Treuwidrigkeit bedarf es einer umfassenden Interessenabwägung.[270] Dabei ergeben sich ähnliche Erwägungen, wie bereits oben im Rahmen der Regelbeispiele erläutert.[271] Für den Darlehensnehmer als AGB-Verwender spricht, dass es ihm nicht darauf ankommt, den Vertragspartner einseitig zu benachteiligen. Gerade bei der Vereinbarung einer vorinsolvenzrechtlichen Durchsetzungssperre ist seine Motivation in den meisten Fällen auf die Herbeiführung des § 19 Abs. 2 InsO und die Generierung wirtschaftlichen Eigenkapitals gerichtet. Damit will er nicht die Rechte des anderen Teils begrenzen, sondern seine eigene wirtschaftliche Entscheidungsfreiheit für zukünftige Geschäfte erhalten. Mithilfe von wirtschaftlichem Eigenkapital kann er sich in einer schwierigen Liquiditätssituation weiter am Kapitalmarkt durch Fremdkapital finanzieren. Der § 19 Abs. 2 InsO kann die Gesellschaft vor einer Insolvenz bewahren, weil die Darlehensforderung nicht in der Überschuldungsbilanz ausgewiesen werden muss.

Außerdem kann bei der Interessenabwägung nach § 307 Abs. 1 S. 1 BGB ein eingetretener Nachteil durch die Nachrangklausel mithilfe anderweitiger Vorteile kompensiert werden.[272] Allerdings vertritt die Rechtsprechung die

---

265 *Schorn,* Die Unklarheitenregel des § 305c Abs. 2 BGB, 2011, S. 32.
266 BGH WM 2014, 897, 899; *Stoffels,* AGB-Recht, 3. Aufl. 2015, S. 229 Rn. 550.
267 BGH WM 2014, 897, 899.
268 BGH NJW 2005, 1774, 1775; OLG Düsseldorf NZI 2018, 317, 321.
269 *Coester,* in: Staudinger-BGB, 2013, § 307 Rn. 97.
270 BGH WM 2014, 897, 899.
271 Siehe oben C.I.3.d)cc)(1) und C.I.3.d)cc)(2).
272 BGHZ 153, 93, 102 f. = BGH NJW 2003, 888, 890 f.; *Coester,* in: Staudinger-BGB, 2013, § 307 Rn. 125 ff.; *Fuchs,* in: Ulmer/Brandner/Hensen, AGB-Recht, 12. Aufl. 2016, § 307 Rn. 144 ff.

Auffassung, dass nicht jede Vertragsklausel zur Kompensation herangezogen werden darf. Es kämen nur solche in Betracht, die zur nachteiligen Bestimmung in einem Konnexitätsverhältnis (also in einer Wechselbeziehung) stehen.[273] Bei einem partiarischen Darlehen erhält der Vertragspartner durch seine Erfolgsbeteiligung grundsätzlich überdurchschnittlich hohe Gewinnchancen. Sie dienen als wirtschaftliches Gegengewicht zum Nachrang. Durch dieses Verhältnis von Erfolgsbeteiligung und Nachrang ist eine ausreichende Konnexität hergestellt.

Die herrschende Meinung sieht es kritisch, wenn zur Kompensation das sogenannte Preisargument angeführt wird.[274] Damit ist gemeint, dass zum Beispiel ein besonders günstiger Preis keine Rechtfertigung für eine unangemessene Klausel sein könne. Zum einen sei nicht feststellbar, wie hoch der eigentlich angemessene Preis gewesen wäre.[275] Zum anderen würde es wegen der zentralen Bedeutung des Preises am Markt zu einem *race to the bottom* bezüglich verbraucherschützender Klauseln kommen.[276] Das ist eine nachvollziehbare Argumentation für einen klassischen Kaufvertrag. Am Kapitalmarkt besteht allerdings das Bedürfnis nach Risikoinvestitionen. Einige Marktteilnehmer spezialisieren sich gerade darauf, überdurchschnittlich hohe Risiken zu tragen. Sie erwarten dafür eine entsprechend hohe Vergütung. Bei einem Darlehensvertrag lässt sich häufig erst mithilfe von Nachrangvereinbarungen wirtschaftlich tragbar eine hohe Gewinnaussicht für den Darlehensgeber kreieren. In solchen Fällen müssen Nachrangklauseln und Gewinnbeteiligungen zur gegenseitigen Kompensation zugelassen werden.[277] Dabei kann es nicht darauf ankommen, wie hoch die Erfolgsbeteiligung im Einzelfall ausfällt. Im Sinne der objektiv-generellen Betrachtung von AGB-Klauseln sollte es ausreichen, dass nach dem generellen Vertragszweck die Gewinnbeteiligungsklausel als wirtschaftliches Gegengewicht für den Nachrang vorgesehen ist. Bei einer Einzelfallbetrachtung wäre auch die Rechtsunsicherheit groß, denn bei einer Unwirksamkeit der Nachrangklausel

---

273 BGHZ 153, 93, 102 f. = BGH NJW 2003, 888, 890 f.

274 BGHZ 22, 90, 98 = BGH NJW 1957, 17, 19; OLG Düsseldorf NZI 2018, 317, 321; *Fuchs*, in: Ulmer/Brandner/Hensen, AGB-Recht, 12. Aufl. 2016, § 307 Rn. 145; *Coester*, in: Staudinger-BGB, 2013,§ 307 Rn. 129 ff.; *Wurmnest*, in: MüKo-BGB, 7. Aufl. 2016, § 307 Rn. 43 f.; *Schwab*, AGB-Recht, 2. Aufl. 2014, Rn. 714 ff.; *Gehrlein*, WM 2017, 1385, 1390.

275 OLG Düsseldorf NZI 2018, 317, 321; *Fuchs*, in: Ulmer/Brandner/Hensen, AGB-Recht, 12. Aufl. 2016, § 307 Rn. 145; *Gehrlein*, WM 2017, 1385, 1390.

276 OLG Düsseldorf NZI 2018, 317, 321; *Coester*, in: Staudinger-BGB, 2013, § 307 Rn. 132.

277 Im Ergebnis so auch *Poelzig*, WM 2014, 917, 926.

gemäß § 307 BGB drohen den Beteiligten ernstzunehmende Konsequenzen – bis in den strafrechtlichen Bereich (§ 15a Abs. 4 InsO und § 54 Abs. 1 Nr. 2 KWG).

Zur Kompensation des Darlehensgebers für seinen Rangrücktritt könnte nicht nur die Erfolgsbeteiligung herangezogen werden. Stattdessen kämen auch vertraglich gewährte Informations- und Kontrollrechte bezüglich der Geschäfte des Darlehensnehmers als Ausgleich in Frage. Dadurch wäre der Darlehensgeber zumindest theoretisch in der Lage, seine Risiken zu steuern.[278] Er könnte etwa eine Insolvenz des Darlehensnehmers vorhersehen und sogar versuchen, diese abzuwenden. Der Darlehensgeber wäre auch auf eine vertragliche Einräumung von Einsichts- und Kontrollrechten angewiesen, da eine gesetzliche Normierung (anders als bei stillen Beteiligungen) bei dem partiarischen Darlehen fehlt. Allerdings müssen die Beteiligten bei der Vereinbarung von Kontrollrechten beachten, dass einem Fremdkapitalgeber grundsätzlich keine mitgliedschaftlichen Rechte eingeräumt werden können.[279] Zumal einem partiarischen Darlehensgeber mit der Einräumung zu umfangreicher Kontrollrechte eine Umdeutung in eine stille Gesellschaft droht.[280] Vertragliche Informationsrechte können grundsätzlich vereinbart werden. Allerdings können sie sich ohne weitergehende Eingriffsrechte als stumpfes Schwert erweisen, um die eigenen Risiken zu steuern.[281] Außerdem wird von Teilen der Literatur der Nutzen von Informationsrechten grundsätzlich in Frage gestellt.[282] Informations- und Kontrollrechte sind daher kaum dafür geeignet, eine Kompensationswirkung für einen Rangrücktritt zu schaffen. Als maßgebliches Kompensationsmittel kommt die oben erwähnte Erfolgsbeteiligung in Betracht.

Aber auch ohne Kompensation durch eine Erfolgsbeteiligung ist eine Nachrangklausel wohl nur in wenigen Fällen eine unangemessene Benachteiligung gemäß § 307 Abs. 1 S. 1 BGB. Für diesen Schluss lässt sich der Wille des Gesetzgebers anführen. Der Gesetzgeber hat die Rangrücktrittsvereinbarung in den §§ 39 Abs. 2, 19 Abs. 2 S. 2 InsO ausdrücklich geregelt und einen konkreten Anwendungsbereich für öffentliche Angebote von Nachrangdarlehen in § 1 Abs. 2 Nr. 4 VermAnlG geschaffen. In § 19 Abs. 2 S. 2 InsO und in den §§ 2a-2c

---

278 *Bitter*, ZIP 2015, 345, 352.

279 Zu Genussrechten BGHZ 119, 305, 309 = BGH NJW 1993, 57, 58; *Habersack*, in: MüKo-AktG, 4. Aufl. 2016, § 221 Rn. 119; außerdem *Poelzig*, WM 2014, 917, 925.

280 Siehe oben C.I.1.c).

281 *Poelzig*, WM 2014, 917, 925.

282 Siehe etwa *Ben-Shahar/Schneider*, 159 University of Pennsylvania Law Review 647 (2011); *Ben-Shahar/Schneider*, 11 Jerusalem Review of Legal Studies 83 (2015); und ausführlich zu dem Thema unten D.II.5.b).

VermAnlG wird das Nachrangdarlehen sogar gegenüber anderen Finanzierungsinstrumenten privilegiert. Es wäre widersprüchlich, wenn der Nachrang im AGB-Recht grundsätzlich eine unangemessene Benachteiligung darstellen würde.[283] Ansonsten wären die Privilegierungen nur für individualvertragliche Vereinbarungen verfügbar. Da insbesondere die Schwarmfinanzierung gemäß § 2a VermAnlG aber ihrer Natur nach ein Massengeschäft darstellt, sind vorformulierte Vertragsbestimmungen hier eine Notwendigkeit.

Diese Erwägungen gelten auch für eine Nachrangklausel mit vorinsolvenzrechtlicher Durchsetzungssperre. Schließlich ist § 19 Abs. 2 S. 2 InsO überhaupt nur anwendbar bei einem qualifizierten Nachrang.[284] Auch das VermAnlG ist in einem Großteil der Fälle nur dann einschlägig, wenn das Nachrangdarlehen mit vorinsolvenzrechtlicher Durchsetzungssperre vereinbart wird. Das öffentliche Angebot eines Darlehens mit einfachem Rangrücktritt stellt in der Regel ein Einlagengeschäft dar und es findet das grundsätzlich vorrangige KWG Anwendung.[285] Das gilt sogar dann, wenn das Einlagengeschäft nicht gewerbsmäßig oder nicht in einem Umfang betrieben wird, der einen in kaufmännischer Weise eingerichteten Geschäftsbetrieb erfordert.[286]

Eine Rangrücktrittsklausel stellt damit grundsätzlich keine unangemessene Benachteiligung im Sinne des § 307 Abs. 1 S. 1 BGB dar. Das gilt auch für den Fall eines qualifizierten Nachrangs und erst Recht für den relativen Rangrücktritt.

(4) Transparenzgebot (§ 307 Abs. 1 S. 2 BGB)

Eine unangemessene Benachteiligung kann sich durch die Verletzung des Transparenzgebots gemäß § 307 Abs. 1 S. 2 BGB ergeben. Eine Bestimmung ist intransparent, wenn sie nicht klar und verständlich ist. Der AGB-Verwender soll nach den Grundsätzen von Treu und Glauben die Rechte und Pflichten seines

---

283 A.A. *Gehrlein*, WM 2017, 1385, 1389.

284 *Schmidt*, BB 2008, 461, 463; *Henkel/Wentzler*, GmbHR 2013, 239, 240; *Bitter*, ZIP 2015, 345, 347.

285 Das Einlagengeschäft bei einem einfachen Rangrücktritt bejahend BT-Drs. 15/3641, S. 36; BaFin, Merkblatt Einlagengeschäft, Stand 11.03.2014, I 5 a) aa), abrufbar unter https://www.bafin.de/SharedDocs/Veroeffentlichungen/DE/Merkblatt/mb_140311_tatbestand_einlagengeschaeft.html (zuletzt abgerufen am 29.11.2018); BGH NZI 2018, 415; *Schäfer*, in: Boos/Fischer/Schulte-Mattler, KWG, CRR-VO, 5. Aufl. 2016, § 1 KWG Rn. 46; dazu auch näher unten C.VII.1.a).

286 BT-Drs. 18/3994, S. 39; *Maas*, in: Assmann/Schlitt/Kopp-Colomb, WpPG, VermAnlG, 3. Aufl. 2017, § 1 VermAnlG Rn. 53.

Vertragspartners möglichst verständlich darstellen.[287] Im Gegensatz zu § 305c Abs. 1 BGB kommt es hier weniger auf das äußerliche Erscheinungsbild und die Gesamtaufmachung des Vertrags an, sondern der Schwerpunkt liegt auf dem Inhalt der Klausel. Bei § 305c Abs. 2 BGB kommen zwar auch inhaltliche Fragen zur Sprache. Allerdings liegt dort der Fokus darauf, welche Klausel bei mehreren Deutungsmöglichkeiten Inhalt des Vertrags wird. Ob eine Klausel wegen ihrer Intransparenz überhaupt wirksam ist, wird dort nicht geprüft.

Eine intransparente Klausel ist insbesondere deshalb problematisch, weil sie den Vertragspartner daran hindern kann, die Vereinbarung am Markt zu vergleichen und gegebenenfalls auf attraktivere Angebote auszuweichen.[288] Ferner kann der Vertragspartner bei undurchsichtigen und missverständlichen Vertragsbedingungen seine Rechte im Streit nur erschwert wahrnehmen.[289] Zum einen steigen die Hürden in einen Streit einzutreten, da ein verunsicherter Marktteilnehmer gegebenenfalls rechtlichen Rat einholen möchte oder einholen muss. Zum anderen kann der Fall eintreten, dass der Vertragspartner glaubt, dem AGB-Verwender stünden in Wahrheit nicht existente Rechte zu.[290] Oder der Vertragspartner verkennt, dass Rechte zu seinen Gunsten bestehen.[291]

(a) Nachrangklausel

Im Rahmen des § 307 Abs. 1 S. 2 BGB kann eine Intransparenz bei partiarischen Nachrangdarlehen vor allem dadurch entstehen, dass der AGB-Verwender einen technischen Begriff, wie zum Beispiel den absoluten qualifizierten Nachrang, nicht weiter erläutert. Für den Vertragspartner kann es schwierig sein nachzuvollziehen, welche Rechtsfolgen mit einer solchen Bestimmung verknüpft sind. Die Unsicherheit wird auch dadurch verstärkt, dass nicht einmal in der Rechtswissenschaft Einigkeit darüber besteht, wie man die unterschiedlichen Nachrangvarianten bezeichnet.[292]

Inwieweit muss der Klauselverwender die Nachrangvereinbarung also umfassend erläutern? Nach Auffassung des BGH muss der Verwender einer Rangrücktrittsklausel auch dem Laien nicht erklären, was der Begriff Nachrang bedeutet.[293] Vielmehr liege es im Verantwortungsbereich des Vertragspartners,

287 BGH WM 2014, 897, 900; OLG Düsseldorf NZI 2018, 317, 320.

288 *Coester*, in: Staudinger-BGB, 2013, § 307 Rn. 175.

289 *Koller*, in: FS Steindorff, 1990, 667, 670 ff.; *Coester*, in: Staudinger-BGB, 2013, § 307 Rn. 178.

290 *Koller*, in: FS Steindorff, 1990, 667, 670 ff.

291 *Koller*, in: FS Steindorff, 1990, 667, 670 ff.

292 *Bitter*, ZIP 2015, 345, 355.

293 BGH WM 2014, 897, 900.

sich entsprechende Kenntnisse zu verschaffen. Gängige Rechtsbegriffe müssten weder erläutert noch müsse der Vertragspartner über die hieraus folgenden Pflichten belehrt werden. Der andere Teil sei in der Lage, die wirtschaftlichen Nachteile der Bestimmung zu verstehen.

Die Entscheidung ist insofern problematisch, weil sich der BGH-Fall im Rahmen eines zinslosen Darlehens von Eltern für einen Schuldträger abspielt. Für die Bewertung der Klarheit und Verständlichkeit einer Klausel ist wie bei § 305c Abs. 1 BGB auf die Erwartungen und Erkenntnismöglichkeiten eines durchschnittlichen Vertragspartners abzustellen[294]. Bei Privatpersonen, die ein Darlehen ohne Zinserwartung gewähren, kann nur bedingt eine Vorbildung in Bezug auf Finanzierungsinstrumente und deren besondere Ausgestaltung erwartet werden. Gerade bei einem qualifizierten Nachrang stellt etwa das OLG Düsseldorf fest: „Von einem juristischen Laien kann nicht angenommen werden, dass er die schwierigen Zusammenhänge, unter denen sich der qualifizierten Nachrang verwirklicht, durchschaut".[295] Dass sei insbesondere der Fall, weil ein qualifizierter Nachrang das Darlehen in seinem Wesen ändert und einer unternehmerischen Beteiligung annähert. In diese Richtung hat auch bereits die BaFin im Jahr 2014 argumentiert: „Diese Wesensänderung muss für die angesprochenen Verkehrskreise, insbesondere Anleger ohne Erfahrung in Fragen der Unternehmensfinanzierung oder des Insolvenzrechts, **hinreichend deutlich** zutage treten".[296] Wohlgemerkt erfolgt hier die Hervorhebung durch die BaFin, was nochmal ihren Standpunkt verdeutlicht. Zwar handelte es sich bei der BGH-Entscheidung um einen absoluten einfachen Nachrang, allerdings ist auch dessen Wirkung in Bezug auf § 38 InsO für den Laien nur schwer durchschaubar. Das Problem wird – wie oben angemerkt – dadurch verschärft, dass auch in der Rechtswissenschaft eine einheitliche Begriffsverwendung noch nicht eingekehrt ist. Deshalb sind Erläuterungen zum Nachrang notwendig.

In einer jüngeren Entscheidung des BGH führt das Gericht aus, dass es auch auf die Motivation des Vertragspartners ankomme.[297] Will er als Kapitalgeber eine unabhängige und autarke Gemeinschaft unterstützen, müsse er auch mit

---

294 BGHZ 170, 1, 17 = BGH NJW 2007, 1198, 1202; BGH ZIP 2014, 1166, 1168; OLG Düsseldorf NZI 2018, 317, 320; *Pfeiffer*, NJW 2011, 1, 6; *Poelzig*, WM 2014, 917, 927; *Stoffels*, AGB-Recht, 3. Aufl. 2015, S. 238 Rn. 566 f.

295 OLG Düsseldorf NZI 2018, 317, 320; so auch *Gehrlein*, WM 2017, 1385, 1387.

296 BaFin, Merkblatt Einlagengeschäft, Stand 11.03.2014, I 5 a) aa), abrufbar unter https://www.bafin.de/SharedDocs/Veroeffentlichungen/DE/Merkblatt/mb_140311_tatbestand_einlagengeschaeft.html (zuletzt abgerufen am 29.11.2018).

297 BGH NZI 2018, 415, 417.

derartigen Nachrangvereinbarungen rechnen.[298] Das gelte auch bei zinslosen Darlehen. In diesem Fall sei eine Intransparenz nicht gegeben. Der BGH erläutert allerdings nicht, warum die Finanzierung einer autarken Gemeinschaft in besonderer Art und Weise mit einem Rangrücktritt zusammenhängt.

Die Intransparenz muss allerdings anders bewertet werden, wenn professionelle Darlehensgeber bei der Unternehmensfinanzierung involviert sind. Aufgrund der ständigen Beteiligung am Geschäftsverkehr können Kenntnisse zu Nachrangvereinbarungen erwartet werden.[299] Und falls Unsicherheiten zum Klauselinhalt bestehen, muss sich der Vertragspartner ausreichend informieren und notfalls Rückfragen stellen. Lediglich dann erscheint es im Einklang mit den Erwägungen des BGH überzeugend, die Verwendung einer Nachrangklausel ohne weiterführende Erläuterungen nicht als unangemessene Benachteiligung im Sinne des Transparenzgebots anzusehen.

(b) Erfolgsbeteiligung

Inwiefern können Erfolgsbeteiligungen eines partiarischen Darlehens gemäß § 307 Abs. 1 S. 2 BGB intransparent sein? Wie oben bereits erwähnt, unterliegen Entgeltvorschriften gemäß § 307 Abs. 3 S. 2 BGB der Transparenzkontrolle.[300] Im Gegensatz zum Nachrang, führt die Erfolgsbeteiligung nicht zur Wesensänderung des Darlehens. Zudem sind die Begrifflichkeiten auch nicht umstritten, wie das bei den Nachrangvarianten der Fall ist. Deshalb kann grundsätzlich erwartet werden, dass der Vertragspartner Begriffe wie z.B. den Bilanzgewinn versteht oder jedenfalls Nachforschungen anstellt.[301] In der Regel hat der Vertragspartner bei der Beteiligungsklausel auch ein hohes eigenes Nachforschungsinteresse an der Begriffsklärung, weil er nur dann seine Gewinnchancen richtig abschätzen kann. § 307 Abs. 1 S. 2 BGB wird deshalb bei Erfolgsbeteiligungen regelmäßig nicht in Betracht kommen.

(c) Intransparenz durch mehrdeutige Begriffe?

Kann eine Intransparenz gemäß § 307 Abs. 1 S. 2 BGB auch dann vorliegen, wenn der AGB-Verwender einen mehrdeutigen Begriff verwendet? Das könnte etwa der Fall sein, wenn lediglich von „Erfolgsbeteiligung" oder „Nachrang" die Rede ist. Wie oben bereits dargestellt, kann die Erfolgsbeteiligung zum Beispiel an den Umsatz, Jahresüberschuss, Bilanzgewinn, EBIT oder EBITDA

---

298 BGH NZI 2018, 415, 417.

299 Zum unternehmerischen Verkehr generell *Stoffels,* AGB-Recht, 3. Aufl. 2015, S. 238 Rn. 567a.

300 Siehe oben C.I.3.d)bb).

301 So im Ergebnis auch BGH ZIP 2014, 1166, 1168 f.

anknüpfen.[302] Wäre in einem Vertrag nur von Erfolgs- oder Gewinnbeteiligung die Rede, könnte der Vertragspartner nicht feststellen, was genau damit gemeint ist. Die Auswirkungen können erheblich sein, denn die EBITDA können durch Steuern und Abschreibungen deutlich reduziert werden. Ähnliches gilt für die Nachrangvereinbarung. Überwiegend wird zwischen dem relativen Nachrang, absoluten einfachen Nachrang und absoluten qualifizierten Nachrang unterschieden.[303] Der Begriff „Nachrang" ist für den Vertragspartner daher nur bedingt hilfreich. Die Mehrdeutigkeit einer Vertragsbestimmung wird jedoch bereits von § 305c Abs. 2 BGB abschließend erfasst. Schon allein die Prüfungsreihenfolge schließt eine Transparenzkontrolle aus. Bevor es zur inhaltlichen Überprüfung kommt, muss gemäß § 305c Abs. 2 BGB festgestellt werden, welche von mehreren möglichen Deutungen Vertragsbestandteil wird. Danach ist die Mehrdeutigkeit aufgelöst, sodass eine Intransparenz aus diesem Grund nicht mehr in Frage kommt.

e) Folgen unwirksamer oder nicht einbezogener Klauseln

Was geschieht, wenn Vertragsbedingungen eines partiarischen Darlehens durch die AGB-Kontrolle ganz oder teilweise nicht Vertragsbestandteil geworden oder unwirksam sind? Gemäß § 306 Abs. 1 BGB bleibt der sonstige Vertrag grundsätzlich wirksam. Damit sieht das Gesetz eine Sonderregel zu § 139 BGB vor.[304] Fraglich ist allerdings, ob das auch bei einer Erfolgsbeteiligung gelten kann, die etwa wegen ihres überraschenden Charakters nicht Vertragsinhalt gemäß § 305c BGB geworden ist. Fehlen *essentialia negotii*, kann der restliche Vertrag grundsätzlich nicht aufrechterhalten werden.[305] Und wenn durch die unwirksame oder nicht einbezogene Klausel von dem Vertrag nichts mehr übrigbleibt, ist der Anwendungsbereich des § 306 BGB nicht eröffnet.[306] Das ist bei einer Erfolgsbeteiligung und auch sonst bei Zinsvereinbarungen bei einem Darlehensvertrag allerdings nicht der Fall. Ein Darlehen kann auch ohne Zinsvereinbarung ohne

---

302 Siehe oben B.II.

303 Näher dazu siehe oben B.III.

304 *Busche*, in: MüKo-BGB, 8. Aufl. 2018, § 139 Rn. 8.

305 *Schmidt*, in: Ulmer/Brandner/Hensen, AGB-Recht, 12. Aufl. 2016, § 306 Rn. 10; *Roloff*, in: Erman, BGB, 15. Aufl. 2017, § 306 Rn. 4; *Stoffels*, AGB-Recht, 3. Aufl. 2015, S. 250 f. Rn. 587; *Lindacher/Hau*, in: Wolf/Lindacher/Pfeiffer, AGB-Recht, 6. Aufl. 2013, § 306 Rn. 54.

306 BGH MDR 1991, 126, 127; BGHZ 130, 150, 155 f. = BGH MDR 1995, 1113, 1114.

weiteres vereinbart werden.[307] Früher entsprach das zinslose Darlehen sogar dem gesetzlichen Normalfall (§ 608 BGB a.F.).

Wird die Erfolgsbeteiligung nicht Vertragsbestandteil, bleibt der sonstige Vertrag deshalb grundsätzlich wirksam (§ 306 Abs. 1 BGB). An die Stelle der Erfolgsbeteiligung tritt der Inhalt des Gesetzes (§ 306 Abs. 2 BGB). Das Gesetz geht grundsätzlich von einer festen Zinszahlung gemäß § 488 Abs. 1 S. 2 BGB aus. Über die Bestimmung der Zinshöhe trifft das BGB im Einzelfall allerdings keine Aussage. Vorgegebene Gebührentabellen wie im RVG oder Auslegungshilfen wie in § 632 Abs. 2 BGB gibt es im Darlehensrecht nicht. In einem solchen Fall kann zum Lückenfüllen – auch bei Hauptleistungspflichten – auf eine ergänzende Vertragsauslegung zurückgegriffen werden.[308] Die §§ 133, 157 BGB sind schließlich „gesetzliche Vorschriften" im Sinne des § 306 Abs. 2 BGB.[309] An die Stelle der Erfolgsbeteiligung tritt grundsätzlich eine Zinsvereinbarung, die sich nach Treu und Glauben mit Rücksicht auf die Verkehrssitte danach richtet, wie die Parteien den Vertrag gestaltet hätten, wenn ihnen die nicht bedachte Unwirksamkeit bewusst gewesen wäre[310]. Bei fehlender Erfolgsbeteiligung könnte es etwa dem Interesse von zwei Parteien entsprechen, jedenfalls eine Festverzinsung abzuschließen, die als Risikoausgleich zu einem eventuell vereinbarten Nachrang einen entsprechend hohen Zinssatz vorsieht. Anstelle der Erfolgsbeteiligung ein zinsloses Darlehen anzunehmen, würde aber wohl nur in den wenigsten Fällen dem Parteiwillen entsprechen. Gerade im Rahmen von Unternehmensfinanzierungen wäre ein Investor, der eigentlich eine Erfolgsbeteiligung vereinbaren wollte, mit einem zinslosen Darlehen kaum zufrieden.

Problematisch sind allerdings solche Fälle, in denen der Darlehensnehmer es gerade auf eine Erfolgsbeteiligung angelegt hat, weil er Zinsen nur dann zahlen kann oder will, wenn er auch Gewinne erwirtschaftet. In diesem Fall kann die ergänzende Vertragsauslegung nicht zu dem Ergebnis kommen, dass eine Festverzinsung dem beiderseitigen Interesse entspricht. Vielmehr scheidet § 306 Abs. 2 BGB aus und der Darlehensvertrag wäre insgesamt unwirksam (§ 306 Abs. 3 BGB). Man wird wohl davon ausgehen müssen, dass dies bei einer nicht unerheblichen Zahl von partiarischen Darlehen der Fall ist, denn

---

307 Siehe § 488 Abs. 3 S. 2 BGB; BR-Drs. 14/6040, S. 253; *Rohe*, in: BeckOK-BGB, Stand 01.08.2018, § 488 Rn. 51.

308 BGHZ 90, 69, 73 ff. = BGH NJW 1984, 1177, 1178; *Grüneberg*, in: Palandt, BGB, 77. Aufl. 2018, § 306 Rn. 3; *Koller*, in: Staudinger-BGB, 2013, § 306 Rn. 2.

309 BGHZ 90, 69, 75 = BGH NJW 1984, 1177, 1178.

310 BGHZ 90, 69, 77 = BGH NJW 1984, 1177, 1178; BGHZ 120, 108, 122 = BGH NJW 1993, 326, 330.

die Erfolgsbeteiligung ist der wesentliche Unterschied gegenüber einem reinen Nachrangdarlehen. Andererseits muss bei Mezzanine-Kapital auch bedacht werden, dass darauf häufig zurückgegriffen wird, weil eine sonstige Fremdkapitalfinanzierung nicht mehr möglich ist. Insofern können die Unwirksamkeit des Darlehens und damit das Entfallen frischer Finanzmittel das Aus des darlehensnehmenden Unternehmens bedeuten. Diese Erwägung könnte in einigen Fällen zur Auslegung zugunsten eines Nachrangdarlehens mit Festverzinsung führen. Auch der Darlehensgeber kann ein Interesse an dieser Lösung haben, da der Vertragspartner in dem Moment möglicherweise nicht in der Lage ist, das Darlehen zurück zu bezahlen und dadurch das Risiko bestünde, dass der Darlehensgeber sein Geld verliert.

f) Zwischenergebnis

Eine Erfolgsbeteiligungsklausel ist von der Inhaltskontrolle weitgehend ausgeschlossen. Stimmen aus der Literatur, die die Anwendbarkeit der Inhaltskontrolle bei einer Nachrangvereinbarung mit Eigenkapitalzweck ablehnen, sind nicht überzeugend. In diesem Fall wären gerade die am intensivsten wirkenden qualifizierten Rangrücktrittsklausen vom Anwendungsbereich des § 307 BGB ausgenommen.

Eine Nachrangklausel stellt im Rahmen von partiarischen Darlehen grundsätzlich keine unangemessene Benachteiligung dar. Zwar liegt eine Abweichung vom gesetzlichen Leitbild gemäß § 307 Abs. 2 Nr. 1 BGB vor, aber das Abweichungsinteresse ist nicht Ausdruck einer einseitigen Benachteiligung, sondern eines anerkennenswerten Interesses des Darlehensnehmers. Auch liegt keine Aushöhlung der Rückzahlungspflicht gemäß § 307 Abs. 2 Nr. 1 BGB vor, denn der Nachrang hat keine verlustabsorbierende Wirkung außerhalb der Insolvenz. Die Generalklausel (§ 307 Abs. 1 S. 1 BGB) ist grundsätzlich nicht einschlägig, weil bei partiarischen Nachrangdarlehen das sogenannte Preisargument entgegen der herrschenden Meinung anwendbar ist. Die Erfolgsbeteiligung ist geeignet, die Benachteiligung durch den Nachrang auszugleichen. Aber auch ohne eine Kompensation des Rangrücktritts liegt grundsätzlich keine unangemessene Benachteiligung vor. Der Gesetzgeber hat das (partiarische) Nachrangdarlehen an verschiedenen Stellen im Gesetz privilegiert und auch das Bedürfnis des Rechtsverkehrs anerkannt, durch vorformulierte Vertragsbedingungen einen Nachrang zu vereinbaren.

Für das Transparenzgebot ist es entscheidend, wer der durchschnittliche Vertragspartner ist. Bei Laien besteht im Rahmen eines Rangrücktritts grundsätzlich eine Erläuterungspflicht. Die gegenüber Laien sehr harte BGH-Rechtsprechung ist grundsätzlich nicht überzeugend. Bei einer Erfolgsbeteiligung kommt eine Intransparenz eher nicht Betracht, weil keine Wesensänderung der Vereinbarung erfolgt und auch sonst die verwendeten Begrifflichkeiten bei einer Erfolgsbeteiligung eher bekannt sind.

Eine unwirksame und nicht einbezogene Erfolgsbeteiligung führt nicht zur Gesamtunwirksamkeit des Darlehens, sondern kann gemäß § 306 Abs. 2 BGB durch eine Auslegung des Parteiwillens zur Vereinbarung einer Festverzinsung führen.

4. Sittenwidrigkeit

Bei einem partiarischen Darlehen stellt sich zumindest in bestimmten Konstellationen die Frage, ob ein sittenwidriges Rechtsgeschäft gemäß § 138 BGB vorliegt. Die Vorschrift erlangt insbesondere dann Bedeutung, wenn keine allgemeinen Geschäftsbedingungen vorliegen[311] oder AGB-rechtliche Normen bei Hauptleistungspflichten nicht eingreifen[312]. § 138 Abs. 1 BGB sieht keine Legaldefinition für den Verstoß gegen die guten Sitten vor. Nach herrschender Ansicht ist ein Rechtsgeschäft sittenwidrig, wenn es gegen das Anstandsgefühl aller billig und gerecht Denkenden verstößt.[313]

a) Äquivalenzstörung

Bei einem partiarischen Darlehen kommt eine Sittenwidrigkeit durch eine Äquivalenzstörung zulasten des Darlehensgebers oder des Darlehensnehmers in Frage. Eine Äquivalenzstörung liegt vor, wenn Leistung und Gegenleistung in einem auffälligen Missverhältnis stehen.[314] Bei der Vereinbarung eines Darlehenszinses ist ein Missverhältnis grundsätzlich auffällig, sobald der effektive Vertragszins den marktüblichen Effektivzins relativ um ungefähr 100 % oder absolut um circa 12 Prozentpunkte übersteigt.[315] Diese Grenzwerte wurden

311 *Ellenberger*, in: Palandt, BGB, 77. Aufl. 2018, § 138 Rn. 16.

312 Siehe oben C.I.3.d)bb).

313 RGZ 80, 219, 221; BGHZ 10, 228, 232 = BGH NJW 1953, 1665; BGHZ 69, 295, 297 = BGH NJW 1977, 2356, 2357; BGH NJW 2004, 2668, 2670; *Hefermehl*, in: Soergel-BGB, 13. Aufl. 1999, § 138 Rn. 4; *Ellenberger*, in: Palandt, BGB, 77. Aufl. 2018, § 138 Rn. 2.

314 BGH BKR 2018, 111, 114; *Crome*, Die partiarischen Rechtsgeschäfte, 1897, S. 367; *Armbrüster*, in: MüKo-BGB, 8. Aufl. 2018, § 138 Rn. 112.

315 BGHZ 110, 336, 340 = BGH NJW 1990, 1595, 1597; BGH NJW 1991, 834, 835; BGH BKR 2018, 111, 114.

durch den BGH in erster Linie für Fälle mit Verbraucherbeteiligung entwickelt.[316] Bei gewerblichen Darlehen sind grundsätzlich höhere Zinsen möglich.[317] Nichtsdestoweniger bieten die Zahlen eine erste gute Orientierung. Maßgeblich sind ohnehin immer die Umstände des Einzelfalls, die eine allzu starre Anwendung von Zinsgrenzen verbieten.[318]

Auch wenn bei einem partiarischen Darlehen keine Festverzinsung vereinbart wird, erscheint es dennoch sinnvoll, die von der Rechtsprechung erarbeiteten Konkretisierungen in die Bewertung der Sittenwidrigkeit einzubeziehen. Bei partiarischen Darlehen sind Fälle denkbar, in denen auf den ersten Blick unverhältnismäßig hohe Zinsen entstehen. Gerade bei Start-Up-Finanzierungen kann sich der Anknüpfungspunkt für die Erfolgsbeteiligung in relativ kurzer Zeit vervielfachen. Zum Beispiel stieg der Umsatz des US-Unternehmens Facebook in den Jahren 2007 bis 2016 von 153 Mio. US-Dollar auf 27 Mrd. US-Dollar.[319] Dementsprechend kann ein gut abgepasstes partiarisches Darlehen hohe Erträge zu Lasten des Darlehensnehmers erwirtschaften.

Ein auffälliges Missverhältnis zwischen Leistung und Gegenleistung kann auch durch eine nicht unerhebliche Unterschreitung des marktüblichen Effektivzinses in Kombination mit einer besonderen Risikobelastung des Darlehensgebers entstehen.[320] Viele Start-Up-Finanzierungen enden in der Insolvenz[321] und führen in Verbindung mit einem Nachrang häufig zum Totalverlust der Investitionssumme. Zu einer Gewinnausschüttung ist es in vielen Fällen nie gekommen, weil in den Anfangsphasen eines Unternehmens vor allem Verluste entstehen.[322]

Ob bei einem partiarischen Darlehen eine Äquivalenzstörung vorliegt, hängt maßgeblich von der oben angesprochenen Betrachtung der Gesamtumstände ab. Diesem Finanzierungsinstrument ist gerade immanent, dass sich nur schwer vorhersehen lässt, ob und in welcher Höhe es zu Zahlungen aus der

---

316 *Sack/Fischinger*, in: Staudinger-BGB, 2011, § 138 Rn. 215; *Ganter*, WM 2011, 1585, 1589.

317 BGH WM 1989, 1461; *Ganter*, WM 2011, 1585, 1589.

318 BGHZ 104, 102, 105 = BGH MDR 1988, 648, 649; *Ellenberger*, in: Palandt, BGB, 77. Aufl. 2018, § 138 Rn. 28.

319 https://de.statista.com/statistik/daten/studie/217061/umfrage/umsatz-gewinn-von-facebook-weltweit/ (zuletzt abgerufen am 29.11.2018).

320 OLG Brandenburg BB 1999, 655.

321 *Cumming/Johan*, Venture Capital and Private Equity Contracting, 2. Aufl. 2014, S. 6 spricht von einem „*valley of death*".

322 *Bader*, WM 2014, 2249, 2251.

Erfolgsbeteiligung kommt. Deshalb sind überdurchschnittliche Gewinne, aber auch gänzlich ausbleibende Zahlungen denkbar. Das heißt, beide Parteien können durch den variablen Zins nicht nur verlieren, sondern auch profitieren. Dieser Umstand muss bei der Bewertung eines Darlehenszinses mit einfließen.[323]

Trotzdem sprechen sich Stimmen in der Literatur bei einem partiarischen Darlehen dafür aus, eine Begrenzung der Gewinnausschüttung auf einen bestimmten Prozentsatz der ursprünglichen Darlehenssumme vorzunehmen. Teilweise ist von 25 % die Rede.[324] Für ein reines partiarisches Darlehen mag eine vergleichbare Grenze grundsätzlich nachvollziehbar sein. Wird die Erfolgsbeteiligung allerdings mit einer Rangrücktrittsklausel kombiniert, ist diese Obergrenze nicht überzeugend. Der Darlehensgeber übernimmt das Risiko eines Gesellschafters und sollte deshalb auch wie ein Anteilseigner hohe Gewinne erwirtschaften können. Zumal der Darlehensgeber teilweise sogar schlechter als ein Gesellschafter gestellt ist, indem er etwa keine vergleichbaren gesetzlichen Kontroll- und Informationsrechte zur Verfügung hat.[325]

Natürlich kann die Erfolgsbeteiligung nicht grenzenlos ausfallen. Eine Klausel, die festschreibt, dass 100 % des Umsatzes über einen längeren Zeitraum an den Darlehensgeber zu zahlen sind, kann den Tatbestand der Sittenwidrigkeit erfüllen. Allerdings gilt es immer die Umstände des Einzelfalls zu betrachten.

b) Selbstentmündigung

Bitter sieht bei einem Nachrangdarlehen die Möglichkeit einer Sittenwidrigkeit, weil sich der Darlehensgeber möglicherweise selbstentmündigt.[326] Der Darlehensgläubiger stelle dem Vertragspartner Kapital zur Verfügung, ohne mithilfe von Informations- und Mitwirkungsrechten Einfluss auf die weitere Verwendung der Mittel zu haben.[327] Zudem stehe ihm eine Notbremse und eine Ausstiegsmöglichkeit nicht zur Verfügung.[328] Diese Auffassung ist allerdings nicht überzeugend. Der Begriff „Entmündigung" suggeriert, dass es einen „mündigen" Fremdkapitalgeber gibt. Der Stellung als Darlehensgeber ist jedoch immanent, dass keine dem Gesellschafter vergleichbaren mitgliedschaftlichen Rechte

323 BGH BKR 2018, 111, 114.

324 *Schneck*, Handbuch alternative Finanzierungsformen, 2006, S. 149.

325 BGH WM 2014 897, 898.

326 *Bitter*, ZIP 2015, 345, 354; a.A. wonach eine Sittenwidrigkeit bei Rangrücktrittsvereinbarungen nicht zur Debatte steht *Schmidt*, ZIP 2015, 901, 906.

327 *Bitter*, ZIP 2015, 345, 354.

328 *Bitter*, ZIP 2015, 345, 354.

bestehen. Auch beim gesetzlichen Normalfall des Darlehens sind Informations- und Mitwirkungsrechte fast nicht vorhanden.[329] Deshalb entmündigt sich ein Darlehensgeber auch nicht, sondern er steht seiner Natur entsprechend außerhalb der Gesellschaft. Eine fehlende Notbremse in der Form eines Kündigungsausschlusses ist auch keine Entrechtung des Darlehensgebers, sondern in der Regel ein Ausgleich für höhere Gewinnchancen. Ein Fremdkapitalgeber kann nicht erwarten, dass er hohe Zinsen ohne entsprechendes Risiko erhält. Es kann auch nicht im Sinne des Gesetzgebers sein, dass ein Kündigungsausschluss das Darlehen per se in den Bereich der Sittenwidrigkeit bringt. Der Kündigungsausschluss ist beim Darlehensvertrag ausdrücklich im Gesetz vorgesehen (§ 489 Abs. 4 S. 1 BGB).

c) Verwerfliche Gesinnung

Selbst wenn eine objektive Sittenwidrigkeit durch eine Äquivalenzstörung oder eine Selbstentmündigung vorliegen sollte, verlangt die Rechtsprechung noch das Vorliegen eines subjektiven Elements in der Form einer verwerflichen Gesinnung.[330] Dem Handelnden muss bewusst sein, oder er muss sich grob fahrlässig der Einsicht verschließen, dass der Käufer nur unter dem Zwang der Verhältnisse oder aus anderen, die freie Willensentschließung beeinträchtigenden Umständen, wie einem Mangel an Urteilsvermögen oder erheblicher Willensschwäche, sich auf den für ihn ungünstigen Vertrag einlässt.[331] Das kommt bei einer Mezzaninefinanzierung in Betracht, wenn dem Darlehensnehmer aufgrund seiner angespannten Liquiditätssituation ein reguläres Bankdarlehen verweigert wird. Der tatsächliche Umfang der Zwangslage hängt allerdings immer vom Einzelfall ab.

d) § 138 Abs. 2 BGB

Denkbar wäre noch, dass ein partiarisches Darlehen sittenwidrig gemäß § 138 Abs. 2 BGB ist. Das käme etwa in Frage, wenn die Unternehmensfinanzierung durch besonders unerfahrene Investoren erfolgt. Allerdings ergeben sich hier keine Besonderheiten für partiarische Darlehen und deshalb soll auf eine vertiefte Darstellung verzichtet werden.

---

329 Siehe unten C.II.

330 BGHZ 80, 153, 156 = BGH NJW 1981, 1206; BGHZ 98, 174, 178 = BGH NJW 1986, 2564, 2565; BGHZ 125, 135, 137 = BGH NJW 1994, 1475, 1476.

331 BGH NJW 2010, 363, 364.

e) Zwischenergebnis

Eine Sittenwidrigkeit kommt bei einem partiarischen Darlehen vor allem bei einer Äquivalenzstörung zu Lasten des Darlehensgebers oder des Darlehensnehmers in Betracht. Bei einem reinen partiarischen Darlehen sollte die Erfolgsbeteiligung grundsätzlich 25% der ursprünglichen Darlehenssummer nicht überschreiten. Wird der Darlehensgläubiger allerdings durch einen Nachrang in der Insolvenz wie ein Gesellschafter gestellt, muss durch sein erhöhtes Risiko auch eine hohe Erfolgsbeteiligung möglich sein. Wie hoch diese Beteiligung ausfallen kann, hängt immer von den Umständen des Einzelfalls ab, wobei starre Grenzen durch die gesellschafterähnliche Stellung eher abzulehnen sind.

Eine Sittenwidrigkeit wegen einer Selbstentmündigung des Darlehensgebers scheidet hingegen aus. Der Darlehensgläubiger steht wie bei einem gewöhnlichen Darlehen außerhalb der Gesellschaft und kann deshalb auf keine gesetzlichen Einwirkungs- und Kontrollrechte zurückgreifen.

II. Gesetzliche Informations- und Kontrollrechte

Im Darlehensrecht sind Informations- und Kontrollrechte für den Gläubiger gesetzlich nicht normiert. Im Gegensatz dazu kann ein stiller Gesellschafter Rechte aus § 233 HGB geltend machen. § 233 HGB gewährt zwar keine direkte Beteiligung an Gesellschaftsentscheidungen, jedoch ermöglicht er umfassende Einsichtsmöglichkeiten in das Unternehmen.[332]

1. §§ 666, 681, 687 Abs. 2 BGB i.V.m. § 242 BGB

Dem Darlehensnehmer stehen allerdings allgemeine zivilrechtliche Vorschriften zur Verfügung, aus denen Auskunftsrechte hergeleitet werden können. Mit diesen Bestimmungen hat sich der BGH im Jahr 2016 in einer Entscheidung umfassend beschäftigt. Zwar hatte der Fall ein Genussrecht zum Gegenstand, jedoch werden die folgenden Ausführungen zeigen, dass sich die Erwägungen des BGH auch auf das partiarische Darlehen übertragen lassen.

In der Entscheidung gewährt der BGH einem Genussrechtsgläubiger einen „Informationsanspruch nach den allgemeinen Regeln“ gemäß §§ 666, 681, 687 Abs. 2 BGB i.V.m. § 242 BGB.[333] Aus den Vorschriften ergebe sich der Rechtsgrundsatz, dass rechenschaftspflichtig sei, wer fremde oder solche

---

332 Siehe etwa *Jung*, in: Blaurock, Handbuch stille Gesellschaft, 8. Aufl. 2016, Rn. 12.47 ff.

333 BGH ZIP 2016, 1529.

Angelegenheiten besorge, die zugleich fremde und eigene seien.[334] Das sei bei solchen Rechtsverhältnissen der Fall, deren Wesen es mit sich bringe, dass der Berechtigte in entschuldbarer Weise über Bestehen und Umfang seines Rechts im Ungewissen, der Verpflichtete hingegen in der Lage sei, unschwer solche Auskünfte zu erteilen.[335] Der BGH nimmt das für ein Genussrecht an, da es ein Dauerschuldverhältnis eigener Art und auf wiederkehrende Leistungen gerichtet sei.[336] Er bestätigt damit eine schon seit vielen Jahren bestehende Rechtsprechung zu Auskunftsansprüchen aus § 242 BGB[337] und wendet sie auf Genussrechte an.

Die vom Gericht verwendete Definition lässt sich auch auf das partiarische Darlehen übertragen. Dort ist im Rahmen einer Unternehmensfinanzierung für den Außenstehenden nur schwer erkennbar, wie erfolgreich die Gesellschaft ist. Deshalb ist er kaum in der Lage, die Höhe seiner Erfolgsbeteiligung nachzuvollziehen. Der Darlehensschuldner kann hingegen ohne weiteres die eigenen Geschäftszahlen einsehen und dem Darlehensgeber darüber Auskünfte erteilen. Die §§ 666, 681, 687 Abs. 2 BGB i.V.m. § 242 BGB begründen daher auch einen Auskunftsanspruch für den Gläubiger eines partiarischen Darlehens.

Der Umfang des Anspruchs auf Rechenschaftslegung geht laut BGH nur so weit, wie der Gläubiger ihn zur Plausibilisierung seines Anspruchs benötigt.[338] Im vorliegenden Genussrechtsfall hing der Zinsanspruch von dem Ergebnis des Jahresabschlusses ab. Wies die Bilanz einen Verlust auf, entfiel die Zinszahlung. Deshalb musste der Gläubiger in der Lage sein, den Jahresabschluss einzusehen. Der Auskunftsanspruch umfasse laut BGH nicht die Einsicht in die gesamte Buchführung oder Einzelerläuterungen von Rechnungspositionen, wie Wertberichtigungen und Rückstellungen.[339] Einzelne Positionen könnten nur eingesehen werden, wenn der begründete Verdacht einer Vertragspflichtverletzung vorliege. Dann bedürfe zum Beispiel die Plausibilisierung von Schadensersatzansprüchen eine besondere Einsicht in die Bücher des Unternehmens. Ein

334 BGH ZIP 2016, 1529.

335 BGH ZIP 2016, 1529.

336 BGH ZIP 2016, 1529.

337 BGHZ 10, 385, 386 f. = BGH NJW 1954, 70, 71; BGHZ 55, 201, 203 = BGH NJW 1971, 656; BGH NJW 1986, 423, 424; BGH NJW 2002, 3771 f.; *Frantzen*, Genußscheine, 1993, S. 224 ff.; *Feddersen/Knauth*, Eigenkapitalbildung durch Genußscheine, 2. Aufl. 1992, S. 80 ff.; *Sethe*, AG 1993, 351, 356 f.; *Seiler*, in: Spindler/Stilz, AktG, 3. Aufl. 2015, § 221 Rn. 24.

338 BGH ZIP 2016, 1529.

339 BGH ZIP 2016, 1529, 1530.

typischer Anwendungsfall sei die treuwidrige Bildung von Rückstellungen zur Abschneidung des Zinsanspruchs.[340]

2. § 810 BGB

Als weiterer Informationsanspruch im Rahmen des partiarischen Darlehens kommt § 810 BGB in Frage.[341] § 810 BGB setzt voraus, dass sich eine Urkunde im fremden Besitz befindet und dass der Anspruchssteller ein rechtliches Interesse an deren Einsicht hat. Als Urkunde kommt vor allem der Darlehensvertrag selbst in Frage. Die Vorschrift wird dann relevant, wenn der Anspruchsteller sein eigenes Vertragsexemplar verloren hat.[342] § 810 BGB hilft dem Anspruchsteller den Vertragsinhalt zu rekonstruieren und effektiv seine Rechte durchzusetzen.[343] Der Anspruch ist nicht auf die Einsicht in den Jahresabschluss zur Überprüfung der Erfolgsbeteiligung gerichtet. Die praktische Bedeutung für partiarische Darlehen ist deshalb geringer als der oben beschriebene allgemeine Informationsanspruch.

3. Zwischenergebnis

Das Gesetz gewährt dem partiarischen Darlehensgeber somit grundlegende Einsichtsrechte. Die Ausführungen des BGH zu Genussrechten sind wegen der vergleichbaren Interessenslage auch auf partiarischen Darlehen übertragbar. Die Einsichtsrechte richten sich gemäß §§ 666, 681, 687 Abs. 2 BGB i.V.m. § 242 BGB auf die Nachprüfung der Erfolgsbeteiligung und nach § 810 BGB auf den Einblick in die Vertragsurkunde.

III. Covenants

Bei einem Darlehensvertrag steht es den Parteien frei, über die gesetzlichen Regelungen hinaus Informations- und Verhaltenspflichten für den Darlehensnehmer zu schaffen.[344] In der Praxis werden solche Vereinbarungen unter den Oberbegriff Covenants zusammengefasst.[345] Der Ausdruck kommt aus dem

---

340 BGH ZIP 2016, 1529, 1531.

341 *Derleder/Wosnitza*, ZIP 1990, 901, 905 f.; *Blaurock*, in: Blaurock, Handbuch stille Gesellschaft, 8. Aufl. 2016, Rn. 5.37.

342 Siehe etwa BGH NJW-RR 1992, 1072, 1073.

343 *Derleder/Wosnitza*, ZIP 1990, 901, 906.

344 *Blaurock*, in: Blaurock, Handbuch stille Gesellschaft, 8. Aufl. 2016, Rn. 5.37; *Kraus*, in: Weitnauer, Handbuch Venture Capital, 5. Aufl. 2016, Teil D Rn. 38.

345 *Brüse*, Mezzanine-Kapital für den Mittelstand, 2011, S. 40.

angelsächsischen und beinhaltet alle vertraglichen Verhaltenspflichten des Schuldners, die nicht Kreditsicherheiten sind.[346] Die Parteien haben bei der Vereinbarung von Covenants eine weite Gestaltungsfreiheit, denn es gilt der Grundsatz der Privatautonomie. Aufgrund der vielen Ausgestaltungsmöglichkeiten von Covenants ist eine Einteilung in drei Gruppen sinnvoll: positive Covenants, negative Covenants und finanzielle Covenants.[347]

1. Positive Covenants

Unter positive Covenants fallen solche Vereinbarungen, die den Darlehensnehmer zu einem bestimmten Verhalten verpflichten. Das sind insbesondere die Pflichten zur Information, angemessenen Buchhaltung, Begleichung von Steuerpflichten, Fortführung des Unternehmensbetriebs, Beibehaltung der aktuellen Gesellschafterverhältnisse und die Sicherstellung einer erfahrenen Managementebene.[348] Als Teil der Informationspflichten bei Darlehensverträgen wird insbesondere folgendes vereinbart: die unmittelbare Aufklärung über den Vierteljahresstatus (Bilanz, Gewinn und Verlustrechnung, Cash Flow-Rechnung und Abgleich mit dem Business Plan), monatliche betriebswirtschaftliche Auswertungen, Berichterstattung über die Einhaltung von Finanzkennzahlen, Vorstellung des Business-Plans für das nächste Geschäftsjahr und Vorlage von Übersichten über die Grundstücke der Gesellschaft und deren Verkehrswert und Belastungen.[349]

2. Negative Covenants

Bei sogenannten negativen Covenants handelt es sich um Vertragsbestimmungen, die dem Darlehensnehmer ein bestimmtes Verhalten ohne Zustimmung des Darlehensgebers verbieten. Davon umfasst sind in der Regel Grundlagengeschäfte der Gesellschaft, wie die Veräußerung bestimmter Vermögenswerte,

---

346 *Heinrich,* Covenants als Alternative zum institutionellen Gläubigerschutz, 2008, S. 122.

347 *Kästle,* Rechtsfragen der Verwendung von Covenants in Kreditverträgen, 2003, S. 53 ff.; *Runge,* Covenants in Kreditverträgen, 2010, S. 10 Rn. 1.12.

348 Für eine umfangreiche Aufzählung siehe *Servatius,* Gläubigereinfluss durch Covenants, 2008, S. 40; *Kästle,* Rechtsfragen der Verwendung von Covenants in Kreditverträgen, 2003, S. 53; *Bratton,* 7 European Business Organization Law Review 39, 49 ff. (2006).

349 *Kästle,* Rechtsfragen der Verwendung von Covenants in Kreditverträgen, 2003, S. 54; *Servatius,* Gläubigereinfluss durch Covenants, 2008, S. 41.

die Aufnahme von weiterem Fremdkapital oder umfangreiche Investitionen.[350] Der Vorteil solcher Vereinbarungen bei partiarischen Darlehen zeigt sich unter anderem an dem Fall der Schwarmfinanzierung des Unternehmens Protonet aus dem Jahr 2014.[351] Das Start-up hat damals mit einer Rekordfinanzierung von drei Millionen Euro über das Crowdinvesting positiv für Aufsehen gesorgt. Im Rahmen einer weiteren Finanzierungsrunde fand das Unternehmen neue Investoren aus den USA. Damit ging allerdings eine Umstrukturierung der Gesellschaft einher und das operative Geschäft wurde in ein amerikanisches Unternehmen ausgelagert. Die Crowdinvestoren waren an dieser Gesellschaft nicht beteiligt und partizipierten demnach auch nicht an ihrem Gewinn. Das sorgte für Unmut in den Reihen der Schwarmfinanzierer. Der Fall war in den Darlehensverträgen nicht vorhergesehen und es fehlte ein Covenant, das Protonet von einer derartigen Umstrukturierung abhielt.

3. Finanzielle Covenants

Finanzielle Covenants verpflichten den Darlehensnehmer, bestimmte betriebswirtschaftliche Kennzahlen einzuhalten. Besonders relevant sind Vereinbarungen bezüglich der Eigenkapitalausstattung, des Verschuldungsgrads, der Liquidität und des Ertrags der Gesellschaft.[352] Dadurch kann das Kreditrisiko für den Darlehensgeber reduziert werden, indem zum Beispiel ausreichend Liquidität für den Rückzahlungsanspruch vorgehalten wird.[353] Außerdem können finanzielle Covenants als Frühwarnsystem fungieren, wenn bestimmte Kennzahlen verletzt werden.[354] Im Interesse des Darlehensnehmers können dann Schritte eingeleitet werden, die eine weitere Verschlechterung der finanziellen Situation des Unternehmens verhindern.

---

350 *Kästle*, Rechtsfragen der Verwendung von Covenants in Kreditverträgen, 2003, S. 58; *Bratton*, 7 European Business Organization Law Review 39, 50 ff. (2006); *Servatius*, Gläubigereinfluss durch Covenants, 2008, S. 42 f.; *Renner/Schmidt*, ZHR 2016, 522, 527; *Graeve*, in: FS Lwowski, 2014, 15, 27.

351 Zur Chronik des Falls siehe http://t3n.de/news/protonet-seedmatch-697960/ (zuletzt aufgerufen am 29.11.2018).

352 *Runge*, Covenants in Kreditverträgen, 2010, S. 30 Rn. 1.67; *Graeve*, in: FS Lwowski, 2014, 15, 28.

353 *Kästle*, Rechtsfragen der Verwendung von Covenants in Kreditverträgen, 2003, S. 62; *Runge*, Covenants in Kreditverträgen, 2010, S. 30 Rn. 1.67.

354 *Runge*, Covenants in Kreditverträgen, 2010, S. 31 Rn. 1.69.

4. Verstoß gegen Covenants

Verstößt der Darlehensnehmer gegen Covenants, so ist im Vertrag in der Regel ein fristloses Kündigungsrecht vorgesehen.[355] Der Rückzahlungsanspruch wird bei der Ausübung sofort fällig. Das ist allerdings wenig hilfreich, wenn die Gesellschaft zu diesem Zeitpunkt nicht in der Lage ist, das Darlehen zurückzuzahlen. Stattdessen kann die Androhung der Kündigung ein hilfreiches Mittel zur Durchsetzung eigener Interessen sein.[356] Die Vereinbarung eines Kündigungsrechts ist für den Darlehensnehmer jedoch problematisch, wenn er durch die Finanzierung wirtschaftliches Eigenkapital generieren oder die Ausweisung der Forderung in der Überschuldungsbilanz vermeiden will. Wirtschaftliches Eigenkapital setzt in der Regel eine langfristige Vertragslaufzeit voraus.[357] Und die Überschuldungsbilanz weist nach ihrem Sinn und Zweck Ansprüche dann nicht aus, wenn sie nur innerhalb der Insolvenz durchgesetzt werden können.[358] Umfangreiche Kündigungsrechte würden mit diesen Regelungen in Konflikt treten. Zudem könnten besondere Kündigungsrechte den Anwendungsbereich des Einlagengeschäfts eröffnen, wenn das Darlehen dann trotz eines Nachrangs gemäß § 1 Abs. 1 S. 2 Nr. 1 KWG als unbedingt rückzahlbar eingestuft wird.

Anstelle einer Kündigung könnte der Darlehensgeber bei einem Covenantverstoß auch versuchen, Erfüllung oder Unterlassung aus dem Covenant zu verlangen. Ein Eigentümerwechsel in der Gesellschaft ließe sich so notfalls durch eine Klage verhindern. In einigen Fällen ist ein derartiges Vorgehen möglich, denn Covenants sind grundsätzlich keine Obliegenheiten, sondern vertragliche Nebenpflichten.[359] Vertragspartner des Darlehens und der Covenants ist allerdings nur die darlehensnehmende Gesellschaft. Ein Eigentümerwechsel fällt jedoch in den Zuständigkeitsbereich der Gesellschafter. Die Gesellschaft selbst hat keine Entscheidungsbefugnis. Der Unterlassungsanspruch gegen die Gesellschaft würde wegen Unmöglichkeit gemäß §§ 311a Abs. 1, 275 Abs. 1 Alt. 1 BGB erlöschen.[360]

---

355 *Servatius*, Gläubigereinfluss durch Covenants, 2008, S. 45; *Renner/Schmidt*, ZHR 2016, 522, 528.

356 *Nouvertné*, ZIP 2012, 2139, 2141 f.; *Graewe*, in: FS Lwowski, 2014, 15, 29.

357 Siehe oben B.I.

358 Siehe oben B.III.

359 *Kästle*, Rechtsfragen der Verwendung von Covenants in Kreditverträgen, 2003, S. 72 f.

360 *Kästle*, Rechtsfragen der Verwendung von Covenants in Kreditverträgen, 2003, S. 73; *Graewe*, in: FS Lwowski, 2014, 15, 28.

Als weitere Rechtsfolge bei Verstößen gegen Covenants können automatische Vertragsanpassungen zu Lasten des Darlehensnehmers vereinbart werden. Zum Beispiel können sich die Parteien auf Zinserhöhungen oder die Gewährung weiterer Sicherheiten einigen.[361] Bei der Bestellung von Sicherheiten muss allerdings ein möglicherweise eintretender Konflikt zum Nachrang beachtet werden. Möglicherweise widerspricht die Sicherheitsgewährung einer Qualifikation als wirtschaftliches Eigenkapital und die Forderung müsste in der Überschuldungsbilanz ausgewiesen werden.

5. Umdeutung in eine stille Gesellschaft

Covenants können dem Darlehensgeber also nicht unerhebliche Einwirkungsmöglichkeiten auf den Darlehensnehmer gewähren.[362] Das ist besonders bei partiarischen Darlehen ohne Rangrücktritt der Fall. Aber auch bei der Vereinbarung eines qualifizierten Nachrangs können zum Beispiel automatische Vertragsanpassungen den Schuldner disziplinieren. Kann diese einflussreiche Stellung für den Darlehensgeber zum Risiko werden? Vereinbaren die Parteien zu umfangreiche Covenants, droht ihnen eine Umdeutung in eine stille Gesellschaft. Das partiarische Darlehen ist durch ein Austauschverhältnis zwischen den Vertragsparteien gekennzeichnet.[363] Kann der Darlehensgeber aber in nicht unerheblichem Maße auf den Schuldner einwirken und ihn kontrollieren, steht das reine Austauschverhältnis nicht mehr im Vordergrund. Stattdessen nimmt die Vereinbarung Züge einer eigenkapitalähnlichen Mezzaninefinanzierung an. Daher würde eine objektive Auslegung der Parteienvereinbarung zu dem Ergebnis kommen, dass starke Indizien zugunsten einer stillen Beteiligung vorliegen.[364] Ob die Parteien ihren Vertrag ausdrücklich mit „partiarisches Darlehen“ betitelt haben, hat grundsätzlich keine entscheidende Bedeutung, sondern der Name ist lediglich eines von vielen Indizien im Rahmen der Auslegung.[365] Der Name kann im Einzelfall größere Bedeutung entfalten, wenn die Beteiligten bei

---

361 *Servatius*, Gläubigereinfluss durch Covenants, 2008, S. 45 f.

362 Siehe dazu auch *Baird/Rasmussen*, 154 University of Pennsylvania Law Review 1209 (2006); *Bratton*, 7 European Business Organization Law Review 39, 50 f. (2006).

363 Siehe oben C.I.1.c).

364 *Peine/Weiers*, in: Bösl/Schimpfky/Beauvais, Fremdfinanzierung für den Mittelstand, 2014, S. 237 Rn. 44.

365 Siehe oben C.I.1.b).

Vertragsschluss die Unterscheidung zwischen den Finanzierungsinstrumenten kannten.[366]

6. Zwischenergebnis

Die Parteien eines partiarischen Darlehens können eine Reihe unterschiedlicher Covenants vereinbaren. Verstöße gegen Covenants können Kündigungsrechte, Unterlassungsansprüche und automatische Vertragsanpassungen nach sich ziehen. Insbesondere Kündigungsrechte geraten jedoch häufig in Konflikt mit einer Nachrangvereinbarung, wenn durch den Rangrücktritt wirtschaftliches Eigenkapital generiert werden soll. Außerdem käme eine Aufnahme in die Überschuldungsbilanz oder eine Einordnung als Einlagengeschäft in Frage.

Gewähren Covenants umfangreiche Einwirkungsrechte in die Gesellschaft, droht auch eine Umdeutung des partiarischen Darlehens in eine stille Gesellschaft. Die Vereinbarung kann ihren Charakter als Austauschverhältnis verlieren und die Form einer eigenkapitalähnlichen Mezzaninefinanzierung annehmen. Das Umdeutungsrisiko wird durch die schwierige Abgrenzung von partiarischen Darlehen und stiller Beteiligung verschärft.

IV. Eigenkapitalersatz

1. Grundlagen

Über viele Jahre bestand für einen Gesellschafter oder außenstehenden Dritten die Gefahr, dass sein gewährtes Darlehen zur Unternehmensfinanzierung als eigenkapitalersetzend qualifiziert wurde. Gemäß §§ 32a, 32b GmbHG a.F. war dann der vertragliche Rückzahlungsanspruch des Darlehens nachrangig. Zahlte die Gesellschaft dem Gläubiger das Darlehen zurück oder gewährte sie ihm Sicherheiten, so konnte dies gemäß § 135 InsO a.F. angefochten werden.[367] Die §§ 32a, 32b GmbHG a.F. wurden durch das MoMiG aufgehoben und die einschlägigen Regelungen befinden sich heute in der InsO. Der Begriff des Kapitalersatzes wurde dabei bewusst aus dem Gesetz gestrichen.[368] Heute sind Gesellschafterdarlehen nicht nur in bestimmten Fällen, sondern gemäß § 39

---

366 OLG Frankfurt WM 1982, 198, 199; *Mock*, in: Röhricht/Westphalen/Haas, HGB, 4. Aufl. 2014, § 230 Rn. 57; *Karsten Schmidt*, in: MüKo-HGB, 3. Aufl. 2012, § 230 Rn. 61.

367 *de Bra*, in: Braun, InsO, 7. Aufl. 2017, § 135 Rn. 5. Wobei die Anfechtungsmöglichkeit auch nach der heutigen Rechtslage möglich ist.

368 BT-Drs. 16/6140, S. 56.

Abs. 1 Nr. 5 InsO grundsätzlich nachrangig. Die Vorschrift wurde vereinfacht, indem sie nicht mehr an die Krise der Gesellschaft anknüpft. Finanziert also ein Gesellschafter sein Unternehmen mit einem partiarischen Darlehen, so wird sein Rückzahlungsanspruch unabhängig von der finanziellen Lage des Unternehmens in der Insolvenz nachrangig bedient.[369] Ein Gesellschafter, der bereits vertraglich einen qualifizierten Nachrang vereinbart hat, kann diese Rechtsfolge allerdings vernachlässigen. Gemäß § 39 Abs. 2 InsO tritt er im Zweifel hinter die Forderungen im Rang des § 39 Abs. 1 Nr. 5 InsO zurück. Hat ein Gesellschafter keinen Rangrücktritt vereinbart, kann er seinen gesetzlichen Nachrang durch eine vertragliche Bestimmung vertiefen und im Rang des § 39 Abs. 2 InsO hinter die Darlehensforderungen der anderen Gesellschafter zurücktreten.[370]

2. Gesetzlicher Rangrücktritt bei Covenants zugunsten eines Drittgläubigers?

§ 39 Abs. 1 Nr. 5 InsO sieht nicht nur einen Nachrang für Gesellschafterdarlehen vor, sondern auch für diejenigen Rechtshandlungen, die einem solchen Darlehen wirtschaftlich entsprechen. Das gilt sowohl in sachlicher als auch in persönlicher Hinsicht.[371] Außenstehende Dritte können unter den § 39 Abs. 1 Nr. 5 InsO fallen, wenn ihr Darlehen dem eines Gesellschafters entspricht.[372] Bei einer Unternehmensfinanzierung durch partiarische Darlehen stellt sich vor allem die Frage, ob unter § 39 Abs. 1 Nr. 5 InsO auch der Darlehensgeber fällt, dem durch umfangreiche Covenants eine einflussreiche Stellung eingeräumt wird.[373] Die Frage ist gerade dann relevant, wenn ein Nachrang vertraglich nicht vereinbart wurde und eine Umdeutung zur stillen Beteiligung im Einzelfall nicht in Frage

---

369 § 39 Abs. 1 Nr. 5 InsO ist auch auf das partiarische Darlehen anwendbar, siehe *Ehricke*, in: MüKo-InsO, 3. Aufl. 2013, § 39 Rn. 41; *Prosteder/Dachner*, in: BeckOK-InsO, Stand: 26.04.2018, § 39 Rn. 82.

370 BT-Drs. 16/9737, S. 58.

371 BT-Drs. 16/6140, S. 56; *Leithaus*, in: Andres/Leithaus/Dahl, InsO, 4. Aufl. 2018, § 135 Rn. 5.

372 *Hirte*, in: Uhlenbruck/Hirte/Vallender, InsO, 14. Aufl. 2015, § 39 Rn. 40.

373 Dafür *Fleischer*, ZIP 1998, 313, 316 f.; *Engert*, ZGR 2012, 835, 858 ff.; ebenfalls aber mit Verwendung anderer Begrifflichkeiten *Koutsós*, in: Derleder/Knops/Bamberger, Deutsches und europäisches Bank- und Kapitalmarktrecht, 3. Aufl. 2017, § 19 Rn. 35; dagegen *Huber*, in: FS Priester, 2007, 259, 280; *Habersack*, ZIP 2007, 2145, 2148; *K. Schmidt*, GS Winter, 2011, 601, 619; *Krolop*, GmbHR 2009, 397, 400; *Ehricke*, in: MüKo-InsO, 3. Aufl. 2013, § 39 Rn. 38; *Prosteder/Dachner*, in: BeckOK-InsO, Stand: 26.04.2018, § 39 Rn. 69.

kommt. Der Darlehensgeber wäre durch den gesetzlichen Nachrang einem deutlich höheren Risiko ausgesetzt – ohne dies möglicherweise zu merken. Ob der außenstehende Dritte in den Anwendungsbereich des § 39 Abs. 1 Nr. 5 InsO fallen kann, hängt maßgeblich davon ab, welchen Zweck die Vorschrift verfolgt.[374]

Die Herleitungsansätze des § 39 Abs. 1 Nr. 5 InsO und des ursprünglichen Eigenkapitalersatzes sind vielfältig. Der BGH sieht das Konstrukt als Ausdruck der Finanzierungsfolgenverantwortung der Gesellschafter.[375] Sie müssen es hinnehmen, dass ihr Darlehen wie Eigenkapital behandelt wird, wenn sie es versäumen, die aus eigener Kraft nicht mehr überlebensfähige Gesellschaft in der Krise mit dem notwendigen Eigenkapital auszustatten oder zu liquidieren.[376] Folgt man dieser Ansicht, würde einen Drittgläubiger alleine durch Covenants keine Finanzierungsfolgenverantwortung treffen. Als Außenstehender kann er die Gesellschaft nicht mit Eigenkapital ausstatten oder deren Liquidation beschließen. Die Ansicht des BGH ist heute allerdings nur noch schwer vertretbar. Seit der in 2008 geänderten Rechtslage ist die Unternehmenskrise keine Voraussetzung mehr für den Nachrang.[377] Der BGH kann nicht erklären, weshalb ein Gesellschafterdarlehen auch außerhalb der Unternehmenskrise nachrangig sein soll, was aber vom Gesetzgeber inzwischen nach § 39 Abs. 1 Nr. 5 InsO gewollt ist. Ansätze, die davon ausgehen, dass § 39 Abs. 1 Nr. 5 InsO nun unwiderleglich eine Finanzierung in der Krise vermutet[378], widersprechen dem Wortlaut der Vorschrift und der Gesetzeshistorie.[379]

Nach anderer Ansicht sei der Nachrang gemäß § 39 Abs. 1 Nr. 5 InsO ein Ausgleich dafür, dass der Gesellschafter einen Informationsvorsprung über die finanziellen Verhältnisse der Gesellschaft habe.[380] Im Krisenfall des Unternehmens könne er sein Darlehen rechtzeitig vor den sonstigen Gläubigern abziehen. Folgt man dieser Ansicht, muss das auch für den Darlehensgeber gelten, dem Informationsrechte aus vertraglichen Covenants zustehen.[381] Allerdings ist die Ansicht nicht überzeugend, denn das bloße Vorliegen von Informationsrechten

---

374 *Ehricke*, in: MüKo-InsO, 3. Aufl. 2013, § 39 Rn, 52.

375 BGHZ 127, 336, 344 f. = BGH DStR 1994, 1902, 1904.

376 *Bork*, ZGR 2007, 250, 257.

377 *Habersack*, ZIP 2007, 2145, 2147; *Krolop*, GmbHR 2009, 397, 398; *Gehrlein*, BB 2011, 3, 7; *Ehricke*, in: MüKo-InsO, 3. Aufl. 2013, § 39 Rn. 38.

378 *Bork*, ZGR 2007, 250, 257; *Altmeppen*, NJW 2008, 3601, 3602 f.

379 *Karsten Schmidt*, in: GS Winter, 2011, 601, 609.

380 *Breidenstein*, ZinsO 2010, 273, 275.

381 *Ehricke*, in: MüKo-InsO, 3. Aufl. 2013, § 39 Rn. 52.

kann nicht einen Eigenkapitalersatz auslösen.[382] Das wird aus § 39 Abs. 5 InsO deutlich, der Gesellschafter mit weniger als 10% Unternehmensbeteiligung vom Anwendungsbereich des § 39 Abs. 1 Nr. 5 InsO ausnimmt.[383] Gesellschafter haben unabhängig von der Höhe ihrer Beteiligung einen Informationsanspruch gegen die Gesellschaft.[384] Das Kriterium des Auskunftsrechts kann deshalb nicht ausschlaggebend sein. Auch setzt § 39 Abs. 1 Nr. 5 InsO seinem Wortlaut nach voraus, dass es sich um eine Rechtshandlung handelt, die wirtschaftlich einem Gesellschafterdarlehen entspricht. Die Inhaberschaft von Informationsrechten entspricht wirtschaftlich aber nicht der Stellung eines Gesellschafters. Der Informationsanspruch ist nur ein kleiner Teil der Rechte, die ein Gesellschafter typischerweise geltend machen kann. Erst umfangreiche Mitwirkungsrechte können einen Nachrang rechtfertigen. Auch hier kann auf § 39 Abs. 5 InsO verwiesen werden, der nur Gesellschafter mit ausreichendem Einfluss vom Anwendungsbereich der Nachrangregelung erfasst.[385] Darüber hinaus wäre es denkbar, dass ein Drittgläubiger ohne Informationsanspruch aus sonstigen Quellen von einer anbahnenden Unternehmenskrise erfährt. Auch in diesen Fällen müsste nach der oben genannten Auffassung aufgrund des Wissensvorsprungs ein Nachrang in Frage kommen. Eine derartige Ausdehnung des Anwendungsbereichs des § 39 Abs. 1 Nr. 5 InsO kann jedoch nicht im Sinne des Gesetzgebers gewesen sein.

Karsten Schmidt stellt bei der Auslegung des § 39 Abs. 1 Nr. 5 InsO darauf ab, dass ein darlehensgebender Gesellschafter aufgrund seiner Doppelrolle dem Unternehmen näherstehe und damit eine nachrangige Behandlung in der Insolvenz gerechtfertigt sei.[386] Die Nähe zur Gesellschaft folge daraus, dass ein Gesellschafter zum Beispiel die Geschäftsführung bestellen, abberufen und anweisen kann. Er wisse damit nicht nur, was in der Gesellschaft passiert, sondern könne ihr Schicksal aktiv mitbestimmen. Ein gewöhnlicher Drittgläubiger sei dazu nicht in der Lage und müsse daher vor der vorzeitigen Befriedigung des Gesellschafters geschützt werden.[387] Würde dieser Gesetzeszweck auch einen Nachrang für Drittgläubiger mit vertraglichen Covenants umfassen? Aus § 39 Abs. 5 InsO

382 *Kampshoff*, GmbHR 2010, 897, 902; *Koutsós*, in: Derleder/Knops/Bamberger, Deutsches und europäisches Bank- und Kapitalmarktrecht, 3. Aufl. 2017, § 19 Rn. 35.

383 *Schmidt*, GmbHR 2009, 1009, 1017.

384 Siehe etwa § 51a Abs. 1 GmbHG.

385 *Schmidt*, GmbHR 2009, 1009, 1017.

386 *Karsten Schmidt/Herchen*, in: Schmidt, InsO, 19. Aufl. 2016, § 39 Rn. 32; *Krolop*, GmbHR 2009, 397, 399; *Prosteder/Dachner*, in: BeckOK-InsO, Stand: 26.04.2018, § 39 Rn. 47.

387 *Kampshoff*, GmbHR 2010, 897, 899.

lässt sich schließen, dass der Nachrang erst bei einem nicht unerheblichen Maß an Mitbestimmung eintreten soll.[388] Ein Drittgläubiger hat grundsätzlich keine entsprechenden Einwirkungsrechte in Bezug auf die Gesellschaft.[389] Selbst wenn er sich umfangreiche Zustimmungsbefugnisse einräumen lässt, kann er diese wegen fehlender Bindung der Gesellschafter im Einzelfall nur schwer durchsetzen. Da er sich nur auf schuldrechtliche Covenants berufen kann, bleibt ihm als ultima ratio zumeist lediglich die Kündigung des Darlehens. Die Kündigungsandrohung des Gläubigers eines partiarischen Nachrangdarlehens ist allerdings kaum glaubwürdig, wenn die Geltendmachung die Gesellschaftsinsolvenz auslösen würde. Die Gesellschafter würden wissen, dass eine Insolvenz in der Regel den Totalverlust des nachrangigen Darlehens zur Folge hätte. Die Wahrscheinlichkeit, dass es tatsächlich zu einer Kündigung kommt, würde daher in vielen Fällen gering sein.[390] Ferner muss man beachten, dass Covenants auch weniger darauf ausgelegt sind, aktiv in die Geschäftsleitung einzugreifen, sondern sie sollen vor allem den eigenen Rückzahlungsanspruch sichern.[391] Insofern können Covenants zwar einen nicht unerheblichen Einfluss auf die Gesellschaft ermöglichen, aber sie gewähren grundsätzlich keine dem Gesellschafter vergleichbare mitgliedschaftliche Stellung. Im Einzelfall wäre es denkbar, dass neben den Covenants noch tatsächliche Umstände, wie etwa eine starke wirtschaftliche Abhängigkeit des Darlehensnehmers zum Darlehensgeber, vorliegen. In einem solchen Fall könnte der Drittgläubiger in der Lage sein, den Schuldner gänzlich zu kontrollieren. Dann wäre auch eine Anwendung des § 39 Abs. 1 Nr. 5 InsO möglich.

Der Ansatz von *Huber* und *Habersack* basiert auf der Annahme, dass der Nachrang notwendig sei, damit der Darlehensgeber nicht die unternehmerische Haftungsbeschränkung missbraucht.[392] Ein Gesellschafter missbrauche die Haftungsbeschränkung, wenn er das Unternehmen anstelle von Eigenkapital mithilfe von Darlehen finanziert und damit sein persönliches Haftungsrisiko minimiert. Ein ausreichend hohes Eigenkapital diene zum einen dazu, einen

---

388 *Schmidt*, GmbHR 2009, 1009, 1017.

389 *Kampshoff*, GmbHR 2010, 897, 899.

390 *Engert*, ZGR 2012, 835, 864.

391 *Koutsós*, in: Derleder/Knops/Bamberger, Deutsches und europäisches Bank- und Kapitalmarktrecht, 3. Aufl. 2017, § 19 Rn. 35.

392 *Huber/Habersack*, in: Lutter, Das Kapital der Aktiengesellschaft in Europa, 2006, S. 293 ff.; mit der unternehmerischen Haftungsbeschränkung ist insbesondere der § 13 Abs. 2 GmbHG gemeint.

Risikopuffer für die sonstigen Gesellschaftsgläubiger vorzuhalten.[393] Zum anderen solle es die Gesellschafter davon abhalten, zu hohe wirtschaftliche Risiken zu Lasten der Gesellschaftsgläubiger einzugehen.[394] Gesellschafter bevorzugen bei einem entsprechend hohen Eigenkapitaleinsatz grundsätzlich eine risikoaverse Unternehmensführung.[395] Meldet die Gesellschaft Insolvenz an, sei die Gesellschaftereinlage in der Regel verloren. Ist der Eigenkapitalanteil allerdings gering, nehme der Anreiz der Gesellschafter zu, auf Kosten der Drittgläubiger größere Risiken für hohe Gewinnaussichten einzugehen.[396] Um diesen Fehlanreiz auszugleichen, solle das Gesellschafterdarlehen nachrangig behandelt werden.[397] Laut *Huber* sei die Anwendung des § 39 Abs. 1 Nr. 5 InsO auch auf Drittgläubiger möglich, aber restriktiv zu handhaben.[398] Voraussetzung sei, dass die Gläubiger in der Gesellschaft unternehmerisch tätig sind. Vertragliche Einfluss-, Kontroll- und Mitbestimmungsrechte seien für eine unternehmerische Tätigkeit grundsätzlich nicht ausreichend.[399] Ansonsten sei der Zugang von Unternehmen zu Fremdkapital gefährdet, wenn die Finanzierung für Kreditgeber unattraktiv wird.[400] Danach wären bei partiarischen Darlehen keine gesetzliche Nachrangigkeit nach § 39 Abs. 1 Nr. 5 InsO gegeben, weil dem Gläubiger durch Covenants keine dem Gesellschafter entsprechende Stellung eingeräumt wird. Allerdings ist der Ansatz auch insgesamt nicht überzeugend. Ein Nachrang ist nicht dafür geeignet, Fehlanreize bei der Eigenkapitalausstattung auszugleichen. Der Rangrücktritt ist keine Verlustbeteiligung und dient deshalb nicht wie Eigenkapital als Verlustpuffer vor der Insolvenz. § 39 Abs. 1 Nr. 5 InsO setzt nicht einmal eine vorinsolvenzrechtliche Durchsetzungssperre voraus. Ein einfacher Nachrang würde keinen effektiven Anreiz zur Bildung von mehr Eigenkapital oder Verringerung des Risikos schaffen.

---

393 *Huber*, in: FS Priester, 2007, 259, 275 f.; *Habersack*, ZIP 2007, 2145, 2147.

394 *Huber/Habersack*, in: Lutter, Das Kapital der Aktiengesellschaft in Europa, 2006, S. 394; *Huber*, in: FS Priester, 2007, 259, 276.

395 *Cahn*, AG 2005, 217, 222; *Huber/Habersack*, in: Lutter, Das Kapital der Aktiengesellschaft in Europa, 2006, S. 394.

396 *Engert*, ZGR 2012, 835, 850.

397 FS Priester, 2007, 259, 277 f.; *Engert*, ZGR 2012, 835, 854.

398 *Huber*, in: FS Priester, 2007, 259, 279 ff.

399 *Huber*, in: FS Priester, 2007, 259, 280; a.A. *Engert*, ZGR 2012, 835, 861 ff., der auch bei partiarischen Beteiligungen und entsprechend starken Einflussrechten eine Subordination bejaht.

400 *Huber*, in: FS Priester, 2007, 259, 280 Fn. 76.

Am ehesten vermag deshalb die Ansicht von *Karsten Schmidt* zu überzeugen. Die Anwendung des § 39 Abs. 1 Nr. 5 InsO richtet sich somit danach, wie sehr die Stellung des Drittgläubigers der Position eines Gesellschafters gleicht. Allerdings wird im hier besprochenen Fall eines Darlehensgebers mit umfangreichen Covenants nur selten ein gesetzlicher Rangrücktritt einschlägig sein. Zu den Covenants müssen noch tatsächliche Umstände, wie etwa ein starkes Abhängigkeitsverhältnis, hinzutreten.

3. Sonstige Fälle des gesetzlichen Rangrücktritts

Ansonsten kommen vor allem folgende Fälle für einen gesetzlichen Rangrücktritt nach § 39 Abs. 1 Nr. 5 InsO in Frage: der Darlehensgeber ist auch Pfandgläubiger an Gesellschaftsanteilen, der Darlehensgeber ist gleichzeitig stiller Gesellschafter oder dem Darlehensgeber wurde ein Equity-Kicker eingeräumt, durch den er die Option für eine gesellschaftsrechtliche Beteiligung hat.[401]

4. Zwischenergebnis

Der partiarische Darlehensgeber kann grundsätzlich in den Anwendungsbereich des § 39 Abs. 1 Nr. 5 InsO fallen, sodass seine Forderung in der Insolvenz nachrangig bedient wird. Bei einem außenstehenden Drittgläubiger werden Covenants allerdings nicht dazu führen, dass dem Gläubiger eine dem Sinn und Zweck der Vorschrift entsprechende Forderung zusteht. Hier ist der Auffassung von *Karsten Schmidt* zu folgen, wobei diese um den Punkt ergänzt werden kann, dass ein gesetzlicher Rangrücktritt dann in Betracht kommt, wenn neben den Covenants tatsächliche Umstände vorliegen, die etwa ein starkes Abhängigkeitsverhältnis des Darlehensnehmers zum Darlehensgeber begründen.

V. Rücksichtnahme- und Treuepflichten

Ein partiarisches Darlehen begründet grundsätzlich die für einen Darlehensvertrag üblichen Rücksichtnahme- und Treuepflichten aus den §§ 241 Abs. 2, 242 BGB. Zu den Grundlagen kann auf die einschlägige Kommentarliteratur verwiesen werden.[402] Welche Besonderheiten ergeben sich für partiarische Darlehen?

---

401 *Gleske/Laudenklos*, in: Eilers/Rödding/Schmalenbach, Unternehmensfinanzierung, 2. Aufl. 2014, Kap. D Rn. 50.

402 Siehe etwa *Bachmann*, in: MüKo-BGB, 7. Aufl. 2016, § 241 Rn. 46 ff.; *Looschelders/Olzen*, in: Staudinger-BGB, 2015, § 242.

1. Pflichtwidrige Unternehmensführung

Der partiarische Darlehensgeber ist durch seine Gewinnbeteiligung im besonderen Maße auf den wirtschaftlichen Erfolg der darlehensnehmenden Gesellschaft angewiesen. Bei einer Erfolgsbeteiligung erhält er grundsätzlich keine Zinszahlungen, wenn das finanzierte Unternehmen überwiegend Verluste generiert. Anders wäre der Fall, wenn der Vertrag eine Festverzinsung vorsehen würde. Dann wäre der Darlehensgeber weniger auf die Gewinnerwirtschaftung des Schuldners angewiesen. Darüber hinaus hat ein nachrangiger Darlehensgeber ein starkes Interesse daran, dass die darlehensnehmende Gesellschaft nicht in die Insolvenz gerät. In der Regel kommt es für den zurücktretenden Gläubiger bei einer Insolvenz zum Totalverlust.

Eine pflichtwidrige Unternehmensführung der darlehensnehmenden Gesellschaft kann sich deshalb besonders nachteilig auf den Gläubiger eines (nachrangigen) partiarischen Darlehens auswirken. Durch Misswirtschaft oder falsche strategische Entscheidungen können selbst aussichtsreiche Unternehmensfinanzierungen zum wirtschaftlichen Debakel werden. Wie schützt sich der partiarische Darlehensgeber vor so einem Verhalten? Covenants sind eine Möglichkeit, gegen unternehmerisches Versagen vorzusorgen.[403] Haben die Parteien solche Vereinbarungen allerdings nicht getroffen, muss der Darlehensgeber auf andere Schutzmechanismen zurückgreifen. Möglicherweise stellt eine pflichtwidrige Unternehmensführung eine Verletzung der vertraglichen Nebenpflichten aus § 241 Abs. 2 BGB dar, die insbesondere einen Schadensersatzanspruch auslösen kann.

Durch einen Schadensersatzanspruch wäre der Darlehensnehmer in besonderer Weise für seine Unternehmensführung haftbar. Der Darlehensgeber hätte hingegen ein Druckmittel und damit einen stärkeren Einfluss auf die Gesellschaft. Schuldrechtliche Nebenpflichten dürfen allerdings nicht die Tatsache unterlaufen, dass der partiarische Darlehensgeber kein Gesellschafter ist und deshalb keine vergleichbaren Einflussmöglichkeiten auf die Geschäftsführung hat.[404] Es ist gerade Teil des übernommenen Risikos, dass die Gesellschaft erfolglos geleitet wird und keine Gewinne entstehen. Dieses Risiko soll nicht dadurch umgangen werden, dass der Darlehensgeber seine Verluste über einen Schadensersatz ausgleichen kann. Die Verletzung schuldrechtlicher Nebenpflichten bei pflichtwidriger Geschäftsführung sollte also grundsätzlich eng ausgelegt werden.

403 Siehe oben C.III.

404 Siehe oben C.III.5.

a) *Rechtsgrundsätze aus der Klöckner-Entscheidung*

Als Maßstab eines Schadensersatzanspruchs könnte die Klöckner-Entscheidung des BGH von 1992 dienen.[405] Das Urteil behandelt eine durch Genussrechte finanzierte KGaA. Die Gesellschaft erledigte kaufmännisch unhaltbare Geschäfte und überschritt ihren satzungsmäßigen Unternehmensgegenstand durch Spekulationen auf dem Rohstoffmarkt. Aufgrund der eintretenden Verluste setzte die Gesellschaft ihr Grundkapital auf null herab, womit auch das Genusskapital zunächst herabgesetzt und anschließend eingezogen wurde. Ein Genussrechtsberechtigter klagte auf Schadensersatz wegen Nebenpflichtverletzung und erhielt Recht vom BGH. Die Entscheidung stieß auf breite Zustimmung in der Literatur.[406]

Bereits vor dem Urteil entsprach es der herrschenden Meinung, dass ein Genussrechtsinhaber bei einer absichtlichen Schädigung durch die Gesellschaft einen Anspruch wegen sittenwidriger Schädigung (§ 826 BGB) geltend machen kann.[407] Der Anspruch im Klöckner-Urteil geht aber deutlich weiter, da dem Kläger auch bei fahrlässiger pflichtwidriger Unternehmensführung ein Schadensersatz zugesprochen wurde.[408] Zudem handelte es sich erstmals um einen vertraglichen Anspruch, sodass nach der heutigen Rechtslage das Vertretenmüssen gemäß § 280 Abs. 1 S. 2 BGB vermutet wird.

Worin lag in dem Klöckner-Urteil die Nebenpflichtverletzung? Das Gericht sah die Gesellschaft in der Pflicht, die vertragswidrige Beeinträchtigung des Genusskapitals zu unterlassen und zu unterbinden.[409] Es erkannte zwar an, dass die unternehmerische Entschlussfreudigkeit und Handlungsfähigkeit erheblich beeinträchtigt wäre, wenn die Gesellschaft damit rechnen müsste, für jedes Versehen und jede Fehlentscheidung haftbar gemacht zu werden.[410] Da das Genusskapital haftungsrechtlich aber teilweise dem Eigenkapital gleichstehe, erwarte der Gläubiger, dass sich die Geschäfte der Gesellschaft im Rahmen des von der Satzung vorgegebenen Unternehmensgegenstandes bewegen und dass sein Kapital nicht durch Geschäftstätigkeiten gefährdet werde, die schlechterdings

---

405 BGHZ 119, 305 = BGH NJW 1993, 57.

406 *Lutter*, ZGR 1993, 291, 300 ff.; *Sethe*, AG 1993, 351, 361; *Ekkenga*, in: MüKo-GmbHG, 3. Aufl. 2018, § 29 Rn. 222; *Koch*, in: Hüffer/Koch, AktG, 13. Aufl. 2018, § 221 Rn. 27.

407 RGZ 105, 236, 240 f.; *Vollmer*, ZGR 1983, 445, 467 f.; *Wünsch*, in: FS Strasser, 1983, 871, 881; *U. H. Schneider*, in: FS Goerdeler, 1987, 511, 518.

408 *Sethe*, AG 1993, 351, 361.

409 BGHZ 119, 305, 331 = BGH NJW 1993, 57, 63.

410 BGHZ 119, 305, 331 = BGH NJW 1993, 57, 63.

kein seriöser Kaufmann durchführen würde.[411] Diese Erwartung sei ein Ausgleich dafür, dass Genusskapital wie Eigenkapital hafte, ohne dabei Mitspracherechte zu erhalten. Verhalten sich die Gesellschaftsorgane verantwortungslos, könne der Genussrechtsinhaber nicht eingreifen.[412]

b) Übertragbarkeit auf partiarische Darlehen

Bei der Klöckner-Entscheidung ging es ausschließlich um Schadensersatzansprüche eines Genussrechtsinhabers. Inwiefern ist das Urteil auf partiarische Darlehen übertragbar? Die Interessenlage der Beteiligten ist grundsätzlich vergleichbar. Genussrechte und partiarische Darlehen sind Dauerschuldverhältnisse, bei denen die Vertragsparteien grundsätzlich stärker auf die gegenseitige Rücksichtnahme des anderen Teils angewiesen sind[413]. Wird das Darlehen mit einem qualifizierten Nachrang vereinbart, haftet es ebenfalls wie Eigenkapital, denn gemäß § 39 Abs. 2 InsO wird es im Zweifel hinter den sonstigen Gläubigern in der Insolvenz bedient. Auch fehlen dem Darlehensgeber Mitspracherechte in der Gesellschaft. Das partiarische Darlehen nimmt damit wie ein Genussrecht eine hybride Stellung zwischen Fremd- und Eigenkapital ein.

Einer der wesentlichen Unterschiede zwischen beiden Finanzierungsinstrumenten ist die bei Genussrechten mögliche Verlustbeteiligung. Sie war im Klöckner-Fall dahingehend ausgestaltet, dass mit der Herabsetzung des Eigenkapitals eine Herabsetzung des Genussrechtskapitals einherging. Bei einem partiarischen Darlehen ist eine solche Vereinbarung nicht möglich.[414] Allerdings ist auch ohne Verlustbeteiligung die vertragswidrige Beeinträchtigung der Darlehenssumme denkbar, indem etwa eine pflichtwidrige Geschäftsführung zur Insolvenz der Gesellschaft führt. Durch den Nachrang wäre das Darlehen wie Eigenkapital mit hoher Wahrscheinlichkeit verloren. Auch der Darlehensgeber hat deshalb schutzwürdige Erwartungen gegen die darlehensnehmende Gesellschaft.

Natürlich muss der Anspruch aus § 280 Abs. 1 BGB auf Ausnahmesituationen begrenzt bleiben, um die unternehmerische Handlungsfreiheit nicht zu sehr einzuschränken. Die fehlenden Mitwirkungsrechte sind schließlich ein Risiko, dass sich der Darlehensgeber in den Vertrag einpreisen lässt. Im Sinne der

---

411 BGHZ 119, 305, 331 = BGH NJW 1993, 57, 63.

412 BGHZ 119, 305, 331 = BGH NJW 1993, 57, 63.

413 BGHZ 29, 171, 172 = BGH NJW 1959, 875; BGHZ 119, 305, 330 = BGH NJW 1993, 57, 63.

414 Siehe oben B.I.

Klöckner-Entscheidung werden nur solche Geschäftstätigkeiten erfasst, die schlechterdings kein seriöser Kaufmann durchführen würde. Zudem bleibt der Anspruch einem partiarischen Darlehen mit qualifiziertem Nachrang vorbehalten. Nur dann ist eine ausreichend starke Eigenkapitalähnlichkeit gegeben.

c) Übertragbarkeit auf eine GmbH-Finanzierung

Die in der Klöckner-Entscheidung aufgestellten Grundsätze bezogen sich auf die Genussrechtsfinanzierung in einer KGaA. Lassen sich die Gedanken auch auf die praktisch relevante Finanzierung einer GmbH übertragen? In der Literatur wird das bejaht.[415] Das ist überzeugend, denn die Gesellschaftsform ändert nichts an der berechtigten Erwartungshaltung eines Genussrechtsinhabers oder Darlehensgläubigers. Beide stehen haftungsrechtlich auch bei einer GmbH einem Eigenkapitalgeber gleich. Durch das Dauerschuldverhältnis und die Eigenkapitalähnlichkeit entstehen unabhängig von der Rechtsform des Unternehmens besondere Rücksichtnahmepflichten.

d) Rechtsfolgen

Worauf ist der Anspruch des Darlehensgebers gerichtet, wenn es zu einer pflichtwidrigen Unternehmensführung kommt? Grundsätzlich steht dem Darlehensgeber ein Schadensersatzanspruch aus § 280 Abs. 1 BGB zu. Im Klöckner-Urteil verpflichtete der BGH die Schuldnerin, die Genussrechte wieder aufzufüllen. Der Darlehensgeber kann das nicht verlangen, denn es gibt kein festes Darlehenskapital. Die Rückzahlung der Darlehenssumme ist grundsätzlich zu einem bestimmten Zeitpunkt fällig und ob zu einem früheren Termin ausreichend Mittel für die Erfüllung des Anspruchs vorliegen, ist irrelevant.

Verletzt der Darlehensnehmer seine Nebenpflichten, kann der Gläubiger auch nicht verlangen, dass der Schuldner das Darlehen sofort zurückzahlt. Die Rückzahlung bei einer verbleibenden Restlaufzeit steht dem Gläubiger nicht zu.[416] Dieser Grundsatz ist Ausdruck der Naturalrestitution, denn der Darlehensgeber ist so zu stellen, wie er ohne schädigendes Ereignis stehen würde (§ 249 Abs. 1 BGB). Der Darlehensgeber kann allerdings eine aufgrund der pflichtwidrigen Unternehmensführung ausbleibende Gewinnbeteiligung geltend machen. Dafür müsste er berechnen, wie hoch der Gewinn ohne das schädigende Ereignis

---

415 *Seibt*, in: Scholz, GmbHG, 12. Aufl. 2018, § 14 Rn. 147.

416 Zu Genussrechten *Sethe*, AG 1993, 351, 362.

gewesen wäre. Dieser Betrag wurde auch der Klägerin im Klöckner-Urteil zugesprochen.[417]

Was ist aber der Schaden, wenn die darlehensnehmende Gesellschaft bei Fälligkeit das Darlehen nicht bedienen kann, weil sie aufgrund ihrer pflichtwidrigen Unternehmensführung über keine freien Mittel verfügt? Solange die Gesellschaft das Darlehen bei Fälligkeit nicht zurückzahlt, kann der Gläubiger Verzugszinsen (§ 286 BGB) und den entgangenen Gewinn geltend machen. Schließlich konnte der Darlehensgeber die zurückzuzahlenden Gelder nicht gewinnbringend weiter investieren. Dabei kann der Gläubiger auf die Vermutung des § 252 BGB zurückgreifen.

Wie berechnet sich der Schaden, wenn das Unternehmen aufgrund der sorgfaltswidrigen Geschäftsführung in die Insolvenz gerät? Alle Forderungen werden dann zu Insolvenzforderungen. Der Vorteil des Schadensersatzanspruchs gegenüber dem Rückzahlungsanspruch ist dann, dass der Schadensersatz nicht nachrangig bedient wird. Ein umfassender qualifizierter Nachrang sollte allerdings vorsehen, dass aus dem Vertragsverhältnis entstehende Schadensersatzansprüche ebenfalls nachrangig bedient werden. Ansonsten droht dem Darlehensnehmer die Qualifikation des Darlehens als wirtschaftliches Eigenkapital zu verlieren und es bedarf möglicherweise einer Ausweisung des Rückzahlungsanspruchs in der Überschuldungsbilanz.

e) Zwischenergebnis

Dem Darlehensgeber steht demnach ein Schadensersatzanspruch gemäß § 280 Abs. 1 BGB bei pflichtwidriger Unternehmensführung des Darlehensnehmers zu. Die Klöckner-Entscheidung zu Genussrechten ist auf partiarische Darlehen übertragbar. Um die unternehmerische Handlungsfreiheit nicht zu sehr einzuschränken, ist der Anspruch allerdings restriktiv auszulegen. Schadensersatzpflichtig sind deshalb nur solche Geschäftstätigkeiten, die schlechterdings kein seriöser Kaufmann durchführen würde. Der Anspruch aus § 280 Abs. 1 BGB umfasst den Ersatz einer reduzierten oder ausgebliebenen Gewinnbeteiligung und wenn sich die Rückzahlung verzögert, den entgangenen Gewinn und den Verzugsschaden.

---

417 BGHZ 119, 305, 334 = BGH NJW 1993, 57, 63.

2. § 242 BGB

Das partiarische Darlehen begründet nicht nur besondere Rücksichtnahmepflichten gemäß § 241 Abs. 2 BGB, sondern die Parteien sind auch grundsätzlich verpflichtet, ihre Leistung so zu bewirken, wie Treu und Glaube es mit Rücksicht auf die Verkehrssitte erfordern (§ 242 BGB). Bei partiarischen Darlehen wird darüber diskutiert, ob ein Darlehensgeber an der Geltendmachung seines Rückzahlungsanspruchs gemäß § 242 BGB gehindert ist, wenn der Schuldner sich gerade in einer Umschuldung befindet und dadurch der Rückzahlungsanspruch nicht gefährdet wird.[418] *Schön* möchte das partiarische Darlehen dadurch der stillen Gesellschaft angleichen, denn dort hat das OLG Frankfurt entschieden, dass im Falle der Umschuldung die Rückzahlung durch Treuepflichten gehindert sein kann.[419] *Schön* stellt richtig fest, dass „Treuepflichten eines Kapitalgebers gerade nicht aus abstrakt-begrifflichen Vorgaben hergeleitet werden können, sondern unabhängig vom Vertragstyp mit der graduellen Erweiterung seiner Geschäftsführungs-, Kontroll- und Einsichtsrechte einhergehen müssen, um ein flexibles Korrektiv gegen die mißbräuchliche Ausnutzung dieser Rechte zu schaffen". Allerdings sind bei partiarischen Darlehen Geschäftsführungsbefugnisse nicht vorhanden und es bestehen keine dem § 233 HGB entsprechenden Kontroll- und Einsichtsrechte.[420] Zudem können bei der stillen Gesellschaft und dem partiarischen Darlehen nicht die gleichen Regeln für die treuwidrige Geltendmachung von Rückzahlungsansprüchen bestehen. Im Gegensatz zur stillen Gesellschaft entspricht die Rückzahlung der überlassenen Mittel gerade der Natur des Darlehensvertrags (§ 488 Abs. 1 S. 2 BGB). Das Darlehen wird grundsätzlich auf Zeit gewährt und es ist bei Fälligkeit zurückzuzahlen. Bei einer stillen Gesellschaft verbleibt die Einlage in der Regel zeitlich unbegrenzt in der Gesellschaft. Erst durch Auflösung entsteht der Rückzahlungsanspruch (§ 235 Abs. 1 HGB). Die Treuwidrigkeit beginnt bei partiarischen Darlehen erst dann, wenn der Gläubiger selbst auf die Umschuldung hingewirkt hat. Würde der Darlehensgeber in diesem Fall eine Rückzahlung fordern, wäre dies widersprüchlich und könnte eine Einwendung nach § 242 BGB begründen.

---

418 *Schön*, ZGR 1993, 210, 230; *Sester*, Projektfinanzierungsvereinbarungen als Gestaltungs- und Regulierungsaufgabe, 2004, S. 254.

419 OLG Frankfurt WM 1982, 198, 199.

420 Siehe oben C.II.

3. Gesellschaftsrechtliche Treuepflicht

Bei einem partiarischen Darlehen könnte auch eine entsprechende Anwendung der gesellschaftsrechtlichen Treuepflicht in Frage kommen. Schließlich hat es teilweise eigenkapitalähnliche Eigenschaften und es besteht eine Ähnlichkeit zur stillen Gesellschaft. Die gesellschaftsrechtliche Treuepflicht verlangt von den Gesellschaftern die Förderung und Loyalität gegenüber der Gesellschaft.[421] Der Einzelne muss die Interessen der Gesellschaft wahren und sie nicht durch gesellschaftsschädliches Verhalten beeinträchtigen.[422]

Die dogmatische Anknüpfung der gesellschaftsrechtlichen Treuepflicht ist umstritten.[423] Im Wesentlichen haben sich drei verschiedene Lösungsansätze herausgebildet. Demnach entspringt die gesellschaftsrechtliche Treuepflicht entweder aus dem mitgliedschaftlichen Gemeinschaftsverhältnis[424], der mitgliedschaftlichen Zweckförderungspflicht[425] oder der mitgliedschaftlich vermittelten Einwirkungsmöglichkeit[426].

Auch ohne Bewertung der unterschiedlichen Ansätze wird deutlich, dass sich das partiarische Darlehen in keinen der Anknüpfungspunkte einordnen lässt. Beim partiarischen Darlehen handelt es sich um einen rein schuldrechtlichen Vertrag, der keine Mitgliedschaft begründet. Es besteht auch keine Förderungspflicht eines gemeinsamen Zwecks. Wie oben bei der Abgrenzung zur stillen Gesellschaft dargestellt, gibt es keine gemeinsame Zweckverfolgung beim partiarischen Darlehen.[427] Treuepflichten werden damit nicht zu Hauptpflichten[428], sondern sie sind lediglich vertragliche Nebenpflichten. Der partiarische Darlehensgeber wird nur wirtschaftlich der Stellung eines Gesellschafters angenähert. Der partiarische Darlehensgeber hat auch keine mitgliedschaftlich vermittelten Einwirkungsmöglichkeiten. Ihm können zum Beispiel keine vergleichbaren Rechte zur Abberufung des Geschäftsführers eingeräumt werden.[429] Ohne

---

421 *Merkt*, in: MüKo-GmbHG, 3. Aufl. 2018, § 13 Rn. 88.

422 *Merkt*, in: MüKo-GmbHG, 3. Aufl. 2018, § 13 Rn. 88; *Würthwein*, in: Spindler/Stilz, AktG, 3. Aufl. 2015, § 243 Rn. 159.

423 Siehe zur ausführlichen Streitdarstellung *Weber*, Vormitgliedschaftliche Treubindungen, 1999, S. 110 ff.

424 *Schmidt*, Gesellschaftsrecht, 4. Aufl. 2002, § 20 IV S. 588 f.

425 *Lutter*, AcP 1980, 84, 102 f.

426 *Zöllner*, Schranken mitgliedschaftlicher Stimmrechtsmacht, 1963, S. 350.

427 Siehe oben C.I.1.c).

428 *Lutter*, AcP 1980, 84, 103 f.

429 Siehe oben C.III.5.

Einwirkungsrechte treffen ihn auf der anderen Seite auch nicht die rechtlichen Pflichten aus den Grundsätzen der gesellschaftsrechtlichen Treuepflichten.

Der Darlehensgeber muss damit weder die Grundsätze der gesellschaftsrechtlichen Treuepflicht beachten noch kann er die Grundsätze von Mitgliedern der Gesellschaft einfordern. Aus dem Darlehensvertrag entspringen lediglich die oben beschriebenen Rücksichtnahme- und Treuepflichten gemäß §§ 241 Abs. 2, 242 BGB.

4. Zwischenergebnis

Für die Parteien eines partiarischen Darlehens ergeben sich einige Besonderheiten in Bezug auf ihre Rücksichtnahme- und Treuepflichten. Dem Darlehensgeber steht ein Schadensersatzanspruch bei pflichtwidriger Unternehmensführung zu. Hier kann auf die vom BGH herausgearbeiteten Grundsätze aus der Klöckner-Entscheidung zurückgegriffen werden. Eine besondere Einschränkung der Geltendmachung des Rückzahlungsanspruchs gemäß § 242 BGB, wie sie *Schön* fordert, ist hingegen nicht überzeugend. Der dabei vollzogene Vergleich zur stillen Gesellschaft hinkt, denn das partiarische Darlehen gewährt keine vergleichbaren Einwirkungs- und Kontrollrechte. Auch die gesellschaftsrechtliche Treuepflicht ist nicht entsprechend auf das partiarische Darlehen anwendbar.

VI. Vertragsanpassung nach § 313 Abs. 1 BGB

§ 313 Abs. 1 BGB regelt die Vertragsanpassung bei einer Störung der Geschäftsgrundlage. Die Vorschrift kommt im Rahmen eines Darlehensvertrags in Frage, wenn eine gravierende Verschlechterung der Vermögensverhältnisse des Darlehensnehmers eintritt.[430] Das ist etwa der Fall, wenn es zu einem wesentlichen Gesellschafterwechsel kommt und dadurch die Bonität des Unternehmens in Zweifel gezogen wird.[431]

Eine Vertragsanpassung nach § 313 BGB ist auch bei einem partiarischen Darlehen denkbar. Zwar trägt eine Erfolgsbeteiligung gerade das Risiko in sich, dass aufgrund eines ausbleibenden Erfolgs des Unternehmens keine Erträge erzielt werden. Das übernommene Investitionsrisiko kann demnach bei einer enttäuschenden Gewinnbeteiligung nicht mithilfe von § 313 BGB auf den Darlehensnehmer abgewälzt werden.[432] Beim Fall eines Gesellschafterwechsels hat

430 *Krepold*, in: Schimansky/Bunte/Lwowski, Bankrechts-Handbuch, 5. Aufl. 2017, § 79 Rn. 195.

431 *Schneider*, in: FS Zöllner, Bd. 1, 1998, 539, 550.

432 BGHZ 74, 370, 373 = BGH NJW 1979, 1818, 1819; KG Berlin ZIP 2017, 559, 561.

der Darlehensgeber allerdings grundsätzlich nicht das Risiko einer damit einhergehenden Bonitätsverschlechterung übernommen. Das bedeutet aber auch, dass der Darlehensnehmer nicht einfach seine Auszahlungen an den Gläubiger gemäß § 313 Abs. 1 BGB reduzieren kann, wenn sein Unternehmen unerwartet erfolgreich ist.

Sind die Voraussetzungen des § 313 BGB gegeben, kann die betroffene Partei gemäß § 313 Abs. 1 BGB eine Vertragsanpassung verlangen. Bei einem partiarischen Darlehen käme etwa eine an die veränderten Umstände angepasste Beteiligung am Erfolg des Unternehmens in Betracht. Die Anpassung der Erfolgsbeteiligung steht auch nicht im Konflikt mit einem qualifizierten Nachrang. Der Rang des Gläubigers bleibt nach der Vertragsanpassung unverändert. Die Senior-Gläubiger werden durch § 313 Abs. 1 BGB grundsätzlich nicht tangiert.

VII. Aufsichtsrecht

Die Vereinbarung von Darlehensverträgen ist grundsätzlich ohne die besondere Aufsicht staatlicher Stellen möglich. Bei Unternehmensfinanzierungen beginnt der regulierte Bereich insbesondere dort, wo Bankgeschäfte gewerbsmäßig betrieben (§ 1 Abs. 1 S. 1 KWG) oder partiarische Darlehen öffentlich angeboten (§ 1 Abs. 1 VermAnlG) werden.

1. Bankgeschäfte

Bei partiarischen Darlehen kommen als Bankgeschäfte insbesondere Einlagengeschäfte (§ 1 Abs. 1 S. 2 Nr. 1 KWG) und Kreditgeschäfte (§ 1 Abs. 1 S. 2 Nr. 2 KWG) in Frage.

a) Einlagengeschäft

Nimmt eine Person partiarische Darlehen gewerbsmäßig oder in einem Umfang an, der einen in kaufmännischer Weise eingerichteten Gewerbebetrieb erfordert, kommt ein erlaubnispflichtiges Einlagengeschäft gemäß § 1 Abs. 1 S. 2 Nr. 1 KWG in Betracht. Von zentraler Bedeutung bei der Einstufung von partiarischen Darlehen als Einlagengeschäft ist die Voraussetzung, dass es sich um „unbedingt rückzahlbare Gelder" (§ 1 Abs. 1 S. 2 Nr. 1 KWG) handelt. Das ist nicht der Fall, wenn die Parteien einen qualifizierten Nachrang vereinbaren.[433]

---

433 BT-Drs. 15/3641, S. 36; BaFin, Merkblatt Einlagengeschäft, Stand 11.03.2014, I 5 a) aa), abrufbar unter https://www.bafin.de/SharedDocs/Veroeffentlichungen/DE/

Dadurch steht die Rückzahlung unter der Bedingung, dass die Geltendmachung des Anspruchs keine Überschuldung oder Insolvenz beim Darlehensnehmer auslöst. Ein einfacher Nachrang ohne vorinsolvenzrechtliche Durchsetzungssperre reicht hingegen nicht aus, um ein Einlagengeschäft auszuschließen.[434] Außerdem muss der Nachrang nicht nur den Rückzahlungsanspruch, sondern auch den Zinsanspruch – bzw. die Erfolgsbeteiligung – erfassen.[435]

aa) Wertungswiderspruch

Bei einem Einlagengeschäft muss das annehmende Unternehmen eine Erlaubnis nach § 32 Abs. 1 S. 1 KWG vorweisen.[436] Mit der Vereinbarung eines qualifizierten Nachrangs geht eine Privilegierung für den Darlehensnehmer einher, weil die hohen Hürden der Erlaubnis nach § 32 KWG entfallen. Das ist aus der Sicht des Anlegerschutzes widersprüchlich, denn das Risiko der Investoren kann sich durch den qualifizierten Rangrücktritt deutlich erhöhen. Im Falle einer Insolvenz des Darlehensnehmers droht den Anlegern der Totalverlust. Durch die vorinsolvenzrechtliche Durchsetzungssperre kann den Darlehensgebern die Rückzahlung auch außerhalb der Insolvenz verweigert werden, wenn eine Überschuldung beim Schuldner droht. Dabei ist es der Sinn und Zweck des § 1 Abs. 1 S. 2 Nr. 1 KWG insbesondere, das Publikum vor Verlusten seiner Anlagen zu schützen.[437] Warum also befreit der Gesetzgeber Personen, die partiarische

---

Merkblatt/mb_140311_tatbestand_einlagengeschaeft.html (zuletzt abgerufen am 29.11.2018); BGH NZI 2018, 415; *Schäfer*, in: Boos/Fischer/Schulte-Mattler, KWG, CRR-VO, 5. Aufl. 2016, § 1 KWG Rn. 46; *Schürmann/Langner*, in: Schimansky/Bunte/Lwowski, Bankrechts-Handbuch, 5. Aufl. 2017, § 69 Rn. 6b; *Poelzig*, WM 2014, 917, 919; *Servatius*, in: Langenbucher/Bliesener/Spindler, Bankrechts-Kommentar, 2. Aufl. 2016, 35. Kap. Rn. 13; *Gehrlein*, WM 2017, 1385; a.A. *Henke*, WM 2010, 2157, 2162, der einen einfachen Nachrang ausreichen lässt.

434 BT-Drs. 15/3641, S. 36; BaFin, Merkblatt Einlagengeschäft, Stand 11.03.2014, I 5 a) aa), abrufbar unter https://www.bafin.de/SharedDocs/Veroeffentlichungen/DE/Merkblatt/mb_140311_tatbestand_einlagengeschaeft.html (zuletzt abgerufen am 29.11.2018); BGH NZI 2018, 415; *Schäfer*, in: Boos/Fischer/Schulte-Mattler, KWG, CRR-VO, 5. Aufl. 2016, § 1 KWG Rn. 46.

435 BaFin, Merkblatt Einlagengeschäft, Stand 11.03.2014, I 5, abrufbar unter https://www.bafin.de/SharedDocs/Veroeffentlichungen/DE/Merkblatt/mb_140311_tatbestand_einlagengeschaeft.html (zuletzt abgerufen am 29.11.2018).

436 BaFin, Merkblatt Einlagengeschäft, Stand 11.03.2014, I 5 a) bb), abrufbar unter https://www.bafin.de/SharedDocs/Veroeffentlichungen/DE/Merkblatt/mb_140311_tatbestand_einlagengeschaeft.html (zuletzt abgerufen am 29.11.2018).

437 *Schäfer*, in: Boos/Fischer/Schulte-Mattler, KWG, CRR-VO, 5. Aufl. 2016, § 1 KWG Rn. 35.

Nachrangdarlehen gewerbsmäßig annehmen, von umfangreichen Regulierungsanforderungen?

Wird eine rechtliche Konstellation vom Anwendungsbereich des KWG ausgeschlossen, ist das in der Regel Ausdruck eines geringeren Schutzbedürfnisses der Anleger.[438] Deshalb sind auch Darlehen mit banküblich besicherten Rückzahlungsansprüchen vom Gesetzeszweck mangels Schutzbedürftigkeit der Anleger ausgeschlossen.[439] Der Gesetzgeber sieht für diesen Fall eine ungeschriebene Gesetzesausnahme vor.[440]

Ist der Anleger bei einem qualifizierten Nachrang also weniger schutzbedürftig, als dies bei einem gewöhnlichen (partiarischen) Darlehen der Fall wäre? Der Anleger leistet bei einem qualifizierten Rangrücktritt nicht nur eine reine Vermögenseinlage, sondern übernimmt auch die Finanzierungsverantwortung für den Vertragspartner.[441] Damit ist nicht die oben dargestellte Finanzierungsfolgenverantwortung gemeint[442], sondern dass der Anleger sich durch den Nachrang am unternehmerischen Risiko beteiligt. Bei der Vereinbarung eines qualifizierten Rangrücktritts bringt der Anleger zum Ausdruck, dass er weder auf Zinszahlungen noch auf die Rückzahlung der Einlage besteht, solange durch die Geltendmachung dieser Ansprüche für den Schuldner eine Zahlungsunfähigkeit oder Insolvenz droht.[443] Damit steht der Anleger einem Gesellschafter nahe und bedarf nicht des Schutzes der KWG-Vorschriften.[444] Das mag recht hart klingen, wenn der Anleger ein durchschnittlicher Verbraucher ist, der wenig Erfahrung mit Bankgeschäften hat. Allerdings ist zu bedenken, dass formularmäßige Rangrücktrittsklauseln gerade bei unerfahrenen Vertragspartnern unwirksam sein können, wenn die Klauseln die damit verbundenen Rechtsfolgen nicht ausreichend erläutern oder sie den Vertragspartner sonst unangemessen benachteiligen.[445]

---

438 *Henke*, WM 2010, 2157, 2158 f.

439 *Schürmann/Langner*, in: Schimansky/Bunte/Lwowski, Bankrechts-Handbuch, 5. Aufl. 2017, § 69 Rn. 6d.

440 BT-Drs. 15/3641, S. 36.

441 VG Frankfurt ZIP 2014, 2278, 2279; Rn. 6; *Reschke*, in: Beck/Samm/Kokemoor, KWG/CRR, 202. AL Oktober 2018, § 1 KWG Rn. 122; *Henke*, WM 2010, 2157, 2162; *Schäfer*, in: Boos/Fischer/Schulte-Mattler, KWG, CRR-VO, 5. Aufl. 2016, § 1 KWG Rn. 44.

442 Siehe oben C.IV

443 VG Frankfurt ZIP 2014, 2278, 2279.

444 VG Frankfurt ZIP 2014, 2278, 2279; *Reschke*, in: Beck/Samm/Kokemoor, KWG/CRR, 202. AL Oktober 2018, § 1 KWG Rn. 122.

445 Siehe oben C.I.3.d)cc)(3).

bb) Rechtsfolgen eines Verstoßes gegen § 32 KWG

Wird eine Unternehmensfinanzierung durch Bankgeschäfte ohne Erlaubnis durchgeführt, liegt grundsätzlich ein Verstoß gegen § 32 Abs. 1 S. 1 Alt. 1 KWG vor. Die Verletzung der Erlaubnispflicht führt allerdings nicht zur Unwirksamkeit des Rechtsgeschäfts nach § 134 BGB.[446] Bei § 32 KWG handelt es sich nur um ein einseitiges Verbot, denn die Vorschrift regelt die Umstände, nach denen ein Geschäft abgeschlossen werden soll.[447] Dem Darlehensnehmer droht allerdings die Einstellung des verbotenen Geschäftsbetriebs nach § 37 Abs. 1 S. 1 Nr. 1 KWG und eine Strafverfolgung wegen eines Verstoßes gegen § 54 Abs. 1 Nr. 2 KWG. Ferner kann den Anlegern ein Schadensersatzanspruch aus § 823 Abs. 2 BGB i.V.m. §§ 32 Abs. 1, 54 Abs. 1 Nr. 2 KWG zustehen.[448]

Damit die darlehensnehmende Gesellschaft nicht ausversehen in den Anwendungsbereich des Einlagengeschäfts fällt, sollte sie bei der Ausgestaltung einer Rangrücktrittsklausel besonderen Wert auf deren Wirksamkeit legen. Nach Ansicht der BaFin und der herrschenden Meinung aus Rechtsprechung und Literatur ist eine zivilrechtlich unwirksame Nachrangklausel bankenaufsichtsrechtlich nicht als tatbestandsausschließende Bedingung der Rückzahlbarkeit geeignet.[449] Damit haben die Ausführungen oben zur AGB-Kontrolle[450] und Sittenwidrigkeit[451] eine hohe praktische Relevanz.

b) Kreditgeschäft

Gemäß § 1 Abs. 1 S. 2 Nr. 2 KWG ist auch die gewerbsmäßige Gewährung von Gelddarlehen ein erlaubnispflichtiges Bankgeschäft. Ein Kreditinstitut wirbt hier die Darlehensgelder nicht für sich selbst ein, sondern gibt sie an ihre Kunden weiter. Wie beim Einlagengeschäft sind Darlehensverträge mit qualifiziertem

---

446 *Fischer/Müller*, in: Boos/Fischer/Schulte-Mattler, KWG, CRR-VO, 5. Aufl. 2016, § 32 KWG Rn. 30; a.A. *Westphal/Kresser*, DB 2016, 33, 38.

447 BGHZ 187, 156, 167 = BGH WM 2010, 2163, 2166 f.; *Poelzig*, WM 2014, 917, 919.

448 *Gehrlein*, WM 2017, 1385.

449 BaFin, Merkblatt Einlagengeschäft, Stand 11.03.2014, I 5 a) aa), abrufbar unter https://www.bafin.de/SharedDocs/Veroeffentlichungen/DE/Merkblatt/mb_140311_tatbestand_einlagengeschaeft.html (zuletzt abgerufen am 29.11.2018); VG Frankfurt ZIP 2015, 367, 368; LG Hamburg ZIP 2015, 368, 369; *Bitter*, ZIP 2015, 345, 356; *Schwennicke*, in: Schwennicke/Auerbach, KWG, 3. Aufl. 2016, § 1 KWG Rn. 27.

450 C.I.3.

451 C.I.4.

Nachrang und der damit einhergehenden Finanzierungsverantwortung vom Tatbestand ausgenommen.[452]

2. Finanzdienstleistungen

Partiarische Darlehen können auch in den Anwendungsbereich des KWG fallen, wenn sie die Voraussetzungen des § 1 Abs. 1a KWG erfüllen. Danach muss ein Unternehmen Finanzdienstleistungen gewerbsmäßig oder in einem Umfang erbringen, der einen in kaufmännischer Weise eingerichteten Geschäftsbetrieb erfordert. Unter Finanzdienstleistungen fällt gemäß § 1 Abs. 1a S. 2 Nr. 1, Abs. 11 S. 1 Nr. 2 KWG auch die Vermittlung von Geschäften mit Vermögensanlagen. Beschränkt sich das Unternehmen allerdings auf die Vermittlung von Geschäften mit Vermögensanlagen, ist es wieder nach § 2 Abs. 6 S. 1 Nr. 8e KWG von dem Anwendungsbereich des KWG ausgenommen.[453] Crowdinvestingplattformen, die sich auf das Angebot von partiarischen Darlehen spezialisiert haben, werden deshalb grundsätzlich nicht von § 1 Abs. 1a KWG erfasst. Im Gegensatz zu Bankgeschäften, werden bei Finanzdienstleistungen auch Darlehen mit qualifizierter Nachrangvereinbarung erfasst. Dafür spricht zum einen der fehlende Hinweis auf die „unbedingt rückzahlbaren Gelder" (§ 1 Abs. 1 S. 2 Nr. 1 KWG) und zum anderen der unbeschränkte Verweis des § 1 Abs. 11 S. 1 Nr. 2 KWG auf den § 1 Abs. 2 VermAnlG, der auch Nachrangdarlehen mit vorinsolvenzrechtlicher Durchsetzungssperre umfasst.

3. Vermögensanlagen

Partiarische Darlehen sind Vermögensanlagen gemäß § 1 Abs. 2 Nr. 3 VermAnlG. Der Tatbestand erfasst insbesondere partiarische Darlehen mit Nachrangvereinbarung, auch wenn der Wortlaut nicht ganz eindeutig ist. § 1 Abs. 2 Nr. 4 VermAnlG erfasst hingegen nur reine Nachrangdarlehen. Um Missverständnisse zu vermeiden, wäre es wünschenswert gewesen, ausdrücklich den Fall des partiarischen Nachrangdarlehens zu regeln. Schließlich besteht durch das Crowdinvesting ein praktisch relevanter Anwendungsfall.

Partiarische Darlehen werden vom Anwendungsbereich des VermAnlG erfasst, wenn sie ein Emittent im Inland öffentlich anbietet (§ 1 Abs. 1, Abs. 3 VermAnlG). Der Angebotsbegriff deckt sich nicht mit § 145 BGB, sondern tritt

---

452 *Schäfer*, in: Boos/Fischer/Schulte-Mattler, KWG, CRR-VO, 5. Aufl. 2016, § 1 KWG Rn. 63.

453 *Weitnauer*, in: Weitnauer, Handbuch Venture Capital, 5. Aufl. 2016, Teil E Rn. 96.

bereits im Zeitpunkt eines invitatio ad offerendum ein.[454] Das Angebot ist öffentlich, wenn es sich an einen unbestimmten Personenkreis richtet.[455] Der Begriff des Emittenten ist in § 1 Abs. 3 VermAnlG legal definiert. Praktisch relevant ist das VermAnlG vor allem durch die in §§ 6, 21 VermAnlG vorgeschriebene Prospektpflicht und Prospekthaftung. Darauf wird an späterer Stelle näher eingegangen.[456]

Wird ein partiarisches Darlehen lediglich mit einem einfachen Nachrang öffentlich angeboten, liegt grundsätzlich ein Einlagengeschäft gemäß § 1 Abs. 1 S. 2 Nr. 1 KWG vor. Die Vorschriften des KWG sind in Bezug auf Einlagegeschäfte vorrangig, wie sich aus § 1 Abs. 2 a.E. VermAnlG ergibt. Nach der Gesetzesbegründung kommt es allerdings nicht darauf an, ob das Einlagengeschäft gewerbsmäßig oder in einem Umfang betrieben wird, der einen in kaufmännisch eingerichteten Geschäftsbetrieb erfordert.[457] Die Annahme von Einlagen unterhalb der entsprechenden Größenschwellen des KWG stellt danach kein Angebot von Vermögensanlagen dar.[458]

4. § 34f GewO

Wer kein Einlagengeschäft betreibt, aber gewerbsmäßig eine Anlagevermittlung von partiarischen Darlehen erbringt oder erbringen will, bedarf einer Erlaubnis als Finanzanlagenvermittler gemäß § 34f GewO. Das ist der Fall bei den meisten Crowdinvestingplattformen.[459] Die Beaufsichtigung erfolgt dann durch die Gewerbeämter. Mit der Einordnung als Finanzanlagenvermittler gehen verschiedene Informations-, Beratungs- und Dokumentationspflichten einher.[460] Gemäß § 34g GewO ist es Sache des zuständigen Bundesministeriums hierzu nähere Vorgaben zu machen. Einige Mindestanforderungen für das Ministerium ergeben sich aus § 34g Abs. 1 S. 3 GewO. Danach soll ein dem Abschnitt 6 des WpHG vergleichbares Anlegerschutzniveau hergestellt werden. Das Bundesministerium hat eine Konkretisierung der Vorschrift in der Finanzanlagenvermittlungsverordnung (FinVermV) vorgenommen. In den §§ 11 ff. FinVermV sind

454 *Maas*, in: Assmann/Schlitt/Kopp-Colomb, WpPG, VermAnlG, 3. Aufl. 2017, § 1 VermAnlG Rn. 13.

455 *Zwissler*, in: Habersack/Mülbert/Schlitt, Handbuch der Kapitalmarktinformation, 2. Aufl. 2013, § 8 Rn. 11.

456 Siehe unten C.VIII.

457 BT-Drs. 18/3394, S. 39.

458 BT-Drs. 18/3394, S. 39.

459 *Möllers/Kastl*, NZG 2015, 849, 850; *Riethmüller*, DB 2015, 1451, 1456.

460 *Will*, in: BeckOK-GewO, Stand 01.07.2018, § 34f GewO Rn. 166.

insbesondere Verhaltens-, Informations- und Beratungspflichten für Finanzanlagenvermittler geregelt.[461]

5. EU-Kommissionsentwurf zum Crowdinvesting

Die EU-Kommission hat im Rahmen ihres Fintech Action Plan[462] neue Regeln zum Crowdinvesting vorgeschlagen.[463] Danach sollen Crowdinvestingplattformen EU-weit einer einheitlichen Regulierung unterliegen und eine einheitliche Lizenz beantragen. Kapitalsuchende Unternehmen könnten so europaweit Angebote an Investoren machen, ohne auf unterschiedliche nationale Regularien zu treffen. Von dem Anwendungsbereich des Gesetzes sind allerdings nur solche Crowdinvestingplattformen erfasst, die handelbare Anteile von Unternehmen anbieten.[464] Angebote von partiarischen Darlehen werden nicht erfasst. Zwar beinhaltet der Anwendungsbereich des Verordnungsvorschlags auch Plattformen, deren Tätigkeit auf die „*facilitation of granting of loans*“ gerichtet ist. Damit ist aber das *peer-to-peer lending* und nicht das Crowdinvesting gemeint. Diese Differenzierung wird deutlicher in früheren Kommissiondokumenten. Dort heißt es etwa: „*There are different forms of crowdfunding. Debt-based crowdfunding (consumer and business peer-to-peer finance on the basis of loans) accounts for the largest share of the market. Equity-based crowdfunding, where the investor receives a share in the company, is particularly significant for the funding of business start-ups.*“[465] Hintergrund des begrenzten Anwendungsbereichs sei das besondere Risiko von nicht handelbaren Darlehensansprüchen.[466] Solche

461 Näher dazu *Will*, in: BeckOK-GewO, Stand 01.07.2018, § 34f GewO Rn. 168.

462 EU-Kommission, Communication from the Commission to the European Parliament, the Council, the European Central Bank, the European Economic and Social Committee and the Committee of the Regions, 23.03.2017, COM(2017) 139 final.

463 EU-Kommission, Proposal for a Regulation of the European Parliament and of the Council, on European Crowdfunding Service Providers (ECSP) for Business, 08.03.2018, COM(2018) 113 final.

464 EU-Kommission, Proposal for a Regulation of the European Parliament and of the Council, on European Crowdfunding Service Providers (ECSP) for Business, 08.03.2018, COM(2018) 113 final, Erwägungsgrund 11.

465 EU-Kommission, Inception Impact Assessment, 30.10.2017, Ref. Ares(2017)5288649, S. 1.

466 EU-Kommission, Proposal for a Regulation of the European Parliament and of the Council, on European Crowdfunding Service Providers (ECSP) for Business, 08.03.2018, COM(2018) 113 final, Erwägungsgrund 11.

Darlehen würden Investoren den Exit erschweren. Anstelle der EU sollen in solchen Fällen nationale Gesetze die Plattformen regulieren.[467]

6. Zwischenergebnis

Unternehmensfinanzierungen durch partiarische Darlehen können in bestimmten Fällen der Aufsicht staatlicher Stellen unterliegen. Einlagen- und Kreditgeschäfte kommen bei Annahme von Darlehen in Frage, wenn die Parteien keinen qualifizierten Rangrücktritt vereinbaren. Vereinbaren die Parteien einen entsprechenden Nachrang, mag die Befreiung des Darlehensnehmers von den Vorschriften des KWG wie ein Wertungswiderspruch erscheinen. Dies ist jedoch nicht der Fall, da der Darlehensgeber aufgrund seiner übernommenen Finanzierungsverantwortung weniger schutzbedürftig ist. Das Erbringen von Finanzdienstleistungen fällt nicht in den Anwendungsbereich des KWG, wenn das Kreditinstitut ausschließlich Vermögensanlagen anbietet. Generell dürfte das VermAnlG wohl das praxisrelevanteste Aufsichtsrecht für Unternehmensfinanzierungen mithilfe von partiarischen Darlehen sein. Öffentliche Angebote dieses Finanzierungsinstruments fallen grundsätzlich in den Anwendungsbereich des Gesetzes. Crowdinvestingplattformen fallen in der Regel in den Anwendungsbereich des § 34f GewO. Der neue EU-Kommissionsentwurf zum Crowdinvesting tangiert den deutschen Markt aufgrund seines eingeschränkten Anwendungsbereichs grundsätzlich nicht.

VIII. Prospektpflicht und Prospekthaftung

1. VermAnlG

Das öffentliche Angebot eines partiarischen Darlehens ist grundsätzlich prospektpflichtig (§ 6 VermAnlG). In einem Prospekt teilt der Emittent die wesentlichen Zahlen und Informationen zur Vermögensanlage mit. Dadurch sollen Informationsasymmetrien abgebaut werden, sodass der Investor seine Chancen und Risiken besser einschätzen kann.[468] Für den Emittenten entstehen allerdings nicht unerhebliche Kosten, da die Prospekterstellung komplex ist und wegen nicht unerheblicher Haftungsrisiken von Experten durchgeführt wird. Im

---

467 EU-Kommission, Proposal for a Regulation of the European Parliament and of the Council, on European Crowdfunding Service Providers (ECSP) for Business, 08.03.2018, COM(2018) 113 final, Erwägungsgrund 11.

468 BT-Drs. 17/6051, S. 30; *Maas*, in: Assmann/Schlitt/Kopp-Colomb, WpPG, VermAnlG, 3. Aufl. 2017, § 6 VermAnlG Rn. 2.

Folgenden soll der Fokus auf die geschichtliche Entwicklung der Prospektpflicht von partiarischen Darlehen und sodann den strittigen Fragen zur Prospekthaftung liegen.

a) Geschichtliche Entwicklung

Das öffentliche Angebot eines partiarischen Darlehens war vor der Einführung des Kleinanlegerschutzgesetzes prospektfrei möglich. Es fiel weder unter die erste Fassung des VermAnlG noch unter das davor geltende VerkprospG. Die nicht vorhandene Prospektpflicht war einer der Hauptgründe, weshalb sich das partiarische Darlehen beim Crowdinvesting gegenüber der stillen Beteiligung durchsetzen konnte. Die stille Beteiligung war bereits bei einem öffentlichen Angebot mit einem Gesamtverkaufspreis von 100.000 € prospektpflichtig (§ 1 Abs. 2 Nr. 1 i.V.m § 2 Nr. 3 lit. b VermAnlG a.F.). Bedenkt man, dass die Erstellung eines Prospekts erhebliche Kosten verursachen kann, so wird die wirtschaftliche Relevanz deutlich.

Inwiefern partiarische Darlehen von der Prospektpflicht erfasst werden sollten, wurde erstmals bei der Einführung des § 8f VerkprospG im Jahr 2004 besprochen. Die Vorschrift regelte den Anwendungsbereich für die Prospektpflicht von Vermögensanlagen, die nicht dem Wertpapierprospektgesetz unterfielen. Der Gesetzgeber fragte sich in der Begründung zum VerkprospG, ob auch eine Prospektpflicht für partiarische Darlehen notwendig sei.[469] Er sah allerdings keine praktische Relevanz dieses Finanzierungsinstruments, denn der Schwerpunkt des Marktes für nicht in Wertpapieren verbrieften Anlageformen läge in Unternehmensbeteiligungen und Anteilen an Treuhandvermögen.[470] Darunter fallen insbesondere stille Beteiligungen und Genussrechte. Laut Gesetzgeber hätte die Vergangenheit gezeigt, dass gerade bei diesen Anlageformen ein besonderer Regelungsbedarf aufgrund der erlittenen Schäden bis hin zum Totalverlust bestünde.[471] Es wurde zudem klargestellt, dass partiarische Darlehen nicht in die Gruppe der Unternehmensbeteiligungen und Anteilen an Treuhandvermögen fallen.[472] Offenbar sah der Gesetzgeber zu dieser Zeit kein nennenswertes Risiko durch die partiarischen Darlehen, was wohl auch mit deren geringer Verbreitung zusammenhing. Der Markt für Mezzaninekapital bestand damals vor allem aus

---

469 BT-Drs. 15/3174, S. 42.
470 BT-Drs. 15/3174, S. 42.
471 BT-Drs. 15/3174, S. 42.
472 BT-Drs. 15/3174, S. 42.

den angebotenen Mittelstandsanleihen, bei denen überwiegend Genussrechte in Anleihen verbrieft wurden.[473]

Im Jahr 2011 ergab sich mit der ersten Fassung des VermAnlG eine neue Gelegenheit zur Regelung der Prospektpflicht für partiarische Darlehen. Das VermAnlG ersetzte damals das VerkprospG. Der Gesetzgeber ging in seiner Begründung allerdings überhaupt nicht auf das partiarische Darlehen ein. Anstatt den Anwendungsbereich des VerkprospG um partiarische Darlehen zu erweitern, wollte er die bereits bestehenden Regelungen des VerkprospG in das VermAnlG kopieren.[474] Lediglich Genussrechte und Namensschuldverschreibungen wurden zur Klarstellung neu in den Katalog aufgenommen. Namensschuldverschreibungen waren vor der Reform zwar keine Vermögensanlagen, allerdings wurden auch sie bereits von der Prospektpflicht gemäß § 8f Abs. 2 S. 2 VerkprospG erfasst.[475] Lauteten Genussrechte auf den Namen des Inhabers, fielen sie bereits als besonderer Fall der Namensschuldverschreibung in den Anwendungsbereich der Prospektpflicht.[476] Bezüglich partiarischer Darlehen hat sich in dem damaligen Gesetzgebungsverfahren offenbar mangels Praxisrelevanz schlichtweg nicht die Frage gestellt, ob sie auch Vermögensanlagen sein sollten.

Erst seit der Änderung des VermAnlG durch das Kleinanlegerschutzgesetz im Jahr 2015 fallen partiarische Darlehen und Nachrangdarlehen in den Anwendungsbereich des VermAnlG (§ 1 Abs. 2 Nr. 3 u. 4 VermAnlG). Sie werden damit erstmals von der Prospektpflicht gemäß § 6 VermAnlG erfasst. Der Gesetzgeber hat durch das Aufkommen des Crowdinvesting eine ausreichende Praxisrelevanz und ein Regulierungsbedürfnis gesehen.[477]

b) Inhalt des Verkaufsprospekts

Der Verkaufsprospekt muss alle tatsächlichen und rechtlichen Angaben enthalten, die notwendig sind, um dem Publikum eine zutreffende Beurteilung des Emittenten und der Vermögensanlage selbst zu ermöglichen (§ 7 Abs. 1 S. 1 VermAnlG). Konkrete inhaltliche Anforderungen ergeben sich aus den weiteren Bestimmungen des § 7 VermAnlG und gemäß § 7 Abs. 3 S. 1 VermAnlG aus der

473 Siehe oben B.IV.

474 BR-Drs. 209/11, S. 50.

475 BR-Drs. 209/1,1 S. 50.

476 *Arndt/Bruchwitz*, in: Arndt/Voß, VerkprospG, 2008, § 8f Rn. 41.

477 BT-Drs. 18/3994, S. 64.

vom Bundesministerium der Finanzen erlassenen Vermögensanlagen-Verkaufs-prospektVO.[478]

c) Prospekthaftung

Das VermAnlG sieht eine Haftung bei fehlerhaftem (§ 20 VermAnlG) und fehlendem Verkaufsprospekt (§ 21 VermAnlG) vor. Die Voraussetzungen des § 20 Abs. 1 VermAnlG sind grundsätzlich erfüllt, wenn wesentliche Angaben in einem Prospekt unrichtig oder unvollständig sind. Dann kann der Erwerber der Vermögensanlage von denjenigen, die für den Prospekt die Verantwortung übernommen haben und von denjenigen, von denen der Verkaufsprospekt ausgeht, als Gesamtschuldner die Übernahme der Vermögensanlagen gegen Erstattung des Erwerbspreises verlangen. Ist der Erwerber nicht mehr Inhaber der Vermögensanlage, kann er gemäß § 20 Abs. 2 VermAnlG die Differenz zwischen Erwerbspreis und Veräußerungspreis – soweit dieser den Erwerbspreis nicht überschreitet – verlangen. Zudem kann er die mit Erwerb und Veräußerung verbundenen Kosten beim Anspruchsgegner geltend machen.

Der Tatbestand des § 21 VermAnlG setzt voraus, dass ein Verkaufsprospekt entgegen § 6 VermAnlG nicht veröffentlicht wurde. Dann haften der Emittent und der Anbieter der Vermögensanlage gesamtschuldnerisch auf Übernahme der Vermögensanlage gegen Erstattung des Erwerbspreises, soweit dieser den Erwerbspreis nicht überschreitet. Auch hier können die sonstigen mit dem Erwerb verbundenen üblichen Kosten geltend gemacht werden (§ 21 Abs. 1 S. 1 VermAnlG).

aa) Anspruchsgegner

(1) Grundlagen

Die Anspruchsgegner des § 20 Abs. 1 S. 1 VermAnlG sind diejenigen, die für den Prospekt die Verantwortung übernommen haben und die Personen, von denen der Erlass des Prospekts ausgeht. § 21 Abs. 1 S. 1 VermAnlG richtet sich hingegen gegen den Emittenten und den Anbieter der Vermögensanlage. Nur der Emittent wird in § 1 Abs. 3 VermAnlG vom Gesetz definiert.

---

478 Siehe näher dazu *Zwissler*, in: Habersack/Mülbert/Schlitt, Handbuch der Kapitalmarktinformation, 2. Aufl. 2013, § 8 Rn. 27 ff.

Die Anspruchsgegner des § 20 Abs. 1 S. 1 VermAnlG decken sich mit denen des § 21 Abs. 1 S. 1 WpPG.[479] Beide basieren auf der Vorgängervorschrift § 13 VerkprospG. Die Person, die für den Prospekt die Verantwortung übernimmt, muss nach außen erkennbar einen Vertrauenstatbestand schaffen.[480] Darunter fallen zum einen die Unterzeichner des Prospekts, also der Emittent und der Emissionsbegleiter (etwa ein Kreditinstitut oder Finanzdienstleistungsinstitut).[481] Außerdem werden die im Prospekt als verantwortlich bezeichneten Personen erfasst. Die Personen nach § 20 Abs. 1 S. 1 VermAnlG, von denen der Prospekt ausgeht, müssen hingegen nicht nach außen erkennbar auftreten. Sie sind die tatsächlichen Urheber des Prospekts.[482] Ferner verfolgen sie ein eigenes wirtschaftliches Interesse an der Emission[483] und üben maßgeblichen Einfluss auf die Prospekterstellung aus[484]. Bei § 21 WpPG fallen vor allem Muttergesellschaften im Konzern oder Großaktionäre, die durch die Emission ihre Unternehmensbeteiligung veräußern wollen, in den Anwendungsbereich.[485] Bei partiarischen Darlehen kommen insbesondere Muttergesellschaften des emittierenden Unternehmens als tatsächliche Urheber in Betracht. Nicht erfasst sind hingegen Rechtsanwaltskanzleien oder Wirtschaftsprüfer, die zwar an der Erstellung des Prospekts maßgeblich mitwirken, aber kein eigenes wirtschaftliches Interesse an der Emission verfolgen.[486]

479 *Assmann*, in: Assmann/Schlitt/Kopp-Colomb, WpPG, VermAnlG, 3. Aufl. 2017, § 20 VermAnlG Rn. 29; *Kumpan*, in: Baumbach/Hopt, HGB, 38. Aufl. 2018, § 20 VermAnlG Rn. 1.

480 *Habersack*, in: Habersack/Mülbert/Schlitt, Handbuch der Kapitalmarktinformation, 2. Aufl. 2013, § 29 Rn. 26; *Assmann*, in: Assmann/Schlitt/Kopp-Colomb, WpPG, VermAnlG, 3. Aufl. 2017, §§ 21 – 23 WpPG Rn. 75; *Groß*, Kapitalmarktrecht, 6. Aufl. 2016, § 21 WpPG Rn. 30.

481 *Habersack*, in: Habersack/Mülbert/Schlitt, Handbuch der Kapitalmarktinformation, 2. Aufl. 2013, § 29 Rn. 27; Assmann/Schlitt/Kopp-Colomb, WpPG, VermAnlG, 3. Aufl. 2017, §§ 21 – 23 WpPG Rn. 76.

482 *Groß*, Kapitalmarktrecht, 6. Aufl. 2016, § 21 WpPG Rn. 35.

483 BT-Drs. 13/8933 S. 53, 78.

484 *Groß*, Kapitalmarktrecht, 6. Aufl. 2016, § 21 WpPG Rn. 35; *Habersack*, in: Habersack/Mülbert/Schlitt, Handbuch der Kapitalmarktinformation, 2. Aufl. 2013, § 29 Rn. 29.

485 *Habersack*, in: Habersack/Mülbert/Schlitt, Handbuch der Kapitalmarktinformation, 2. Aufl. 2013, § 29 Rn. 29; *Assmann*, in: Assmann/Schlitt/Kopp-Colomb, WpPG, VermAnlG, 3. Aufl. 2017, §§ 21 – 23 WpPG Rn. 81.

486 *Groß*, Kapitalmarktrecht, 6. Aufl. 2016, § 21 WpPG Rn. 36; *Habersack*, in: Habersack/Mülbert/Schlitt, Handbuch der Kapitalmarktinformation, 2. Aufl. 2013, § 29 Rn. 30; *Assmann*, in: Assmann/Schlitt/Kopp-Colomb, WpPG, VermAnlG, 3. Aufl. 2017, §§ 21 – 23 WpPG Rn. 84.

(2) Haftet ein Emittent, der nicht zugleich Anbieter ist?

§ 21 Abs. 1 S. 1 VermAnlG gewährt einen Anspruch gegen den Emittenten und den Anbieter der Vermögensanlage. Anbieter ist derjenige, der für das öffentliche Angebot der Vermögensanlage verantwortlich ist und den Anlegern gegenüber nach außen erkennbar als Anbieter auftritt.[487] Er ist damit nicht zwangsläufig deckungsgleich mit dem Emittenten, dessen Vermögensanlage öffentlich angeboten wird (§ 1 Abs. 3 VermAnlG). Die überwiegenden Stimmen aus der Literatur vertreten die Ansicht, dass ein Emittent nur dann haftet, wenn er zugleich auch Anbieter ist.[488] Das widerspricht allerdings dem eindeutigen Wortlaut des § 21 Abs. 1 S. 1 VermAnlG, der zwischen Emittent und Anbieter unterscheidet. Es würde bedeuten, dass eine der beiden Tatbestandsvarianten des § 21 Abs. 1 S. 1 VermAnlG ohne eigenen Anwendungsbereich in das Gesetz aufgenommen wurde und damit überflüssig wäre. Würde nach § 21 Abs. 1 S. 1 VermAnlG ein Emittent haften, wäre auch immer der Tatbestand des Anbieters erfüllt.

Zur Begründung führt *Assmann* unter Berufung auf die Gesetzesbegründung an, dass die Haftung nach § 21 VermAnlG nur denjenigen treffen könne, den auch die Pflicht zur Prospekterstellung trifft.[489] Das sei der Anbieter gemäß § 6 VermAnlG. Diese Argumentation lässt sich aus der Gesetzesbegründung zu § 21 VermAnlG allerdings nicht entnehmen. Der § 21 VermAnlG entspricht nach dem Willen des Gesetzgebers weitgehend seiner Vorgängervorschrift, dem § 13a VerkprospG.[490] Dort stellte der Gesetzgeber ebenfalls klar, dass der Emittent und der Anbieter als Gesamtschuldner haften sollen.[491] Er begründete das damit, dass diese Risikoverteilung zu Lasten des Emittenten und des Anbieters im Interesse eines umfassenden Anlegerschutzes gerechtfertigt sei.[492] Für den Anleger wäre

---

487 BT-Drs. 17/6051, S. 32.

488 *Assmann*, in: Assmann/Schlitt/Kopp-Colomb, WpPG, VermAnlG, 3. Aufl. 2017, § 21 VermAnlG Rn. 13; *Klöhn*, DB 2012, 1854, 1859; *Kumpan*, in: Baumbach/Hopt, HGB, 38. Aufl. 2018, § 24 WpPG Rn. 2; *Mülbert/Steup*, in: Habersack/Mülbert/Schlitt, Unternehmensfinanzierung am Kapitalmarkt, 3. Aufl. 2013, § 41 Rn. 78; nur für den Fall einer prospektpflichtigen Zweitemission *Schäfer*, ZGR 2006, 40, 59 f.; *Kind*, in: Arndt/Voß, VerkprospG, 2008, § 13a Rn. 10; *Heidelbach*, in: Schwark/Zimmer, Kapitalmarktrechts-Kommentar, 4. Aufl. 2010, § 13a VerkprospG Rn. 6; *Horbach*, in: Münch. Hdb. Gesellschaftsrecht, Bd. 2, 4. Aufl. 2014, § 69 Rn. 33; a.A. zu § 24 WpPG *Grundmann*, in: Staub-HGB, 5. Aufl. 2017, Bankvertragsrecht 2, 6. Teil Rn. 229.

489 *Assmann*, in: Assmann/Schlitt/Kopp-Colomb, WpPG, VermAnlG, 3. Aufl. 2017, § 24 WpPG Rn. 15.

490 BT-Drs. 17/6051, S. 37.

491 BT-Drs. 15/3174, S. 44.

492 BT-Drs. 15/3174, S. 44.

die Einhaltung der Prospektpflicht von entscheidender Bedeutung.[493] Den Emittenten trifft zwar keine Pflicht aus § 6 VermAnlG. Durch die ihm auferlegten Haftungsrisiken erhält er aber einen Anreiz, sich zumindest mittelbar anlegerschützend für die Erstellung eines Prospekts einzusetzen. Der Gesetzgeber sagt in seiner Gesetzesbegründung zwar, dass § 13a VerkprospG für den Fall geschaffen wurde, dass ein Verkaufsprospekt pflichtwidrig nicht erstellt wurde. Die Pflichtwidrigkeit wird in der Gesetzesbegründung allerdings nur erwähnt, weil § 8f Abs. 2 VerkprospG Ausnahmen von der Prospektpflicht regelte. In einem solchen Fall lag kein pflichtwidriges öffentliches Angebot vor und deshalb sollte auch keine Prospekthaftung greifen. Deshalb kann aus der Gesetzesbegründung nicht geschlossen werden, dass sich der Anspruch nur gegen die Person richtet, die selbst pflichtwidrig gehandelt hat.

Schäfer zeigt Schwierigkeiten der hier vertretenen Auffassung im Rahmen von Zweitemissionen von Wertpapieren auf.[494] Erfolge die Erstemission gesetzeskonform ohne Verkaufsprospekt (etwa wegen § 8f Abs. 2 VerkprospG oder heute § 2 VermAnlG), könne der Emittent trotzdem noch für eine Zweitplatzierung haften, die gesetzeswidrig ohne Prospekt erstellt wurde. Das würde zu Wertungswidersprüchen führen, wenn der Emittent keinen Einfluss auf die Zweitemission hatte.[495] Der Tatbestand des § 21 VermAnlG müsse deshalb teleologisch reduziert werden.

Allerdings stellt *Schäfer* selbst fest, dass der Emittent Maßnahmen gegen eine pflichtwidrige Zweitplatzierung seiner Vermögensanlagen ergreifen kann.[496] Bei Wertpapieren kann der Emittent Einschränkungen der Verkehrsfähigkeit durch ein wertpapierrechtliches Verbot eines öffentlichen Angebots erwirken oder schuldrechtliche Vereinbarungen mit den Erwerbern der Erstemission treffen.[497] Bei Vermögensanlagen kommen vergleichbare Maßnahmen ebenfalls in Betracht. Zum Beispiel kann der Emittent den fehlenden Verkaufsprospekt der Zweitemission bei der BaFin melden, sodass diese das öffentliche Angebot nach § 18 Abs. 1 Nr. 2 VermAnlG untersagen muss. Sie hat in diesem Fall kein Entschließungsermessen.[498] Der Verstoß gegen die Prospektpflicht lässt sich für die

493 BT-Drs. 15/3174, S. 44.

494 *Schäfer*, ZGR 2006, 40, 59 f.; so auch *Heidelbach*, in: Schwark/Zimmer, Kapitalmarktrechts-Kommentar, 4. Aufl. 2010, § 13a VerkprospG Rn. 6.

495 *Schäfer*, ZGR 2006, 40, 59 f.

496 *Schäfer*, ZGR 2006, 40, 60.

497 *Schäfer*, ZGR 2006, 40, 60.

498 *Assmann*, in: Assmann/Schlitt/Kopp-Colomb, WpPG, VermAnlG, 3. Aufl. 2017, § 18 VermAnlG Rn. 14.

BaFin leicht feststellen, da jeder Prospekt zur Billigung bei der BaFin hinterlegt werden muss (§ 8 Abs. 1 VermAnlG). Durch eine schuldrechtliche Vereinbarung mit dem Erwerber kann der Emittent einen Anspruch – etwa auf Unterlassen – gerichtlich und notfalls im einstweiligen Rechtschutz durchsetzen. Als Gesamtschuldner (§ 21 Abs. 1 S. 1 VermAnlG) erhält der Emittent auch einen gesetzlichen Anspruch auf Innenausgleich gegen den Anbieter (§ 426 BGB). Ist der Emittent an der Zweitemission unbeteiligt, liegt der zu übernehmende Anteil des Anbieters bei 100 % (§ 426 Abs. 1 S. 1 BGB). Damit sinkt die Schutzbedürftigkeit des Emittenten. Gleichzeitig wird der Anleger dem Willen des Gesetzgebers entsprechend umfangreich geschützt.

Das damit einhergehende Problem besteht allerdings darin, dass der Emittent ständig überprüfen muss, inwiefern die Erwerber aus der Erstemission sich an ein schuldrechtliches Verbot der Zweitemission hält. Nur wenn der Emittent ein gesetzeswidriges Angebot bemerkt, kann er es auch bei der BaFin melden oder gerichtlich gegen den Anbieter vorgehen. Ansonsten geht der Emittent das Risiko ein, dass ein Erwerber der Zweitemission ihn gemäß § 21 VermAnlG in Anspruch nimmt. Zwar hat der Emittent den Anspruch auf Innenausgleich, allerdings trägt er auch das Insolvenzrisiko des Anbieters. Die Alternative wäre jedoch, dass der Anleger sich nur gegenüber dem Anbieter schadlos halten kann und damit der Anleger das Insolvenzrisiko des Anbieters tragen müsste. Dieser Fall soll nach dem Willen des Gesetzgebers ausgeschlossen sein. Die Risikoverteilung zu Lasten des Emittenten und des Anbieters sei im Interesse eines umfassenden Anlegerschutzes gerechtfertigt.[499] Eine Einschränkung dieses Grundsatzes lässt sich der Gesetzesbegründung nicht entnehmen. Stattdessen haftet der Emittent, der aufgrund seiner gezogenen Vorteile aus der Erstemission auch kein gänzlich Unbeteiligter ist.

Klöhn ordnet § 21 VermAnlG als Vorschrift ein, deren Haftungsgrund der Verfahrensverstoß und nicht der Informationsmangel des Anlegers sei.[500] Den Verfahrensverstoß könne gemäß § 6 VermAnlG nur der Anbieter begehen. Folglich sei nur ein Emittent, der auch gleichzeitig Anbieter ist, tauglicher Anspruchsgegner gemäß § 21 VermAnlG.[501] Als Argument führt er zunächst den Wortlaut des § 21 VermAnlG an: es hafte derjenige, der „entgegen § 6 VermAnlG" einen Prospekt nicht veröffentlicht.[502] § 6 VermAnlG setze die formale Billigung des

499 BT-Drs. 15/3174, S. 44.

500 *Klöhn*, DB 2012, 1854, 1857 f.

501 *Klöhn*, DB 2012, 1854, 1859.

502 *Klöhn*, DB 2012, 1854, 1857.

Prospekts durch die BaFin voraus. Das spreche dafür, dass der Haftungsgrund des § 21 VermAnlG nicht das Informationsdefizit des Anlegers sei, sondern dass der Verstoß gegen formelle Voraussetzungen sanktioniert wird. Selbst wenn der Anbieter einen Prospekt veröffentliche, der nicht gebilligt wäre, aber alle vorgeschriebenen Informationen gemäß § 7 VermAnlG enthalte, sei dies zu sanktionieren.

Ferner stellt *Klöhn* fest, dass der Haftungsausschluss in § 21 Abs. 4 VermAnlG kaum einen Sinn ergäbe, wenn die Vorschrift der Informationshaftung dienen würde.[503] Gemäß § 21 Abs. 4 VermAnlG entfalle die Prospekthaftung, wenn der Erwerber die Prospektveröffentlichungspflicht beim Erwerb kannte. *Klöhn* stellt fest, dass durch die Kenntnis von der Prospektpflicht nicht zwangsläufig auch der Informationsmangel des Anlegers entfalle.[504]

Die strikte Beantwortung der strittigen Fragen des § 21 VermAnlG nach dem Haftungsgrund des Verfahrensverstoßes ist jedoch nicht überzeugend, da aus dem Gesetz oder der Gesetzesbegründung nicht ersichtlich wird, dass der Gesetzgeber ähnliche Erwägungen angestellt hat. Vertraut man auf das Wortlautargument beim § 21 VermAnlG, so liegen die oben angestellten Erwägungen, dass auch der Emittent unabhängig vom Anbieter Anspruchsgegner ist, näher. Die Aufzählung des Emittenten in der Vorschrift wäre sonst überflüssig. Das Gleiche würde für die Ausführungen in der Gesetzesbegründung gelten.

Ferner überzeugt das Argument nur bedingt, dass § 21 Abs. 4 VermAnlG für den Willen des Gesetzgebers spreche, den § 21 Abs. 1 S. 1 VermAnlG als Verfahrenshaftung auszugestalten. Es ist durchaus richtig, dass der Absatz 4 nicht besonders sinnvoll wäre, wenn man § 21 Abs. 1 S. 1 VermAnlG als Informationshaftung einordnet. Der Sinn der Vorschrift ist aber ebenso fragwürdig, wenn § 21 Abs. 1 S. 1 VermAnlG eine Haftung wegen des Verfahrensverstoßes darstellt. *Klöhn* stellt fest: „Die §§ 24 WpPG, 21 VermAnlG haben den schlichten Zweck, den Anbieter zur Einhaltung seiner Prospektpflicht zu veranlassen."[505] Inwiefern wäre es aber für den Verfahrensverstoß relevant, ob der Erwerber gemäß § 21 Abs. 4 VermAnlG Kenntnis von der Veröffentlichungspflicht hatte? Die Vorschrift würde unabhängig von dem Kenntnisstand des Anlegers auf die Einhaltung der formellen Voraussetzungen drängen. Entscheidend wäre lediglich, dass „entgegen § 6 VermAnlG" (§ 21 Abs. 1 S. 1 VermAnlG) ein Prospekt

503 *Klöhn*, DB 2012, 1854, 1857.
504 *Klöhn*, DB 2012, 1854, 1857.
505 *Klöhn*, DB 2012, 1854, 1855 und auch *Klöhn*, in: FS Hoffmann-Becking, 2013, 679, 691 f.

nicht veröffentlicht wurde. Dass sich der Absatz 4 mit beiden genannten Haftungsgründen nicht erklären lässt, spricht eher dafür, von einer strikten Einteilung nach dem Haftungsgrund abzusehen. Deshalb kann auch der Emittent tauglicher Anspruchsgegner sein, obwohl eine Verletzung des § 6 VermAnlG durch ihn nicht in Frage kommt.

Die hier vertretende Auslegung des Gesetzgeberwillens wird durch den Erlass des § 22 Abs. 4a Nr. 1 VermAnlG im Rahmen des Kleinanlegerschutzgesetzes bestätigt. Die Vorschrift ähnelt dem § 21 Abs. 1 S. 1 VermAnlG, allerdings haftet gemäß § 22 Abs. 4a Nr. 1 VermAnlG bei fehlendem Vermögensanlagen-Informationsblatt (VIB) ausdrücklich nur der Anbieter. Wäre in § 21 Abs. 1 S. 1 VermAnlG der Emittent gleich dem Anbieter, dann hätte der Gesetzgeber den Emittenten auch in den Tatbestand des § 22 Abs. 4a VermAnlG aufgenommen. Oder der Gesetzgeber hätte zumindest die überflüssige Tatbestandsvariante in § 21 VermAnlG bemerken und den Emittentenbegriff aus dem § 21 VermAnlG streichen müssen. Dass beide Vorschriften aber unterschiedliche Anspruchsgegner aufweisen, spricht dafür, dass der Gesetzgeber auch tatsächlich unterschiedliche Personen in den jeweiligen Fällen zur Rechenschaft ziehen wollte. So liest sich auch die Gesetzesbegründung des Kleinanlegerschutzgesetzes: Dort schreibt der Gesetzgeber, dass § 22 Abs. 4a VermAnlG lediglich in seinen Rechtsfolgen an die bestehenden Regelungen der Prospekthaftung angelehnt ist.[506] Die Tatbestände sollten sich offenbar unterscheiden. § 22 VermAnlG bleibt in seiner Schutzwirkung für den Anleger hinter dem § 21 VermAnlG zurück, was der Gesetzgeber erkannt hat.[507] § 22 VermAnlG soll weniger streng sein, weil auch die Bedeutung des VIB im Vergleich zum Prospekt geringer ist. Es dient entweder der Ergänzung des Prospekts (§ 13 Abs. 1 Var. 1 VermAnlG) oder es ist Ausdruck des Willens des Gesetzgebers, die Marktteilnehmer zum Beispiel beim grundsätzlich förderungswürdigen Crowdinvesting von zu harten Informationspflichten und Haftungsrisiken zu entlasten (§ 13 Abs. 1 Var. 2 VermAnlG)[508]. Deshalb ist es naheliegend, dass der Gesetzgeber den Emittenten bewusst aus der Haftung des § 22 Abs. 4 Nr. 1 VermAnlG herausgenommen hat. Bei § 21 Abs. 1 S. 1 VermAnlG wollte der Gesetzgeber jedoch wie oben beschrieben einen umfangreicheren Anlegerschutz und damit auch einen weiter gezogenen Tatbestand schaffen.

506 BT-Drs. 18/3994, S. 49 (zu Nummer 21 Buchstabe c).
507 BT-Drs. 18/3994, S. 70.
508 BT-Drs. 18/3994, S. 41.

(3) Zwischenergebnis

Folglich haftet nach § 21 Abs. 1 S. 1 VermAnlG auch ein Emittent, der nicht gleichzeitig Anbieter der Vermögensanlage ist.

bb) Anspruchsberechtigte

Anspruchsberechtigt im Rahmen der §§ 20, 21 VermAnlG ist jeweils der Erwerber der Vermögensanlage.[509]

cc) Unrichtige oder unvollständige Angaben

§ 20 Abs. 1 S. 1 VermAnlG setzt voraus, dass wesentliche Angaben in einem Verkaufsprospekt unrichtig oder unvollständig sind. Für die Beurteilung der Merkmale „unrichtig“ und „unvollständig“ ist auf den Zeitpunkt der Veröffentlichung des Prospekts abzustellen.[510] Neue wichtige Umstände oder wesentliche Unrichtigkeiten, die während des öffentlichen Angebots aufkommen, werden gemäß § 11 VermAnlG durch einen Nachtrag ergänzt. Die Angaben des Prospekts werden ex-ante aus der Sicht eines objektiven Empfängers bewertet.[511] Ausgangspunkt ist der durchschnittliche Anleger, der zwar eine Bilanz lesen kann, aber nicht unbedingt mit der in eingeweihten Kreisen gebräuchlichen Schlüsselsprache vertraut sein muss.[512] Die Anforderungen an den objektiven Empfänger können allerdings durch den Personenkreis beeinflusst werden, an den sich der Prospekt richtet. So können die Anforderungen höher sein, wenn sich der Prospekt vor allem an Kleinanleger richtet.[513]

Angaben können tatsächlicher Art sein, aber auch Prognosen und Werturteile darstellen.[514] Sie sind wesentlich, wenn sie den objektiven Wert der Anlage beeinflussen und wenn sie ein durchschnittlicher und verständiger Anleger bei seiner Investitionsentscheidung berücksichtigen würde.[515] Angaben sind

---

509 Zu Einzelfragen siehe etwa *Assmann*, in: Assmann/Schlitt/Kopp-Colomb, WpPG, VermAnlG, 3. Aufl. 2017, § 20 VermAnlG Rn. 32 ff. und § 21 VermAnlG Rn. 7 ff.

510 *Korth*, Prospekthaftung am Grauen Kapitalmarkt, 2007, S. 65 f.

511 *Kind*, in: Arndt/Voß, VerkprospG, 2008, § 13 Rn. 17.

512 BGH NJW 1982, 2823, 2824; BGHZ 195, 1, 11 = BGH NZG 2012, 1262, 1265.

513 BGHZ 195, 1, 11 = BGH NZG 2012, 1262, 1265; so auch schon *Fleischer*, BKR 2004, 339, 343.

514 *Assmann*, in: Assmann/Schlitt/Kopp-Colomb, WpPG, VermAnlG, 3. Aufl. 2017, § 20 VermAnlG Rn. 14; *Korth*, Prospekthaftung am Grauen Kapitalmarkt, 2007, S. 62.

515 *Assmann*, Prospekthaftung, 1985, S. 319; *Assmann*, in: Assmann/Schlitt/Kopp-Colomb, WpPG, VermAnlG, 3. Aufl. 2017, § 20 VermAnlG Rn. 15; *Korth*, Prospekthaftung am Grauen Kapitalmarkt, 2007, S. 63.

unrichtig, wenn sie mit den wirklichen Verhältnissen nicht übereinstimmen.[516] Prognosen und Werturteile sind unrichtig, wenn sie nicht durch ausreichend Tatsachen gestützt werden und kaufmännisch nicht vertretbar sind.[517]

Der zweite Fall des § 20 Abs. 1 S. 1 VermAnlG regelt den Prospekt mit unvollständigen Angaben. Ein Prospekt ist unvollständig, wenn Angaben fehlen, die für eine Anlageentscheidung von wesentlicher Bedeutung sein können.[518] Auch hier sind vor allem diejenigen Faktoren gemeint, die objektiv den Wert der Vermögensanlage beeinflussen und die ein verständiger Anleger bei seiner Anlageentscheidung berücksichtigen würde.[519]

dd) Fehlender Prospekt

§ 21 Abs. 1 S. 1 VermAnlG setzt voraus, dass ein Prospekt entgegen § 6 VermAnlG nicht veröffentlicht wurde. § 6 VermAnlG setzt für die Veröffentlichung zunächst die Billigung des Prospekts durch die BaFin voraus (§ 8 Abs. 1 S. 1 u. 2 VermAnlG). Es ist demnach nicht ausreichend, dass ein Prospekt mit allen in § 7 VermAnlG vorgeschriebenen Informationen veröffentlicht wurde, aber keine BaFin-Billigung besteht.[520] Neben der Billigung durch die BaFin muss der Prospekt auch veröffentlicht werden. Die Einzelheiten der Veröffentlichung sind in den §§ 9 ff. VermAnlG geregelt.

ee) Kausalitätsfrage

Die Haftung für einen unrichtigen oder unvollständigen Prospekt (§ 20 Abs. 1 S. 1 VermAnlG) setzt voraus, dass die Vermögensanlage „auf Grund des Verkaufsprospekts" erworben wurde (§ 20 Abs. 4 Nr. 1 VermAnlG). Insofern verlangt die Vorschrift ein Kausalitätsverhältnis zwischen fehlerhaftem Prospekt und dem Erwerb der Vermögensanlage.[521] Ob das bei einem fehlenden Verkaufsprospekt

---

516 *Assmann*, in: Assmann/Schlitt/Kopp-Colomb, WpPG, VermAnlG, 3. Aufl. 2017, § 20 VermAnlG Rn. 18; *Horbach*, in: Münch. Hdb. Gesellschaftsrecht, Bd. 2, 4. Aufl. 2014, § 69 Rn. 15.

517 *Korth*, Prospekthaftung am Grauen Kapitalmarkt, 2007, S. 64.

518 *Assmann*, in: Assmann/Schlitt/Kopp-Colomb, WpPG, VermAnlG, 3. Aufl. 2017, § 20 VermAnlG Rn. 21.

519 *Assmann*, in: Assmann/Schlitt/Kopp-Colomb, WpPG, VermAnlG, 3. Aufl. 2017, § 20 VermAnlG Rn. 21; *Horbach*, in: Münch. Hdb. Gesellschaftsrecht, Bd. 2, 4. Aufl. 2014,§ 69 Rn. 17.

520 *Barta*, NZG 2005, 305, 308; *Kind*, in: Arndt/Voß, VerkprospG, 2008, § 13a Rn. 5; *Klöhn*, DB 2012, 1854, 1858.

521 *Assmann*, in: Assmann/Schlitt/Kopp-Colomb, WpPG, VermAnlG, 3. Aufl. 2017, § 20 VermAnlG Rn. 38.

gemäß § 21 VermAnlG auch der Fall ist, ist umstritten.[522] Hierzu weist die überwiegende Literatur darauf hin, dass § 21 VermAnlG keine dem § 20 Abs. 4 Nr. 1 VermAnlG entsprechende Regelung vorsehe.[523] Zudem diene der § 21 Abs. 1 S. 1 VermAnlG präventiv dem Anlegerschutz und sollte von seinem Tatbestand daher nicht zu sehr eingeschränkt werden.[524]

Dagegen wird angeführt, dass das Anlegerschutzbedürfnis entfalle, wenn der Anleger von dem fehlenden Verkaufsprospekt in seiner Entscheidung nicht beeinflusst wurde. Um Beweisschwierigkeiten zu vermeiden, müsse allerdings zugunsten des Anlegers vermutet werden, dass seine Entscheidung kausal war.[525] Zudem handele es sich bei dem rechtmäßigen Alternativverhalten um einen allgemeinen Rechtsgrundsatz, der schon dem § 45 Abs. 2 Nr. 1 BörsG a.F. zugrunde lag und deshalb auch bei § 21 VermAnlG Anwendung finden müsse.[526]

Problematisch an der Befürwortung der Kausalitätsvoraussetzung ist allerdings, dass sie sich nicht anhand des Gesetzeswortlauts oder der Gesetzesbegründungen zu § 21 VermAnlG oder ihrer Vorgängervorschrift § 13a VerkprospG rechtfertigen lässt. Im Gegensatz zu § 13 VerkprospG enthielt § 13a VerkprospG gerade keinen Verweis auf § 45 Abs. 2 Nr. 1 BörsG a.F, der eine entsprechende Kausalität regelte. Dieses Argument wiegt umso schwerer, da im ursprünglichen Referentenentwurf zu § 13a VerkprospG noch einzelne Bestimmungen des § 45 Abs. 2 BörsG in die Vorschrift übernommen wurden (zum Beispiel die Verschuldensvoraussetzung des § 45 Abs. 2 Nr. 3 BörsG).[527] Diese Übernahmen wurden aber im Gesetzgebungsverfahren wieder gestrichen, sodass daraus der Schluss gezogen werden kann, dass der Gesetzgeber die Haftungsausschlüsse des § 45

---

522 Dagegen *Fleischer*, BKR 2004, 339, 346 f.; *Benecke*, BB 2006, 2597, 2599; *Manzei*, WM 2006, 845, 851; *Korth*, Prospekthaftung am Grauen Kapitalmarkt, 2007, S. 118 ff.; *Kind*, in: Arndt/Voß, VerkprospG, 2008, § 13a Rn. 12; *Klöhn*, DB 2012, 1854, 1859; *Horbach*, in: Münch. Hdb. Gesellschaftsrecht, Bd. 2, 4. Aufl. 2014, § 69 Rn. 35; dafür *Assmann*, in: Assmann/Schlitt/Kopp-Colomb, WpPG, VermAnlG, 3. Aufl. 2017, § 21 VermAnlG Rn. 15; zu § 24 WpPG *Grundmann*, in: Staub-HGB, 5. Aufl. 2017, Bankvertragsrecht 2, Teil 6 Rn. 230.

523 *Fleischer*, BKR 2004, 339, 346 f.; *Benecke*, BB 2006, 2597, 2599; *Manzei*, WM 2006, 845, 851; *Horbach*, in: Münch. Hdb. Gesellschaftsrecht, Bd. 2, 4. Aufl. 2014, § 69 Rn. 35.

524 *Fleischer*, BKR 2004, 339, 346 f.

525 *Benecke*, BB 2006, 2597, 2599.

526 *Assmann*, in: Assmann/Schlitt/Kopp-Colomb, WpPG, VermAnlG, 3. Aufl. 2017, § 24 WpPG Rn. 19.

527 RefE AnSVG, ZBB 2004, 168, 194.

Abs. 2 BörsG im Blick hatte, diese aber nicht in § 13a VerkprospG anwenden wollte.[528]

Zudem bietet uns heute der Abgleich mit dem durch das Kleinanlegerschutzgesetz eingeführten § 22 Abs. 4a Nr. 1 VermAnlG neue Argumente gegen die Kausalitätsanforderung. § 22 Abs. 4a Nr. 1 VermAnlG regelt die Haftung für ein fehlendes VIB. Im Gegensatz zur Haftung für ein fehlerhaftes VIB (§ 22 Abs. 1 VermAnlG) heißt es in Absatz 4 nicht, dass die Vermögensanlage „auf Grund" des Fehlers erworben sein muss. Deshalb besteht Einigkeit darüber, dass bei § 22 Abs. 4a VermAnlG kein Kausalitätserfordernis besteht.[529] Wenn der Gesetzgeber eine dem § 21 Abs. 1 VermAnlG ähnliche Regelung bewusst ohne Kausalitätserfordernis in das Gesetz aufnimmt, ist das ein starkes Indiz dafür, dass der Gesetzgeber den privatrechtlichen Haftungstatbeständen des VermAnlG nicht das rechtmäßige Alternativverhalten als allgemeinen Grundsatz unterlegt hat.

Es ist zwar vorstellbar, dass das Anlegerschutzbedürfnis in einem konkreten Fall ohne Kausalzusammenhang geringer ist. Abstrakt-generell wird dem Anlegerschutz allerdings zur größtmöglichen Entfaltung verholfen, wenn die Anspruchsgegner des § 21 VermAnlG eine möglichst harte Haftung trifft. Eine umfangreiche Haftung besteht dann, wenn sich die Anspruchsgegner nicht auf einen fehlenden Pflichtwidrigkeitszusammenhang berufen können. Die Anreize der Anspruchsgegner, sich für die Prospekterstellung einzusetzen, nehmen mit jeder Haftungsverschärfung weiter zu. Deshalb sprechen die besseren Gründe dafür, im Rahmen des § 21 VermAnlG keine Kausalität zu verlangen.

ff) Verschulden

Der Anspruch bei unrichtigem oder unvollständigem Verkaufsprospekt entfällt, wenn der Emittent nachweist, dass er weder Kenntnis noch grob fahrlässige Unkenntnis von dem Fehler des Prospekts hatte (§ 20 Abs. 3 VermAnlG). Bei der Haftung wegen fehlendem Verkaufsprospekt (§ 21 VermAnlG) besteht keine entsprechende Regelung. Trotzdem vertreten Stimmen in der Literatur die Auffassung, dass für eine Prospekthaftung nach § 21 VermAnlG ein Verschulden vorliegen müsse.[530] Für diese Auffassung wird angeführt, dass die

528 So bereits zum Haftungsausschluss wegen Verschulden *Fleischer*, BKR 2004, 339, 346; *Klöhn*, DB 2012, 1854, 1856.

529 *Casper*, ZBB 2015, 265, 275; *Assmann*, in: Assmann/Schlitt/Kopp-Colomb, WpPG, VermAnlG, 3. Aufl. 2017, § 22 VermAnlG Rn. 58.

530 *Schäfer*, ZGR 2006, 40, 51; *Assmann*, in: Assmann/Schlitt/Kopp-Colomb, WpPG, VermAnlG, 3. Aufl. 2017, § 21 VermAnlG Rn. 17; *Spindler*, NJW 2004, 3449, 3455; *Mülbert/Steup*, in: Habersack/Mülbert/Schlitt, Unternehmensfinanzierung am

Gesetzesbegründung von der „pflichtwidrigen" Nichtveröffentlichung des Prospekts spreche und dass die Norm der verschuldensabhängigen Haftung für fehlerhafte und unvollständige Prospekte nachempfunden sei.[531] Außerdem wäre eine Garantiehaftung ein systemwidriger Fremdkörper.[532] Weitere Stimmen in der Literatur weisen darauf hin, dass es nicht sein könne, dass die zivilrechtliche Haftung für einen fehlenden Verkaufsprospekt Jahrzehnte lang gar nicht geregelt wurde und nun mit seiner Einführung eine schärfere Haftung als die bereits bestehende Haftung für den fehlerhaften Prospekt bestehe.[533]

Gegen ein Verschuldenserfordernis spricht neben dem Wortlaut der Vorschrift auch die Gesetzgebungsgeschichte des § 21 VermAnlG. Im Referentenentwurf der Vorgängervorschrift § 13a VerkprospG war in Abs. 4 noch die Voraussetzung enthalten, dass eine mindestens grob fahrlässige Unkenntnis der Veröffentlichungspflicht vorliegen musste.[534] Diese Voraussetzung wurde im Laufe des Gesetzgebungsverfahrens allerdings wieder gestrichen und das spricht dafür, dass der Gesetzgeber kein Verschuldenserfordernis in den § 21 VermAnlG aufnehmen wollte.[535] Das deckt sich auch mit der Erkenntnis, dass § 21 VermAnlG in erster Linie einen umfassenden Anlegerschutz gewährleisten möchte und auf die Prospekterstellung hinwirken will.[536] Wie oben bereits dargestellt, schafft eine umfassende Haftung Anreize für die Anspruchsgegner sich im Sinne des Anlegerschutzes für die Prospekterstellung einzusetzen.

Ordnet man den § 21 VermAnlG als Garantiehaftung ein, handelt es sich auch nicht um eine systemwidrige Haftungsnorm. Das beweist ein Blick auf den durch das Kleinanlegerschutzgesetz eingeführten § 22 Abs. 4a Nr. 1 VermAnlG. Die dort geregelte Haftung für ein fehlendes VIB hat der Gesetzgeber nämlich

---

Kapitalmarkt, 3. Aufl. 2013, § 41 Rn. 119; *Buck-Heeb*, Kapitalmarktrecht, 9. Aufl. 2017, § 5 Rn. 245; a.A. *Fleischer*, BKR 2004, 339, 346; *Barta*, NZG 2005, 305, 307; *Benecke*, BB 2006, 2597, 2600; Arndt/Voß, VerkprospG, 2008, § 13a Rn. 13 f.; *Klöhn*, DB 2012, 1854, 1859; *Bader*, WM 2014, 2249, 2253 f.

531 *Schäfer*, ZGR 2006, 40, 51; *Assmann*, in: Assmann/Schlitt/Kopp-Colomb, WpPG, VermAnlG, 3. Aufl. 2017, § 21 VermAnlG Rn. 17, § 24 WpPG Rn. 22.

532 *Mülbert/Steup*, in: Habersack/Mülbert/Schlitt, Unternehmensfinanzierung am Kapitalmarkt, 3. Aufl. 2013, § 41 Rn. 119.

533 *Assmann*, in: Assmann/Schlitt/Kopp-Colomb, WpPG, VermAnlG, 3. Aufl. 2017, § 24 WpPG Rn. 22.

534 RefE AnSVG, ZBB 2004, 168, 194.

535 *Fleischer*, BKR 2004, 339, 346; *Klöhn*, DB 2012, 1854, 1856.

536 BT-Drs. 15/3174, S. 44.

auch als Garantiehaftung ausgestaltet.[537] Bei dieser Vorschrift kommt der Wille des Gesetzgebers noch deutlicher zum Ausdruck, dass eine Verschuldenshaftung nicht gewollt war. Die Exkulpationsmöglichkeit in § 22 Abs. 3 VermAnlG bezieht sich ausdrücklich nur auf die Haftung des Anbieters für ein unrichtiges oder irreführendes VIB gemäß § 22 Abs. 1 Nr. 1 VermAnlG. § 22 Abs. 4a VermAnlG hätte eine entsprechende Anwendung des § 22 Abs. 3 VermAnlG vorsehen können, stattdessen wurde nur ein Verweis auf den § 22 Abs. 2 VermAnlG eingefügt (§ 22 Abs. 4a S. 2 VermAnlG). Wenn der Gesetzgeber § 22 Abs. 4a Nr. 1 VermAnlG offenkundig als Garantiehaftung ausgestaltet hat, kann also nicht gleichzeitig behauptet werden, dass der Gesetzgeber § 21 VermAnlG verschuldensabhängig ausgestalten wollte, weil eine Garantiehaftung systemwidrig wäre.

Gegen eine Garantiehaftung spricht auch nicht der Umstand, dass eine zivilrechtliche Haftungsnorm für fehlende Verkaufsprospekte bis zur Einführung des § 13a VerkprospG (heute § 21 VermAnlG) nicht bestand und diese nun strenger sei, als die schon bestehende Haftung für fehlerhafte Prospekte. Das öffentliche Angebot einer Vermögensanlage ohne Verkaufsprospekt war vorher nicht sanktionslos, sondern gemäß § 17 Abs. 1 Nr. 1 VerkprospG a.F. bußgeldbewehrt. Die §§ 20, 21 VermAnlG dienen lediglich als zusätzliches Mittel des *private enforcement*[538], um die Anspruchsgegner zur Veröffentlichung eines Prospekts zu bewegen. Da also bereits vor der Einführung des § 13a VerkprospG ein Sanktionsmechanismus für fehlende Verkaufsprospekte bestand, kann aus dem Fehlen einer zivilrechtlichen Haftungsnorm kein Rückschluss auf die Reichweite des heutigen Tatbestands gezogen werden. Insofern sprechen die besseren Gründe gegen ein Verschuldenserfordernis in § 21 VermAnlG.

gg) Zwischenergebnis

Die Voraussetzungen des § 21 VermAnlG sind hoch umstritten. Die Ausführungen hier haben gezeigt, dass ein Emittent tauglicher Anspruchsgegner ist, der nicht gleichzeitig Anbieter der Vermögensanlage ist. Ferner sieht der § 21 VermAnlG kein Kausalitäts- oder Verschuldenserfordernis vor. Neue Argumente für die schon seit langem geführten Streitigkeiten lassen sich durch einen Blick auf den durch das Kleinanlegerschutzgesetz eingeführten § 22 VermAnlG gewinnen. Dort ist die Haftung für ein fehlendes VIB nach dem Willen des Gesetzgebers nur gegen den Anbieter einer Vermögensanlage gerichtet und ein

537 *Casper*, ZBB 2015, 265, 275; *Assmann*, in: Assmann/Schlitt/Kopp-Colomb, WpPG, VermAnlG, 3. Aufl. 2017, § 22 VermAnlG Rn. 59.

538 *Klöhn*, DB 2012, 1854, 1858.

Verschuldens- und Kausalitätserfordernis ist nicht gegeben. Dadurch wird insbesondere deutlich, dass eine Garantiehaftung im VermAnlG nicht systemwidrig und das rechtmäßige Alternativverhalten kein dem Gesetz unterliegender allgemeiner Grundsatz ist.

d) Ausnahmen von der Prospektpflicht und -haftung

Die Prospektpflicht und -haftung gelten nicht für alle öffentlichen Angebote von partiarischen Darlehen. Eine hohe Praxisrelevanz nimmt etwa der § 2a VermAnlG ein, bei dem das sogenannte Crowdinvesting unter gewissen Voraussetzungen von weiten Teilen des VermAnlG befreit wird. Der Gesetzgeber hat die Schwarmfinanzierung ausgenommen, um sie aufgrund ihrer positiven Wirkung auf die Gesamtwohlfahrt zu privilegieren.[539]

Damit eine Schwarmfinanzierung von § 2a VermAnlG erfasst wird, muss sie über eine Internet-Dienstleistungsplattform gemäß § 2a Abs. 3 VermAnlG (die Crowdinvestingplattform) durchgeführt werden. Die Plattform verlangt als Entgelt für ihre Dienstleistungen in der Regel einen festen Prozentsatz der Investitionssumme (zumeist 5–10 %).[540] Ferner darf der Verkaufspreis sämtlicher von dem Anbieter angebotener Vermögensanlagen 2,5 Millionen Euro nicht übersteigen. Der Gesetzgeber wollte Start-Ups ermöglichen, die sogenannte „*early-stage-gap*“ zu überwinden, aber gleichzeitig an den grundsätzlich sinnvollen Prospektregelungen festhalten.[541] Deshalb ist die Summe von 2,5 Millionen Euro ein Ausgleich zwischen den Finanzierungsinteressen der Unternehmen auf der einen und dem Investorenschutz auf der anderen Seite. Damit Kleinanleger nicht ihr gesamtes verfügbares Kapital in das vergleichsweise risikoreiche Geschäft einer Start-up Investition anlegen, begrenzt der § 2a Abs. 3 VermAnlG das maximal angelegte Kapital pro Investor. Für Kapitalgesellschaften gelten diese Beschränkungen nicht (§ 2a Abs. 3 VermAnlG).

Der Gesetzgeber wollte beim Crowdinvesting gesetzliche Mindeststandards zur Information der Investoren schaffen. An die Stelle des Verkaufsprospekts tritt deshalb das sogenannte Vermögensanlagen-Informationsblatt gemäß § 13 Abs. 1 VermAnlG. Der Umfang und damit der verbundene Aufwand ist deutlich geringer, da das Informationsblatt nur drei Seiten lang sein darf (§ 13 Abs. 2 S. 1 VermAnlG). Falschangaben führen jedoch zu einer Vermögensanlagen-Informationsblatthaftung gemäß § 22 VermAnlG. Der Haftungsumfang ist ähnlich

539 BT-Drs. 18/3994, S. 40 f.

540 Siehe etwa www.companisto.de.

541 BT-Drs. 18/3994, S. 40 ff.

hoch wie bei den §§ 20, 21 VermAnlG und umfasst die Übernahme der Vermögensanlagen gegen Erstattung des Erwerbspreises, soweit dieser den ersten Erwerbspreis der Vermögensanlage nicht überschreitet. Zudem kann der Anleger die mit dem Erwerb verbundenen üblichen Kosten verlangen.

Neben dem Crowdinvesting werden auch öffentliche Angebote von partiarischen Darlehen bei sozialen Projekten (§ 2b VermAnlG) und gemeinnützigen Projekten und Religionsgemeinschaften (§ 2c VermAnlG) von einem Großteil der Regularien des VermAnlG ausgenommen. Ein Bericht der Bundesregierung zur Praxisrelevanz der Vorschriften zeigt allerdings, dass die Marktteilnehmer kaum von den beiden Normen Gebrauch machen.[542] Größerer Beliebtheit erfreuen sich hingegen die Ausnahmen des § 2 VermAnlG.[543]

2. Sonstige spezialgesetzliche Regelungen

Werden partiarische Darlehen in Wertpapieren verbrieft oder sind sie Anteile an Investmentvermögen (§ 1 Abs. 1 KAGB), kommt zudem eine Prospektpflicht nach § 3 WpPG oder § 297 Abs. 1 KAGB in Frage.[544] Diese Vorschriften zur Prospektpflicht sind auch gemäß § 6 VermAnlG gegenüber den Regelungen des VermAnlG vorrangig. Zudem wäre in einem solchen Fall der Anwendungsbereich des VermAnlG gemäß § 1 Abs. 2 VermAnlG gar nicht eröffnet. Die spezialgesetzlichen Vorschriften zur Prospektpflicht werden komplementiert durch die jeweiligen Vorschriften zur Prospekthaftung in §§ 21, 24 WpPG und § 306 KAGB.

542 Bericht der Bundesregierung über die Evaluation der durch das Kleinanlegerschutzgesetz vom 3. Juli 2015 eingeführten Befreiungsvorschriften in §§ 2a bis 2c des Vermögensanlagengesetzes, S. 3 ff., abrufbar unter https://www.bundestag.de/blob/504710/1a1d8118889a0ef68ab70a3b0c5f0483/bericht-data.pdf (zuletzt abgerufen am 29.11.2018).

543 Bericht der Bundesregierung über die Evaluation der durch das Kleinanlegerschutzgesetz vom 3. Juli 2015 eingeführten Befreiungsvorschriften in §§ 2a bis 2c des Vermögensanlagengesetzes, S. 5, abrufbar unter https://www.bundestag.de/blob/504710/1a1d8118889a0ef68ab70a3b0c5f0483/bericht-data.pdf (zuletzt abgerufen am 29.11.2018).

544 *Maas*, in: Assmann/Schlitt/Kopp-Colomb, WpPG, VermAnlG, 3. Aufl. 2017, § 6 VermAnlG Rn. 11.

3. Bürgerlich-rechtliche Prospekthaftung

a) Grundlagen

Das deutsche Kapitalmarktrecht kennt nicht nur spezialgesetzliche Prospekthaftungen, wie zum Beispiel die §§ 20, 21 VermAnlG. Es besteht auch die sogenannte bürgerlich-rechtliche Prospekthaftung nach allgemeinen zivilrechtlichen Regeln. Sie wurde vom BGH auf der Grundlage der Vertrauenshaftung und der culpa in contrahendo entwickelt (§§ 280 Abs. 1, 311 Abs. 3 S. 1 BGB).[545] Die wesentlichen Unterschiede zu den §§ 20, 21 VermAnlG bestehen darin, dass eine Haftung bereits bei einfacher Fahrlässigkeit (§ 276 BGB) vorliegt und in bestimmten Fällen auch sogenannte berufliche Sachkenner vom Anwendungsbereich erfasst sind.[546] Darüber hinaus besteht gemäß §§ 195, 199 BGB eine vergleichsweise lange Verjährungsfrist.[547]

Die bürgerlich-rechtliche Prospekthaftung wird unterteilt in eine Haftung im engeren und im weiteren Sinne.[548] Die Unterscheidung erfolgt anhand der in Frage kommenden Anspruchsgegner. Die bürgerlich-rechtliche Prospekthaftung im engeren Sinne erfasst die Personen, die zum unmittelbaren Kreis der Prospektverantwortlichen zählen, insbesondere das Unternehmensmanagement.[549] Die bürgerlich-rechtliche Prospekthaftung im weiteren Sinne erfasst solche Personen, die aufgrund vertraglicher oder sonstiger Grundlage eine Aufklärungspflicht trifft und die sich zur Erfüllung dieser Pflicht eines Prospekts bedienen.[550] Durch den Prospekt schafft der Haftungsadressat ein besonderes Vertrauen vor Vertragsschluss.[551]

Die bürgerlich-rechtliche Prospekthaftung im weiteren Sinne ist letztlich eine reine Haftung nach culpa in contrahendo, wobei das konkrete Vertrauen durch einen Prospekt erzeugt wird.[552] Im Gegensatz dazu ist der Haftungsgrund bei der bürgerlich-rechtlichen Prospekthaftung im engeren Sinne ein abstraktes Vertrauen, das durch den Prospekt entsteht.[553] Sie wurde von der Rechtsprechung

---

545 *Oulds*, in: Kümpel/Wittig, Bank- und Kapitalmarktrecht, 4. Aufl. 2011, Rn. 15.244; *Bader*, WM 2014, 2249, 2254; *Nietsch/Eberle*, DB 2014, 1788, 1794 f.

546 *Bader*, WM 2014, 2249, 2254.

547 *Schmitt*, Haftung wegen Kapitalmarktinformationen, 2010, S. 43.

548 *Oulds*, in: Kümpel/Wittig, Bank- und Kapitalmarktrecht, 4. Aufl. 2011, Rn. 15.246.

549 BGHZ 111, 314, 318 = BGH NJW 1990, 2461, 2462; *Schmitt*, Haftung wegen Kapitalmarktinformationen, 2010, S. 42.

550 *Oulds*, in: Kümpel/Wittig, Bank- und Kapitalmarktrecht, 4. Aufl. 2011, Rn. 15.246.

551 *Suchomel*, NJW 2013, 1126, 1128; *Schultheiß*, BKR 2015, 133, 137.

552 *Suchomel*, NJW 2013, 1126, 1128.

553 *Schultheiß*, BKR 2015, 133, 137.

entwickelt, weil in vielen Fällen keine vertraglichen Ansprüche gegen die Prospektverantwortlichen bestehen und damit eine Haftungslücke droht.[554]

b) *Konkurrenzverhältnis*

Muss der öffentliche Anbieter von partiarischen Darlehen auch die Haftung nach der bürgerlich-rechtlichen Prospekthaftung fürchten oder ist ihr Anwendungsbereich durch die spezialgesetzliche Prospekthaftung gesperrt? Vor der Einführung des Kleinanlegerschutzgesetzes hatte der Gesetzgeber das partiarische Darlehen bewusst aus dem Anwendungsbereich des VermAnlG ausgeklammert und sich damit gegen eine Prospekthaftung entschieden.[555] Deshalb wurde die Auffassung vertreten, dass der Wille des Gesetzgebers nicht dadurch unterlaufen werden darf, dass partiarische Darlehen von der bürgerlich-rechtlichen Prospekthaftung im engeren Sinne erfasst werden.[556] Der Grundsatz galt nur für die bürgerlich-rechtliche Prospekthaftung im engeren Sinne, denn diese sollte vertragliche Haftungslücken schließen, die aber bei partiarischen Darlehen nach dem Willen des Gesetzgebers gerade nicht vorlagen. Eine Haftung für besonderes in Anspruch genommenes Vertrauen kam daneben weiterhin in Betracht.[557]

Heute fällt das öffentliche Angebot eines partiarischen Darlehens in den Anwendungsbereich des VermAnlG. Die herrschende Meinung sieht in dem Fall, dass der Anwendungsbereich des VermAnlG eröffnet ist, den Rückgriff auf die bürgerlich-rechtliche Prospekthaftung im engeren Sinne gesperrt.[558] Dafür spricht, dass das VermAnlG eine abschließende Regelung zum Beispiel in Bezug auf den Kreis der Verantwortlichen und den Inhalt der Prospektpflicht trifft.[559] Außerdem hat der Gesetzgeber in bestimmten Fällen Befreiungen von der Prospektpflicht vorgesehen (z.B. § 2a VermAnlG beim Crowdinvesting).

---

554 *Suchomel*, NJW 2013, 1126, 1127.

555 BT-Drs. 15/3174 S. 42 und siehe oben zur Gesetzgebungsgeschichte C.VIII.1.a).

556 *Meschkowski/Wilhelmi*, BB 2013, 1411, 1416.

557 BT-Drs. 15/3174, S. 44.

558 *Habersack*, in: Habersack/Mülbert/Schlitt, Handbuch der Kapitalmarktinformation, 2. Aufl. 2013, § 29 Rn. 73; *Assmann*, in: Assmann/Schütze, Handbuch des Kapitalanlagerechts, 4. Aufl. 2015, § 5 Rn. 279; *Klöhn*, in: FS Hoffmann-Becking, 2013, 679, 685; *Meschkowski/Wilhelmi*, BB 2013, 1411, 1415; zum VerkprospG auch schon *Oulds*, in: Kümpel/Wittig, Bank- und Kapitalmarktrecht, 4. Aufl. 2011, Rn. 15.245.

559 *Habersack*, in: Habersack/Mülbert/Schlitt, Handbuch der Kapitalmarktinformation, 2. Aufl. 2013, § 29 Rn. 73.

Diese Erwägungen des Gesetzgebers würde man unterlaufen, wenn man auf die bürgerlich-rechtliche Prospektpflicht im engeren Sinne zurückgreifen würde.[560] Die bürgerlich-rechtliche Haftung im weiteren Sinne findet hingegen weiterhin Anwendung.[561]

4. Kapitalanlagebetrug (§ 823 Abs. 2 BGB i.V.m. § 264a Abs. 1 Nr. 1 StGB)

Neben der spezialgesetzlichen und der bürgerlich-rechtlichen Prospekthaftung kann den Anbieter von partiarischen Darlehen noch eine Haftung gemäß § 823 Abs. 2 BGB i.V.m. § 264a Abs. 1 Nr. 1 StGB treffen. Dabei handelt es sich um eine deliktische Haftung wegen Kapitalanlagebetrugs. Der Wortlaut der Vorschrift spricht eher gegen eine Anwendung auf partiarische Darlehen. Dort heißt die Fallgruppe, unter die partiarische Darlehen am ehesten fallen könnten: „Anteilen, die eine Beteiligung an dem Ergebnis eines Unternehmens gewähren sollen" (§ 264a Abs. 1 Nr. 1 StGB). Partiarische Darlehen sind allerdings keine Anteile im Sinne von gesellschaftsrechtlichen Anteilen am Unternehmen, sondern sie sind rein schuldrechtliche Verträge. Dieses Verständnis hat der Gesetzgeber auch dem § 1 Abs. 2 Nr. 1 und 3 VermAnlG zugrunde gelegt, wo ebenfalls zwischen Anteilen mit Beteiligung am Unternehmensergebnis und partiarischen Darlehen unterschieden wird.

Der Gesetzgeber hat sich bei § 264a StGB allerdings für ein anders Verständnis entschieden. In seiner Gesetzesbegründung heißt es: „Absatz 1 Nr. 1 erfaßt insbesondere diejenigen Fälle, in denen der Anleger entweder selber einen Gesellschaftsanteil an dem Unternehmen, insbesondere einen Kommanditanteil, erwirbt oder in eine sonstige – unmittelbare – Rechtsbeziehung zum Unternehmen tritt, die ihm eine Beteiligung am Ergebnis dieses Unternehmens verschafft, etwa auf Grund eines sog. partiarischen Darlehens."[562] Damit ist § 823 Abs. 2 BGB i.V.m. § 264a StGB auch auf partiarische Darlehen anwendbar. Auf sonstige, vor allem strafrechtliche Fragen, soll an dieser Stelle nicht näher eingegangen werden.

560 *Meschkowski/Wilhelmi*, BB 2013, 1411, 1415; *Klöhn*, in: FS Hoffmann-Becking, 2013, 679, 685.

561 *Suchomel*, NJW 2013, 1126, 1131.

562 BT-Drs. 10/318, S. 22.

IX. Ad-hoc-Publizität (§ 11a VermAnlG)

Gemäß § 11a Abs. 1 S. 1 VermAnlG besteht nach einem öffentlichen Angebot eines partiarischen Darlehens eine Ad-hoc-Publizitätspflicht. Die Pflicht trifft den Emittenten ab der Beendigung des Angebots bis zur vollständigen Tilgung der Vermögensanlage (§ 11a Abs. 1 S. 1 u. 2 VermAnlG). Die Mitteilung von veröffentlichungspflichtigen Tatsachen erfolgt gegenüber der BaFin und Medien, bei denen davon ausgegangen werden kann, dass sie jederzeit zugänglich sind und die Information im Inland verbreiten (§ 11a Abs. 2 und 3 VermAnlG). Gemäß § 11a Abs. 4 VermAnlG hat das Bundesfinanzministerium eine die Vorschrift konkretisierende Rechtsverordnung erlassen.[563]

Der § 11a VermAnlG ähnelt der Ad-hoc-Publizitätspflicht aus dem Insiderrecht (§ 15 WpHG a.F. und heute Art. 17 MAR). Inwiefern wurde die Mitteilungspflicht der Vorschrift aus dem WpHG nachempfunden? In den Gesetzgebungsmaterialien zu § 11a VermAnlG heißt es: § 11a Abs. 3 S. 1 VermAnlG „ist an § 3a Absatz 1 Satz 1 der Verordnung zur Konkretisierung von Anzeige-, Mitteilungs- und Veröffentlichungspflichten sowie der Pflicht zur Führung von Insiderverzeichnissen nach dem Wertpapierhandelsgesetz angelehnt, so dass die hierzu entwickelten Grundsätze entsprechend gelten."[564] Daraus lässt sich eine gewisse Verbindung zu der Ad-hoc-Mitteilungspflicht aus § 15 WpHG a.F. herleiten.

Die Ad-hoc-Publizitätspflicht des § 11a VermAnlG hat folgenden Inhalt: der Emittent muss den Markt über jede Tatsache unverzüglich informieren, die sich auf ihn oder die von ihm emittierte Vermögensanlage unmittelbar bezieht und nicht öffentlich bekannt ist, wenn sie geeignet ist, die Fähigkeit des Emittenten zur Erfüllung seiner Verpflichtungen gegenüber dem Anleger erheblich zu beeinträchtigen (§ 11a Abs. 1 S. 1 VermAnlG).

1. Tatsachen

§ 11a Abs. 1 S. 1 VermAnlG regelt nur die Pflicht zur Veröffentlichung von Tatsachen. Der Begriff wird weder im VermAnlG noch in der VermVerMiV definiert. § 11a Abs. 1 S. 1 VermAnlG ähnelt dem § 15 WpHG vor dem Erlass des AnsVG im Jahr 2004.[565] Dort bestand die Pflicht ebenfalls in der Veröffentlichung von

---

563 Vermögensanlagen-Veröffentlichungs- und Mitteilungspflichtenverordnung (VermVerMiV).

564 BT-Drs. 18/3994, S. 45.

565 *Casper*, ZBB 2015, 265, 270.

Tatsachen. Im Gegensatz dazu verwenden Art. 17 Abs. 1 MAR und der davor gültige § 15 Abs. 1 S. 1 WpHG a.F. den Begriff der Insiderinformation. Insiderinformationen können allerdings Tatsachen zum Gegenstand haben, weshalb der Begriff auch heute noch von Bedeutung ist.[566] Zur Definition von Tatsachen kann deshalb auf die Ausführungen zu den wertpapierrechtlichen Vorschriften zurückgegriffen werden. Dort definiert die BaFin den Begriff folgendermaßen: Tatsachen sind alle der äußeren Wahrnehmung zugänglichen Geschehnisse oder Zustände der Außenwelt und des menschlichen Innenlebens.[567] Der äußeren Wahrnehmung ist nur zugänglich, was beweisbar ist.[568] Das gilt auch für innere Tatsachen, wie zum Beispiel Absichten oder Pläne.[569] Nicht erfasst sind Werturteile (Meinungsäußerungen, Rechtsauffassungen, Auffassungen persönlicher Art) und andere subjektive Wertungen, die bloße Meinungen ausdrücken.[570] Die Ausführungen lassen sich auch auf den Tatsachenbegriff des VermAnlG übertragen.

2. Öffentlich bekannt

Die Mitteilungspflicht besteht nicht, wenn die Tatsache öffentlich bekannt ist (§ 11a Abs. 1 S. 1 VermAnlG). Zu dieser Voraussetzung hat der Gesetzgeber im Rahmen des Gesetzgebungsverfahrens zu § 13 WpHG a.F. ausdrücklich Stellung genommen. Dort sah er eine Tatsache als öffentlich bekannt an, wenn es einer unbestimmten Anzahl von Personen möglich ist, von der Tatsache Kenntnis zu nehmen.[571] Es ist nicht ersichtlich, dass der Gesetzgeber bei § 11a VermAnlG ein anderes Verständnis zur öffentlichen Bekanntheit anwenden wollte.

3. Unverzüglich veröffentlichen

Der Emittent muss die Tatsache gemäß § 11a Abs. 3 S. 1 VermAnlG unverzüglich veröffentlichen. Zur Bestimmung, wann eine Veröffentlichung unverzüglich erfolgt, können wieder die wertpapierrechtlichen Vorschriften zu Rate gezogen werden. Laut der BaFin liegt eine unverzügliche Veröffentlichung vor, wenn sie ohne schuldhaftes Zögern erfolgt.[572] Ferner stellt die BaFin fest: „Dem

566 Siehe etwa *Mennicke/Jakovou*, in: Fuchs, WpHG, 2. Aufl. 2016, § 13 Rn. 30 ff.
567 BaFin, Emittentenleitfaden, 2013, S. 33.
568 *Mennicke/Jakovou*, in: Fuchs, WpHG, 2. Aufl. 2016, § 13 Rn. 32; *Klöhn*, in: Klöhn, MAR, 2018, Art. 7 Rn. 54.
569 *Klöhn*, in: Klöhn, MAR, 2018, Art. 7 Rn. 55.
570 BT-Drs. 12/6679, S. 46; *Casper*, ZBB 2015, 265, 270.
571 BT-Drs. 12/6679, S. 46.
572 BaFin, Emittentenleitfaden, 2013, S. 70.

Emittenten bleibt Zeit, mögliche Auswirkungen eines Ereignisses sorgfältig daraufhin zu prüfen, ob ein veröffentlichungspflichtiger Umstand vorliegt. Notfalls ist der Emittent angehalten, sich des Rates von Experten zu bedienen. Eine Grenze ist bei rechtsmissbräuchlichem Verhalten zu ziehen."[573]

4. Unmittelbarer Bezug

Die Tatsache muss sich unmittelbar auf den Emittenten oder die von ihm emittierte Vermögensanlage beziehen (§ 11a Abs. 1 S. 1 VermAnlG). Was damit gemeint ist, lässt sich andeutungsweise aus den Gesetzgebungsmaterialen des VermAnlG entnehmen. Dort heißt es, dass der Anleger und der potentielle Zweiterwerber weiterhin über aktuelle Informationen zur Vermögens-, -Finanz- und Ertragslage des Emittenten verfügen soll.[574] Weitere Hinweise lassen sich durch einen Vergleich mit den insiderrechtlichen Vorschriften finden. Die Voraussetzung des unmittelbaren Bezugs ähnelt einem Teil des Tatbestands von § 15 Abs. 1 S. 1 WpHG a.F. (beziehungsweise Art. 17 Abs. 1 MAR): „ihn unmittelbar betreffen". Zur Auslegung dieses Begriffs kann man auf eine nicht abschließende Liste des Ausschusses der Europäischen Aufsichtsbehörden für Wertpapierwesen (CESR) zu Art. 6 der Marktmissbrauchsrichtlinie zurückgreifen.[575] Aus Art. 6 der Marktmissbrauchsrichtlinie entstand § 15 WpHG a.F. und das Merkmal des unmittelbaren Betreffens wurde unverändert in Art. 17 Abs. 1 MAR übernommen.[576] Deshalb hat die Liste des CESR immer noch Relevanz bei aktuellen Auslegungsfragen. Sie bejaht eine unmittelbare Betroffenheit insbesondere bei Auswirkungen auf die operative Geschäftstätigkeit, Änderungen in der Leitung des Unternehmens oder in den Aufsichtsgremien, Übernahmen, Fusionen oder Spin-offs und der Insolvenz des Unternehmens. Die Fallgruppen sind relativ weit gefasst, deshalb soll eine unmittelbare Betroffenheit nur dann vorliegen, wenn eine (nicht näher definierte) Wesentlichkeit vorliegt.[577] *Klöhn* nimmt eine weitere Eingrenzung vor, indem er die Fundamentalwertrelevanz

573 BaFin, Emittentenleitfaden, 2013, S. 70.

574 BT-Drs. 18/3994, S. 45.

575 CESR, Level 3 – second set of CESR guidance and information on the common operation of the Directive to the Market, Juli 2007, CESR/06–562b, Rn. 1.15; ähnlich auch BaFin, Emittentenleitfaden, S. 52 f.

576 *Pfüller*, in: Fuchs, WpHG, 2. Aufl. 2016, § 15 Rn. 171; *Klöhn*, in: Klöhn, MAR, 2018, Art. 17 Rn. 85.

577 CESR, Level 3 – second set of CESR guidance and information on the common operation of the Directive to the Market, Juli 2007, CESR/06–562b, Rn. 1.15.

der Insiderinformation (in unserem Fall der Tatsache) prüft.[578] Es seien nur solche Fälle vom Tatbestand erfasst, bei denen der „verständige Anleger zu einer anderen Einschätzung des Risiko/Rendite-Verhältnisses der emittierten Finanzinstrumente gelangt."[579] Dieser Grundsatz lässt sich auch auf die Bestimmung des unmittelbaren Bezugs im Sinne des § 11a Abs. 1 S. 1 VermAnlG übertragen

5. Geeignet zur erheblichen Beeinträchtigung

Die Veröffentlichungspflicht des § 11a VermAnlG greift nur ein, wenn die Tatsache geeignet ist, die Fähigkeit des Emittenten zur Erfüllung seiner Verpflichtung gegenüber dem Anleger erheblich zu beeinträchtigen (§ 11a Abs. 1 S. 1 VermAnlG). Auch hier geben die Gesetzgebungsmaterialien kaum Hinweise darauf, wie die Voraussetzung genau zu verstehen ist. *Casper* ist der Meinung, dass man nicht die drohende Zahlungsunfähigkeit oder Überschuldung des Emittenten abwarten könne.[580] Vielmehr müsse der Begriff der drohenden Unternehmenskrise maßgeblich sein. Eine drohende Unternehmenskrise liege vor, wenn „eine Situation bei ungehindertem Fortgang mittel- bis langfristig zum Vorliegen eines Eröffnungsgrundes für ein Insolvenzverfahren führen könnte".[581] Dem ist zuzustimmen, denn laut § 11a Abs. 1 S. 1 VermAnlG bedarf es keiner Zahlungsverzögerung oder Zahlungsunfähigkeit, sondern es genügt die Beeinträchtigung der Fähigkeit zur Erfüllung der Verbindlichkeit.

6. § 11a VermAnlG als Schutzgesetz?

Im Rahmen des § 11a VermAnlG stellt sich noch die Frage, inwiefern die Vorschrift ein Schutzgesetz im Sinne des § 823 Abs. 2 BGB darstellt. Investoren hätten dann im Falle einer Verletzung der Mitteilungspflicht zivilrechtliche Schadensersatzansprüche gegen den Emittenten. Gegen diese Einordnung spricht jedoch ein Vergleich mit dem § 15 WpHG a.F.[582] Der § 15 WpHG a.F. sollte nach dem Willen des Gesetzgebers der Sicherung der Funktionsfähigkeit des Kapitalmarktes dienen und § 15 Abs. 6 S. 1 WpHG a.F. brachte insbesondere zum Ausdruck,

578 *Klöhn*, in: Klöhn, MAR, 2018, Art. 17 Rn. 74 ff.

579 *Klöhn*, in: Klöhn, MAR, 2018, Art. 17 Rn. 75, wobei *Klöhn* noch weiter zwischen unmittelbarem und mittelbarem Fundamentalwert differenziert.

580 *Casper*, ZBB 2015, 265, 270.

581 *Casper*, ZBB 2015, 265, 270.

582 *Buck-Heeb*, NJW 2015, 2535, 2539; *Casper*, ZBB 2015, 265, 271.

dass § 15 WpHG a.F. kein Schutzgesetz ist.[583] Es ist daher naheliegend, dass auch § 11a VermAnlG keinen Individualschutzcharakter hat.

Bei einer Verletzung der Ad-hoc-Publizitätspflicht bliebt für den Investor im Einzelfall nur der Rückgriff auf § 826.[584] Die Anforderungen sind recht hoch und deshalb könnte man daran zweifeln, ob der Emittent auch ohne effektives *private enforcement* genügend Anreize hat, der Ad-hoc-Publizitätspflicht nachzukommen. Verstößt der Emittent allerdings gegen seine Mitteilungspflicht, droht ihm ein Bußgeld gemäß § 29 Abs. 1 Nr. 4a VermAnlG. Damit werden durchaus Anreize zur Einhaltung der Pflicht aus § 11a VermAnlG geschaffen.

7. Bewertung der Ad-hoc-Publizität

Die Ad-hoc-Publizität gemäß § 11a VermAnlG ist noch recht jung und es bietet sich ein erstes Zwischenfazit an. Die Bedeutung der Vorschrift ist bei partiarischen Darlehen gering, denn die Mitteilungspflicht entfällt, wenn der Emittent von den Ausnahmen und Befreiungen in §§ 2, 2a, 2b, 2c VermAnlG Gebrauch macht. Damit besteht insbesondere beim Crowdinvesting – dem Hauptanwendungsfall öffentlich angebotener partiarischer Darlehen – keine Ad-hoc-Publizitätspflicht nach § 11a Abs. 1 S. 1 VermAnlG.

Zudem ist der Sinn und die Effektivität von § 11a VermAnlG fragwürdig. Die Vorschrift soll bewirken, dass „bestehende Anleger sowie potentielle Zweiterwerber weiterhin über aktuelle Informationen zur Vermögens-, Finanz- und Ertragslage des Emittenten verfügen."[585] Insofern nimmt der Anlegerschutz eine wichtige Funktion der Vorschrift ein. Die Ad-hoc-Publizität gemäß § 11a Abs. 1 VermAnlG ist aber kaum zum Anlegerschutz geeignet, wenn Investoren rational uninformiert bleiben[586]. Außerdem kann die Ad-hoc-Publizität ein stumpfes Schwert sein, wenn der Anleger sich nicht flexibel von seiner Vermögensanlage trennen kann. Die Qualifikation als wirtschaftliches Eigenkapital setzt bei einem partiarischen Darlehen häufig eine langfristige Vertragslaufzeit von jedenfalls fünf bis acht Jahren und einen weitgehenden Ausschluss von Kündigungsrechten voraus.[587] Dazu kommt, dass ein Darlehensgeber in der Regel keine gesetzlichen Einwirkungsrechte hat, um bei schlechten Nachrichten des Darlehensnehmers

583 BT-Drs. 12/7918, S. 102; BR-Drs. 936/01 (neu), S. 245; zu § 15 WpHG siehe auch *Klöhn*, KK-WpHG, 2. Aufl. 2014, § 15 Rn. 464 ff.

584 *Buck-Heeb*, NJW 2015, 2535, 2539.

585 BT-Drs. 18/3994, S. 45.

586 Näher dazu *Klöhn*, Kapitalmarkt, Spekulation und Behavioral Finance, 2006, S. 28.

587 Siehe oben B.I.

auf die Unternehmensführung einzuwirken. Das ist bei Wertpapieren anders, die häufig frei an Kapitalmärkten gehandelt werden können und teilweise gesellschaftsrechtliche Mitspracherechte gewähren. Insofern ist auch nicht ersichtlich, warum bei partiarischen Darlehen potenzielle Zweiterwerber geschützt werden sollen, wenn doch kein liquider Sekundärmarkt besteht.

Zudem ist die Pflicht zur Ad-hoc-Publizität recht starr, denn sie sieht keine Aufschubmöglichkeiten wie bei § 15 Abs. 3 WpHG a.F. und Art. 17 Abs. 4, 5 MAR vor. Gemäß Art. 17 Abs. 4 MAR kann der Emittent unter anderem seine Mitteilung aufschieben, wenn ein berechtigtes Interesse vorliegt. Das ist insbesondere bei Verhandlungen der Fall, deren Ergebnis durch die unverzügliche öffentliche Bekanntgabe wahrscheinlich gefährdet wäre.[588] Beispiele dafür sind Verhandlungen über Fusionen, Übernahmen, Aufspaltungen und Spin-offs, der Erwerb oder die Veräußerung wesentlicher Vermögenswerte, Umstrukturierungen und Reorganisationen.[589] Es ist nicht ersichtlich, weshalb der Emittent eines partiarischen Darlehens nicht in den Genuss vergleichbarer Aufschubmöglichkeiten kommen soll. Die Übertragung des Art. 17 Abs. 5 MAR erscheint allerdings unpassend bei partiarischen Darlehen. Die Vorschrift wurde vor allem zur Verhinderung von sogenannten Bank Runs eingeführt, wie sie etwa im Jahr 2007 bei Northern Rock erfolgten oder bei Société Générale drohten.[590] Öffentliche Angebote von partiarischen Darlehen werden vor allem durch Start-ups im Rahmen des Crowdinvesting durchgeführt. In diesen Fällen besteht kein Risiko, dass die finanzielle Stabilität des Finanzsystems untergraben wird (Art. 17 Abs. 5 lit. a). Insofern hätte zwar nicht Art. 17 Abs. 5 MAR, aber jedenfalls Teile des Art. 17 Abs. 4 auf § 11a VermAnlG übertragen werden sollen.

Der Gesetzgeber hätte den § 11a VermAnlG also durchaus besser gestalten können. Betrachtet man die sonstigen oben aufgezeigten Schwächen der Vorschrift und führt man sich vor Augen, dass solch eine Ad-hoc-Publizität für den Emittenten Kosten und Haftungsrisiken verursacht, sollte die Vorschrift auf partiarische Darlehen nicht mehr angewendet werden.

---

588 ESMA, MAR-Leitlinien, Aufschub der Offenlegung von Insiderinformationen, 20.10.2016, ESMA/2016/1478, Rn. 8 lit. a.

589 ESMA, MAR-Leitlinien, Aufschub der Offenlegung von Insiderinformationen, 20.10.2016, ESMA/2016/1478, Rn. 8 lit. a.

590 EU-Kommission, Call for Evidence, Review of Directive 2003/6/EC on insider dealing and market manipulation (Market Abuse Directive) 04.03.2009, Rn. 2.2.2.1; EU-Kommission, Public Consultation on a revision of the market abuse directive (MAD), 25.06.2010, S. 14; EU-Kommission, Commission Staff Working Paper Impact Assessment, 20.11.2011; SEC(2011) 1217 final, Rn. 7.4.3 Fn. 268.

8. Zwischenergebnis

Das öffentliche Angebot eines partiarischen Darlehens unterliegt somit grundsätzlich der Ad-hoc-Publizität aus § 11a VermAnlG. Zur Deutung der Vorschrift ist die eher kurze Gesetzesbegründung im Kleinanlegerschutzgesetz nur geringfügig geeignet. Stattdessen kann das über viele Jahre entwickelte Verständnis zum § 15 WpHG a.F. zu Rate gezogen werden. Insgesamt bleibt aber die Frage offen, warum der Gesetzgeber den § 11a VermAnlG überhaupt eingeführt hat. Zumindest bei partiarischen Darlehen existiert kein liquider Sekundärmarkt und deshalb ist auch der vermeintlich notwendige Schutz von Zweiterwerbern unnötig. Der Investor hat durch einen oft vereinbarten qualifizierten Nachrang und fehlende Einwirkungsrechte auch keine Möglichkeiten, auf schlechte Nachrichten zu reagieren. Zumindest hätten einige der Aufschubmöglichkeiten aus dem § 15 WpHG a.F. oder Art. 17 MAR in den § 11a VermAnlG zur Entlastung des Emittenten aufgenommen werden müssen. Am sinnvollsten wäre es allerdings, wenn die Ad-hoc-Publizität aufgrund ihrer Schwächen ganz aus dem VermAnlG gestrichen wird.

X. Besicherung

Kann ein partiarisches Darlehen mit Gesellschaftsvermögen besichert werden? Das sollten die Parteien bei einem Darlehen mit einem absoluten Nachrang vermeiden, weil sonst eine Passivierung in der Überschuldungsbilanz (§ 19 Abs. 2 S. 2 InsO) erfolgen muss.[591] Die Bilanz müsste die Forderung zumindest in der Höhe des Wertes des Sicherungsguts ausweisen.[592] Eine Besicherung ist aber dann möglich, wenn auch der Anspruch aus der Sicherheit nachrangig ausgestaltet ist.[593] Der Darlehensgeber könnte erst auf die Sicherheit zurückgreifen, wenn die sonstigen Gläubiger befriedigt wurden.[594] Intercreditor-Agreements zwischen den Senior-Kreditgebern, dem Mezzanine-Darlehensgeber und in der

591 *Gleske/Laudenklos*, in: Eilers/Rödding/Schmalenbach, Unternehmensfinanzierung, 2. Aufl. 2014, Kap. D Rn. 39; *Hoos/Köhler*, GmbHR 2015, 729, 732; *Westphal/Kresser*, DB 2016, 33, 38.

592 *Westphal/Kresser*, DB 2016, 33, 38.

593 *Peine/Weiers*, in: Bösl/Schimpfky/Beauvais, Fremdfinanzierung für den Mittelstand, 2014, § 10 Rn. 2; *Gleske/Laudenklos*, in: Eilers/Rödding/Schmalenbach, Unternehmensfinanzierung, 2. Aufl. 2014, Kap. D Rn. 39; *Laudenklos/Sester*, WM 2004, 2417, 2419.

594 *Laudenklos/Sester*, WM 2004, 2417, 2419; *Peine/Weiers*, in: Bösl/Schimpfky/Beauvais, Fremdfinanzierung für den Mittelstand, 2014, § 10 Rn. 2.

Regel dem Darlehensnehmer gewährleisten die Durchsetzung des vereinbarten Nachrangs der Sicherheit.[595] Bei dinglichen Sicherheiten, wie etwa der Grundschuld, kann der jeweilige Rang im Grundbuch eingetragen werden.[596] Eine Besicherung der Forderung durch Dritte ist möglich, wenn der Dritte nicht oder nur nachrangigen Rückgriff auf die darlehensnehmende Gesellschaft nehmen kann.[597]

Hat ein Gesellschafter seinem Unternehmen ein partiarisches Darlehen gewährt und wurde das Darlehen durch Gesellschaftsvermögen besichert, so ist die Sicherheit gemäß § 135 Abs. 1 Nr. 1 InsO anfechtbar. Die Vorschrift gilt nicht nur für Darlehen im Sinne des § 39 Abs. 1 Nr. 5 InsO, sondern auch für gleichgestellte Forderungen. Bei § 135 Abs. 1 Nr. 1 InsO kommen die gleichen Erwägungen zum Tragen, wie im Anwendungsbereich des § 39 Abs. 1 Nr. 5 InsO.[598] Partiarische Darlehen von außenstehenden Dritten können deshalb nur in Ausnahmefällen unter gleichgestellte Forderungen im Sinne des § 135 Abs. 1 Nr. 1 InsO fallen.[599]

XI. Verwässerungsschutz

Eine Verwässerung des partiarischen Darlehens kann unter anderem folgendermaßen geschehen: Vereinbaren die Vertragsparteien einen Gewinnbeteiligungsanspruch, der sich nach der Beteiligungsquote des Investors richtet, so kann die Beteiligungsquote durch eine Kapitalerhöhung verwässert werden. Dieses Modell der Gewinnbeteiligung wird insbesondere beim Crowdinvesting eingesetzt.[600] Der Darlehensgläubiger kann sich vor einer Verwässerung schützen, indem er vertraglich vereinbart, dass eine Kapitalerhöhung nur zu einer höheren Unternehmensbewertung vorgenommen werden darf.[601] Bei rein wirtschaftlicher Betrachtung kann das allerdings trotzdem zu einer Verwässerung führen,

595 *Laudenklos/Sester*, WM 2004, 2417, 2419.

596 *Laudenklos/Sester*, WM 2004, 2417, 2419.

597 *Gleske/Laudenklos*, in: Eilers/Rödding/Schmalenbach, Unternehmensfinanzierung, 2. Aufl. 2014, Kap. D Rn. 39; *Westphal/Kresser*, DB 2016, 33, 38.

598 Schmidt, InsO, 19. Aufl. 2016, § 135 Rn. 13; so wohl auch d*e Bra*, in: Braun, InsO, 7. Aufl. 2017, § 135 Rn. 11, der eine Finanzierungsfolgenverantwortung verlangt, oder dass der Dritte wie ein Gesellschafter die Geschicke des Unternehmens bestimmen kann.

599 Siehe oben C.IV.

600 Siehe dazu *Bader*, WM 2014, 2249, 2251.

601 *Bader*, WM 2014, 2249, 2252.

wenn die der Kapitalerhöhung zugrunde gelegte Bewertung geringer ist, als der tatsächliche Marktwert des Unternehmens.[602]

XII. Beendigung

Für den Gläubiger eines partiarischen Darlehens ist ein wichtiger Teil seiner Unternehmensfinanzierung die Beendigung des Investments (auch Exit genannt). Die Erfolgsbeteiligung des Darlehens kann zu diesem Zeitpunkt Sonderzahlungen vorsehen. Bei einem partiarischen Darlehen wird der Vertrag etwa durch Zeitablauf, Kündigung, Widerruf, Aufrechnung oder Abtretung beendet. Häufig beschränkt die Nachrangvereinbarung den Exit.

1. Zeitablauf

Ein partiarisches Darlehen wird in der Regel auf Zeit gewährt und endet daher grundsätzlich mit Zeitablauf (§ 488 Abs. 1 S. 2 BGB). Öffentlich angebotene partiarische Darlehen haben eine Mindestlaufzeit von zwei Jahren (§ 5a S. 1 VermAnlG). Hiervon besteht allerdings eine Ausnahme in den §§ 2, 2a, 2b, 2c VermAnlG.

2. Kündigung

a) Darlehensrecht

Darlehensverträge sind grundsätzlich kündbar (§§ 488 Abs. 3 S. 1, 489, 490 BGB). In der Nachrangvereinbarung wird das ordentliche Kündigungsrecht des Darlehensgläubigers in der Regel ausgeschlossen.[603] Die rechtliche Wirksamkeit eines solchen Ausschlusses ergibt sich aus dem Umkehrschluss zu § 489 Abs. 4 S. 1 BGB. Der Kündigungsausschluss ist für die Einordnung als wirtschaftliches Eigenkapital wichtig, denn nur so kann eine Äquivalenz zum Eigenkapital hergestellt werden.

Den Parteien eines Darlehensvertrags steht neben dem ordentlichen Kündigungsrecht auch ein außerordentliches Kündigungsrecht zu. Nach § 490 Abs. 1 BGB liegt ein solches Recht vor, wenn sich die Vermögensverhältnisse des Darlehensnehmers wesentlich verschlechtern. Davon kann auch der Gläubiger eines partiarischen Darlehens Gebrauch machen.[604] § 490 BGB ist allerdings

---

602 *Bader*, WM 2014, 2249, 2252.

603 *Peine/Weiers*, in: Bösl/Schimpfky/Beauvais, Fremdfinanzierung für den Mittelstand, 2014, § 10 Rn. 35; *Schrell/Kirchner*, BKR 2003, 13, 16.

604 *Blaurock*, in: Blaurock, Handbuch stille Gesellschaft, 8. Aufl. 2016, Rn. 5.26.

dispositives Recht und kann ausgeschlossen werden.[605] Das wird in Verbindung mit einer Nachrangvereinbarung auch getan, denn nur so kann das Darlehen in vielen Fällen als wirtschaftliches Eigenkapital qualifiziert werden.[606]

Statt eines gänzlichen Ausschlusses des außerordentlichen Kündigungsrechts kann auch eine sogenannte Stillhaltefrist im Vertrag geregelt werden.[607] Der Kündigungswillige verpflichtet sich, von seinem Gestaltungsrecht erst nach einer bestimmten Zeit Gebrauch zu machen. Dadurch sollen die vorrangigen Gläubiger die Möglichkeit erhalten, entweder auf eine Verbesserung der finanziellen Lage des Unternehmens hinzuwirken, oder als erstes ihren Vertrag zu beenden.[608]

Der Darlehensnehmer kann bei einem veränderlichen Zins innerhalb von drei Monaten kündigen (§ 489 Abs. 2 BGB). Davon kann im Vertrag nicht abgewichen werden (§ 484 Abs. 4 BGB). Allerdings fällt ein partiarisches Darlehen nicht in den Anwendungsbereich dieser Regelung.[609] Zum einen lässt bereits eine teilweise feste Verzinsung die Vorschrift ausscheiden.[610] Zum anderen ist eine Erfolgsbeteiligung kein Zinssatz im Sinne des § 489 Abs. 2 BGB.[611] Eine Erfolgsbeteiligung wird nicht als Zins im Sinne der Vorschrift angesehen, weil sie keine Vergütung für die Kapitalnutzung darstellt, sondern unabhängig von der Höhe der Kapitalleistung und ihrer Bedeutung für den Kapitalnehmer allein auf das Ergebnis und die erzielten Erfolge des Kapitalnehmers abstellt.[612]

Bei öffentlich angebotenen partiarischen Darlehen besteht grundsätzlich eine Mindestlaufzeit von 24 Monaten und eine ordentliche Kündigungsfrist von mindestens sechs Monaten (§ 5a S. 1 VermAnlG). Vom § 5a S. 1 VermAnlG kann für den Anleger nachteilig abgewichen werden. Die Vorschrift sieht eine

---

605 *Mülbert*, in: Staudinger-BGB, 2015, § 490 Rn. 53; *Rohe*, in: BeckOK-BGB, Stand 01.08.2018, § 490 Rn. 2.

606 *Berger*, ZBB 2008, 92, 100; *Peine/Weiers*, in: Bösl/Schimpfky/Beauvais, Fremdfinanzierung für den Mittelstand, 2014, § 10 Rn. 46.

607 *Berger*, ZBB 2008, 92, 101; *Peine/Weiers*, in: Bösl/Schimpfky/Beauvais, Fremdfinanzierung für den Mittelstand, 2014, § 10 Rn. 46.

608 *Berger*, ZBB 2008, 92, 101; *Peine/Weiers*, in: Bösl/Schimpfky/Beauvais, Fremdfinanzierung für den Mittelstand, 2014, § 10 Rn. 35.

609 *Stupp/Mucke*, BKR 2005, 20, 23; *Weigell/Beckert*, in: Formularbuch Recht und Steuern, 9. Aufl. 2017, B. 16 Rn. 16.

610 *Mülbert*, in: Staudinger-BGB, 2015, § 489 Rn. 53; *Stupp/Mucke*, BKR 2005, 20, 23.

611 *Stupp/Mucke*, BKR 2005, 20, 23; *Weigell/Beckert*, in: Formularbuch Recht und Steuern, 9. Aufl. 2017, B. 16 Rn. 16.

612 BGH NJW 1983, 111; *Krepold*, in: Schimansky/Bunte/Lwowski, Bankrechts-Handbuch, 5. Aufl. 2017, § 78 Rn. 3; *Stupp/Mucke*, BKR 2005, 20, 23.

Laufzeit „mindestens“ von 24 Monaten und einer Kündigungsfrist von „mindestens“ sechs Monaten vor. Eine ordentliche Kündigung kann deshalb auch gänzlich ausgeschlossen werden. Diese Einschätzung deckt sich mit dem Willen des Gesetzgebers. Die Norm soll vor allem den Anbieter einer Vermögensanlage davor schützen, dass für ein dauerhaftes unternehmerisches Engagement eingeworbene Mittel auf Verlangen des Anlegers kurzfristig wieder zurückgezahlt werden müssen.[613] Der Anleger soll durch die Vorschrift lediglich gewarnt werden, dass seine Vermögensanlage eine unternehmerische Investition von gewisser Dauer darstellt.[614] Ein Kündigungsausschluss stünde dem Zweck nicht entgegen. Die Vorschrift ist nicht anwendbar in den Fällen der §§ 2, 2a, 2b, 2c VermAnlG.

b) §§ 313 Abs. 3 S. 2, 314 BGB

Bei einem partiarischen Darlehen kommen auch Kündigungen aus wichtigem Grund gemäß §§ 313 Abs. 3 S. 2, 314 BGB in Betracht. Die Vorschriften bleiben durch § 490 BGB unberührt (§ 490 Abs. 3 BGB). Allerdings ist § 490 BGB für seinen Anwendungsbereich als Spezialvorschrift abschließend.[615]

§ 313 Abs. 3 S. 2 BGB sieht ein Kündigungsrecht im Rahmen der Störung der Geschäftsgrundlage vor, wenn die Anpassung des Vertrags nicht möglich oder einem Teil nicht zumutbar ist.[616] § 314 BGB gewährt ein Kündigungsrecht insbesondere dann, wenn dem kündigenden Teil unter Berücksichtigung aller Umstände des Einzelfalls und unter Abwägung der beiderseitigen Interessen die Fortsetzung des Vertragsverhältnisses bis zur vereinbarten Beendigung oder bis zum Ablauf einer Kündigungsfrist nicht zugemutet werden kann (§ 314 Abs. 1 S. 2 BGB).

Lassen sich auch die Kündigungsrechte der §§ 313 Abs. 3 S. 2, 314 BGB ausschließen? Für eine Qualifikation des partiarischen Nachrangdarlehens als wirtschaftliches Eigenkapital wäre es in einem Ratingverfahren vorteilhaft, wenn keine Kündigungsmöglichkeiten bestehen würden. Es gilt allerdings der Grundsatz, dass Dauerschuldverhältnisse aus wichtigem Grund kündbar sind und

613 BT-Drs. 18/3994, S. 42.

614 BT-Drs. 18/3994, S. 42.

615 *Berger*, in: MüKo-BGB, 7. Aufl. 2016, § 490 Rn. 68; *Krepold*, in: Schimansky/Bunte/Lwowski, Bankrechts-Handbuch, 5. Aufl. 2017, § 79 Rn. 221. *Lorenz*, in: BeckOK-BGB, Stand 01.08.2018, § 314 Rn. 3.

616 Zur Störung der Geschäftsgrundlage siehe oben C.VI.

dieser Grundsatz in seinem Kern zwingendes Recht ist.[617] Er kann auch nicht dadurch unterlaufen werden, dass die Geltendmachung durch Stillhaltefristen entsprechend umfangreich erschwert wird.[618] Damit können die §§ 313 Abs. 3 S. 2, 314 BGB nicht ausgeschlossen werden und die Qualifikation als wirtschaftliches Eigenkapitals kann auch nicht den vollständigen Ausschluss des außerordentlichen Kündigungsrechts verlangen.

c) Zwischenergebnis

Den Parteien eines partiarischen Darlehens stehen demnach eine Reihe gesetzlicher Kündigungsrechte zu. Qualifizierte Nachrangvereinbarungen werden allerdings mit umfangreichen Kündigungsausschlüssen versehen, um die Voraussetzungen einer Qualifikation als wirtschaftliches Eigenkapital zu erfüllen. Es gehört jedoch zum Kernbereich eines Dauerschuldverhältnisses, dass außerordentliche Kündigungsrechte nicht vollständig ausgeschlossen werden können. Insofern können die Parteien weiterhin insbesondere auf ihre Rechte aus §§ 313 Abs. 3 S. 2, 314 BGB zurückgreifen.

3. Aufrechnung

Die Parteien eines partiarischen Darlehens können grundsätzlich Forderungen aus dem Vertrag mit anderen Forderungen gemäß §§ 387 ff. BGB aufrechnen. Haben die Parteien allerdings einen qualifizierten Nachrang zur Generierung von wirtschaftlichem Eigenkapital vereinbart, müssen sie auch die Aufrechnung begrenzen.[619] Durch den Nachrang sollte in der Insolvenz die Aufrechnung vor der Befriedigung von Senior-Gläubigern ausgeschlossen sein. Außerhalb der Insolvenz sollte die vorinsolvenzrechtliche Durchsetzungssperre die Aufrechnung einschränken, wenn dadurch die Überschuldung oder Insolvenz droht.

Kann eine Aufrechnung in AGB-Klauseln ausgeschlossen werden? Ein striktes Aufrechnungsverbot für den Vertragspartner des Klauselverwenders verstößt grundsätzlich gegen § 309 Nr. 3 BGB (i.V.m. § 310 Abs. 1 S. 2 BGB). Zudem zählt

---

617 BT-Drs. 14/6040, S. 176; BGH NJW 1986, 3134; BGH MDR 2012, 512, 514; *Teichmann*, in: Soergel-BGB, 13. Aufl. 2014, § 314 Rn. 9; *Lorenz*, in: BeckOK-BGB, Stand 01.08.2018, § 314 Rn. 1.

618 BGH NJW 2000, 2983, 2984; *Teichmann*, in: Soergel-BGB, 13. Aufl. 2014, § 314 Rn. 9; zu der Unwirksamkeit einer die Kündigung erschwerenden AGB-Klausel BGH MDR 2012, 512, 514.

619 *Gleske/Laudenklos*, in: Eilers/Rödding/Schmalenbach, Unternehmensfinanzierung, 2. Aufl. 2014, Kap. D Rn. 40.

§ 96 InsO nur bestimmte Fälle auf, in denen eine Aufrechnung in der Insolvenz ausgeschlossen sein soll. Der Fall eines Nachranges wird dabei nicht erwähnt. Eine Aufrechnung lässt sich deshalb nicht gänzlich durch eine AGB-Klausel zu Lasten des Vertragspartners ausschließen.

Es ist allerdings möglich, die vom Gesetz vorgesehene Rangrücktrittsvereinbarung (§ 39 Abs. 2 InsO) auf die Aufrechnung auszuweiten. Eine formularmäßige Klausel, die die Aufrechnung solange sperrt, bis die vorrangigen Gläubiger befriedigt wurden, verstößt deshalb grundsätzlich nicht gegen das AGB-Recht. Dogmatisch lässt sich das damit rechtfertigen, dass es sich bei einer solchen Sperre nicht um einen Ausschluss, sondern lediglich um eine Erschwerung der Aufrechnung handelt, die nicht an § 309 BGB, sondern an 307 BGB zu messen ist.[620] Bei § 307 BGB ergibt die wertende Betrachtung, dass der Klauselverwender aufgrund der positiven Eigenschaften eines qualifizierten Nachrangs (wirtschaftliches Eigenkapital, keine Ausweisung in der Überschuldungsbilanz) ein schutzwürdiges Interesse an der Bestimmung hat. Die Erschwerung der Aufrechnung durch eine Nachrangvereinbarung ist damit grundsätzlich zulässig.

4. Widerruf

Im Rahmen eines partiarischen Darlehensvertrags kommen vor allem drei verschiedene Widerrufsrechte in Betracht. Bei einem Verbraucherdarlehen (§§ 491 ff. BGB) besteht ein Widerrufsrecht nach §§ 355 Abs. 1 S. 1, 495 Abs. 1 BGB. Diese Vorschriften verdrängen gemäß § 312g Abs. 3 BGB auch das zweite in Betracht kommende Widerrufsrecht bei Fernabsatzverträgen: §§ 355 Abs. 1, 312g Abs. 1 BGB. Die Regeln zum Fernabsatz bleiben aber relevant, wenn der Verbraucher als Darlehensgeber und der Unternehmer der Darlehensnehmer auftreten. Dann liegt kein Verbraucherdarlehensvertrag vor (§ 491 Abs. 2 S. 1 BGB). Eine solche Situation kann etwa beim Crowdinvesting vorliegen.

Im Anwendungsbereich der §§ 2a-2c VermAnlG kann ein Darlehensgeber seinen Vertrag zudem gemäß § 2d VermAnlG widerrufen. Ist er gleichzeitig Verbraucher, kommt zusätzlich das Widerrufsrecht aus den §§ 355 Abs. 1, 312g Abs. 1 BGB in Betracht. § 2d VermAnlG verdrängt die Vorschriften des allgemeinen Zivilrechts nicht, weil diese auf europarechtlichen Vorgaben basieren.[621] Der Vorteil für den Verbraucher besteht darin, dass er gegenüber verschiedenen

620 Zum Erschwerungsbegriff siehe *Becker*, in: BeckOK-BGB, Stand 01.08.2018, § 309 Rn. 6.

621 *Danwerth*, WM 2016, 1212, 1216; ohne Begründung *Maas*, in: Assmann/Schlitt/Kopp-Colomb, WpPG, VermAnlG, 3. Aufl. 2017, § 2a VermAnlG Rn. 26.

Personen seine Widerrufserklärung abgeben kann. Er kann dies gegenüber seinem Vertragspartner (§ 355 BGB) und dem Anbieter (§ 2d Abs. 2 S. 1 VermAnlG) tun. Der Anbieter ist derjenige, der für das öffentliche Angebot der Vermögensanlage verantwortlich ist und den Anlegern gegenüber nach außen erkennbar als Anbieter auftritt.[622] Das kann bei der Schwarmfinanzierung die Crowdinvestingplattform oder der Emittent sein.[623] Der Rückabwicklungsanspruch richtet sich nur gegen den Vertragspartner – also bei Schwarmfinanzierungen zumeist den Emittenten nach § 1 Abs. 3 VermAnlG. Außerdem hat § 2d VermAnlG für den Anleger den Vorteil, dass er trotz Widerrufes in den Genuss seiner Gewinnbeteiligung zwischen Auszahlung und Rückzahlung der Darlehenssumme kommt (§ 2d Abs. 4 S. 2 VermAnlG). Zu beachten ist lediglich das Textformerfordernis von § 2d VermAnlG, das bei § 355 Abs. 1 BGB nicht besteht.

§ 2d VermAnlG gilt nicht nur für Verbraucher, sondern für alle Anleger. Die Vorschrift erfasst damit die rechtspolitisch etwas fragwürdigen Fälle von professionellen Anlegern und institutionellen Investoren.[624] Der Gesetzgeber wollte aber ein weitreichendes Widerrufsrecht, da den Anlegern ohne Verkaufsprospekt auch nur wenige Informationsmöglichkeiten zustehen und damit eine reduzierte Entscheidungsgrundlage besteht.[625] Von den Widerrufsvorschriften des VermAnlG darf zum Nachteil des Anlegers nicht abgewichen werden (§ 2d Abs. 5 VermAnlG).

5. Abtretung

Die Abtretung ist bei einem partiarischen Darlehen gemäß § 398 S. 1 BGB möglich.[626] Teilweise wird vertreten, dass davon nur der Rückzahlungsanspruch erfasst sein soll.[627] Würden sonstige Informations- und Kontrollrechte eingeräumt, ließen sich diese nicht auf Dritte übertragen, denn sie hätten gemäß § 399 BGB höchstpersönlichen Charakter.[628] Ansonsten könne ein beliebiger Dritter Einblick in die Gesellschaft nehmen und sogar Einfluss ausüben. Das ist nicht überzeugend. § 399 BGB wird grundsätzlich eng ausgelegt, da sich der

622 BT-Drs. 17/6051, S. 32.
623 BT-Drs. 18/3994, S. 41.
624 *Casper*, ZBB 2015, 265, 279.
625 BT-Drs. 18/4708, S. 65.
626 *Schrell/Kirchner*, BKR 2003, 13, 19.
627 *Schön*, ZGR 1993, 210, 237.
628 *Schön*, ZGR 1993, 210, 237.

Gesetzgeber für die Abtretbarkeit von Forderungen als Normalfall entschieden hat.[629] Informations- und Kontrollrechte sind akzessorische Nebenrechte, die mit dem Hauptanspruch abgetreten werden.[630] Auch ohne Abtretung hätte der Darlehensschuldner grundsätzlich keine sichere Möglichkeit zu verhindern, dass der Gläubiger seine Informationen über die Geschäfte des Schuldners an Dritte weitergibt. Lediglich durch eine vertragliche Vereinbarung kann er den Handlungsspielraum des Gläubigers beschränken. Genau diese Möglichkeit hat der Schuldner auch im Rahmen der Abtretung, bei der er gemäß § 399 Alt. 2 BGB ein vertragliches Abtretungsverbot vereinbaren und damit den Übergang von Informationsrechten erschweren kann. Es ist daher nicht ersichtlich, inwiefern ein gesetzliches Abtretungsverbot den Informationsfluss an Dritte in besonderer Art und Weise einschränken kann.

Und wie verhält sich ein qualifizierter Nachrang zu einer Abtretung? Die beiden Rechtsinstitute stehen in keinem Konflikt zueinander, denn für die vorrangigen Gläubiger ist es irrelevant, wer der nachrangige Gläubiger ist, solange sich nichts am Rangverhältnis ändert.

6. Besondere Erfolgsbeteiligung

Die Erfolgsbeteiligung eines partiarischen Darlehens kann nicht nur eine jährliche Beteiligung am Gewinn oder Umsatz des Unternehmens vorsehen, sondern auch eine besondere Auszahlung zu einem bestimmten Ereignis – namentlich dem Exit – regeln. Diese Zahlung wird als Bonuszins bezeichnet.[631] Bei dem Bonuszins kann unterschieden werden zwischen dem Exit des Investors und dem Verkauf der darlehensnehmenden Gesellschaft an neue Eigentümer. Der persönliche Exit des Darlehensgebers kann zusätzlich zu der Erfolgsbeteiligung noch eine Zahlung gewähren, der sich etwa am Unternehmenswert des Darlehensnehmers orientiert.[632] Dadurch kann der Darlehensgeber selbst bei ausbleibenden Gewinnen zumindest am gestiegenen Wert der Gesellschaft partizipieren. Ähnliches gilt beim Verkauf der darlehensnehmenden Gesellschaft. Ein solches Ereignis hat eine besondere Bedeutung im Rahmen von Start-up Finanzierungen. Gerade in der Wachstumsphase von Start-ups kann eine Erfolgsbeteiligung

---

629 BGH BKR 2007, 194, 196 f.; *Schwintowski/Schantz*, NJW 2008, 472, 473; *Heer*, Abtretung von Darlehensforderungen, 2011, S. 146.

630 BGHZ 107, 104, 110 = BGH NJW 1989, 1601, 1602; *Busche*, in: Staudinger-BGB, 2017, § 399 Rn. 43; *Schreiber*, in: Soergel-BGB, 13. Aufl. 2010, § 399 Rn. 3.

631 *Bader*, WM 2014, 2249, 2251.

632 *Bader*, WM 2014, 2249, 2251.

des Darlehensgebers oft nur wenig Rendite erzeugen.[633] Stattdessen kann beim Unternehmensverkauf ein Teil des Erlöses an die Darlehensgeber ausgeschüttet werden.[634]

7. Equity-Kicker

Der partiarische Darlehensvertrag kann mit einem sogenannten Equity-Kicker versehen werden. Der Gläubiger erhält dann ein Wandlungsrecht, womit er sein Investment in einem festgelegten Verhältnis in echtes Eigenkapital umwandeln kann.[635] In der Praxis wird der Börsengang als Ereignis gewählt, das ein Wandlungsrecht auslöst. Dann partizipiert der Darlehensgeber am voraussichtlich steigenden Unternehmenswert des Schuldners.[636] Der Zeitpunkt zur Ausübung des Wandlungsrechts kann grundsätzlich frei bestimmt werden. Dabei muss der Darlehensgeber keine Rücksicht auf einen möglicherweise vereinbarten Nachrang nehmen, da er nach der Wandlung nur noch mit Eigenkapital haftet. Die anderen Gesellschaftsgläubiger werden dadurch nicht benachteiligt, denn in der Insolvenz wird das Eigenkapital als letztes bedient. Lediglich die Anteile der anderen Gesellschafter werden möglicherweise verwässert.[637]

Um gesellschaftsrechtliche Probleme oder eine Verwässerung zu vermeiden, kann auch rein schuldrechtlich eine Zusatzverzinsung vereinbart werden. Dabei handelt es sich entweder um die Zahlung eines vorher festgelegten Betrags (Non-Equity-Kicker), oder um die schuldrechtliche Nachbildung eines Equity-Kickers (virtueller Equity-Kicker).[638] Dort kann es allerdings zum Konflikt mit einer qualifizierten Nachrangvereinbarung kommen, wenn durch die Geltendmachung eine Überschuldung oder Insolvenz der Gesellschaft droht.

Anstelle eines Wandlungsrechts (oder zu dessen Ergänzung) kann der Darlehensvertrag auch ein Optionsrecht zum Erwerb von Anteilen an der Gesellschaft vorsehen. Der Rückzahlungsanspruch aus dem Darlehensvertrag bleibt dann unberührt.[639]

---

633 *Bader*, WM 2014, 2249, 2251.

634 *Bader*, WM 2014, 2249, 2251.

635 *Berger*, ZBB 2008, 92, 97; *Ganter*, WM 2011, 1585, 1587; *Wirth*, in: Beisel/Andreas, Beck'sches Mandatshandbuch Due Diligence, 3. Aufl. 2017, § 19 Rn. 21.

636 *Wirth*, in: Beisel/Andreas, Beck'sches Mandatshandbuch Due Diligence, 3. Aufl. 2017, § 19 Rn. 21; *Weitnauer*, in: Weitnauer, Handbuch Venture Capital, 5. Aufl. 2016, Teil F Rn. 304.

637 *Ganter*, WM 2011, 1585, 1587.

638 *Weitnauer*, in: Weitnauer, Handbuch Venture Capital, 5. Aufl. 2016, Teil F Rn. 264.

639 *Weitnauer*, in: Weitnauer, Handbuch Venture Capital, 5. Aufl. 2016, Teil F Rn. 304.

8. Zwischenergebnis

Der partiarische Darlehensgeber hat grundsätzlich eine Reihe von Möglichkeiten, seinen Darlehensvertrag zu beenden. Eine Nachrangvereinbarung sieht allerdings häufig eine Reihe von Einschränkungen dieser Beendigungsrechte vor, damit das Darlehen als wirtschaftliches Eigenkapital qualifiziert werden kann. Zu beachten ist, dass außerordentliche Kündigungsrechte als Kernbereich eines Dauerschuldverhältnisses nicht gänzlich ausgeschlossen werden können. Die Aufrechnung kann formularmäßig nicht vollständig ausgeschlossen werden, allerdings sind Einschränkungen durch Nachrangvereinbarungen lediglich eine Erschwerung des Rechts, die nicht nach § 309 Nr. 3 BGB, sondern § 307 BGB zu bewerten sind. Bei der Abtretung kann das partiarische Darlehen inklusive vertraglicher Einsichts- und Kontrollrechte übertragen werden. Entgegengesetzten Ausführungen von *Schön* sind nicht zu folgen. Wandlungsrechte stehen grundsätzlich nicht im Konflikt mit Nachrangvereinbarungen, denn der ehemalige Darlehensgeber haftet nach ihrer Auslösung mit echtem Eigenkapital. Anders ist die Situation allerdings bei einem Non-Equity-Kicker oder Virtuellem-Equity-Kicker.

XIII. Ergebnis

Die rechtliche Analyse des partiarischen Darlehens findet damit ihren Abschluss. Der Fokus des Kapitels lag auf der Betrachtung zivil- und kapitalmarktrechtlicher Fragestellungen zu partiarischen Darlehen als Instrument der Unternehmensfinanzierungen.

Die Arbeit stellte zunächst fest, dass bei der wirksamen Vereinbarung partiarischer Darlehen die §§ 305 ff. BGB eine große Rolle spielen können. Gewinnbeteiligungs- und Rangrücktrittsklauseln können in Übereinstimmung mit § 305c Abs. 1 BGB vereinbart werden. Sollten die Klauseln mehrdeutig sein, ist ein Günstigkeitsvergleich gemäß § 305c Abs. 2 BGB vorzunehmen. Das Ergebnis der daraus folgenden Auslegung hängt davon ab, ob der Vertragspartner Darlehensnehmer oder Darlehensgeber ist.

Die Inhaltskontrolle ist grundsätzlich nicht auf Erfolgsbeteiligungsklauseln eines Darlehensvertrags anwendbar. Es wird lediglich die Transparenz der Vereinbarung gemäß § 307 Abs. 1 S. 2 BGB überprüft. Sollte die Erfolgsbeteiligung danach unwirksam oder gemäß § 306 Abs. 1 BGB nicht Vertragsbestandteil sein, führt dies grundsätzlich nicht zur Gesamtunwirksamkeit des Rechtsgeschäfts. Gemäß § 306 Abs. 2 BGB kommt eine Auslegung der Erfolgsbeteiligung in eine Festverzinsung in Betracht.

Die Nachrangklausel eines partiarischen Darlehens wird vom Anwendungsbereich der Inhaltskontrolle erfasst. Entgegen einiger Stimmen aus der Literatur ist die Anwendbarkeit des § 307 BGB nicht vom Eigenkapitalzweck der Vereinbarung abhängig. Gemäß § 307 Abs. 1, 2 BGB ist ein Rangrücktritt grundsätzlich keine unangemessene Benachteiligung. Der klauselverwendende Darlehensnehmer kann sich auf anerkennenswerte Interessen bei der Vereinbarung einer Nachrangklausel berufen. Zudem ist das von der herrschenden Meinung abgelehnte Preisargument auf partiarische Darlehen anwendbar. Jedenfalls spricht der Wille des Gesetzgebers grundsätzlich gegen eine unangemessene Benachteiligung nach § 307 Abs. 1 S. 1 BGB durch den Rangrücktritt.

Im Folgenden besprach dieses Kapitel die Rechte und Pflichten der Vertragsparteien. Ein Einsichtsrecht, das der BGH für Genussrechtsgläubiger entwickelte, ist aufgrund der vergleichbaren Interessenlage auch auf partiarische Darlehen anwendbar. Es ergibt sich aus §§ 666, 681, 687 Abs. 2 BGB i.V.m. § 242 BGB und soll dem Darlehensgeber ermöglichen, seine Erfolgsbeteiligung nachzuvollziehen.

Die Vertragsparteien können ihre Rechte und Pflichten durch Covenants erweitern. Diese Arbeit stellte allerdings die Gefahren eines Konflikts der Covenants mit Rangrücktrittsvereinbarungen dar. Ein Konflikt kommt insbesondere dann in Betracht, wenn der Nachrang einen der folgenden Zwecke erreichen soll: wirtschaftliches Eigenkapital generieren, die Aufnahme der Rückzahlungsforderung in die Überschuldungsbilanz verhindern oder die Einordnung der Darlehensannahme als Einlagengeschäft vermeiden.

Gewähren Covenants zu umfangreiche Einwirkungsrechte, droht dem partiarischen Darlehen die Umdeutung in eine stille Gesellschaft. Außerdem können derartige Covenants einen gesetzlichen Nachrang gemäß § 39 Abs. 1 Nr. 5 InsO auslösen. Jedoch reicht es grundsätzlich nicht aus, dass ein außenstehender Dritter Einwirkungsrechte aus Covenants ableiten kann. Darüber hinaus bedarf es vielmehr tatsächlicher Umstände, die etwa zu einer starken Abhängigkeit des Darlehensnehmers vom Darlehensgeber führen. Erst dann ist ein gesetzlicher Rangrücktritt gerechtfertigt.

Der folgende Abschnitt beschäftigte sich mit den Rücksichtnahme- und Treuepflichten beim partiarischen Darlehen. Dabei können wieder Grundsätze, die der BGH zu Genussrechten entwickelt hat, auf partiarische Darlehen übertragen werden. So kann der Darlehensgeber einen Schadensersatzanspruch wegen Nebenpflichtverletzung aus § 280 Abs. 1 BGB geltend machen, wenn der Darlehensnehmer pflichtwidrig sein Unternehmen führt. Nicht überzeugend ist hingegen die von *Schön* vertretene treuwidrige Geltendmachung des Rückzahlungsanspruchs im Falle einer Umschuldung des Darlehensnehmers. Außerdem ist die gesellschaftsrechtliche Treuepflicht nicht auf das partiarische Darlehen anwendbar.

Diese Arbeit entwickelte neue Gedanken insbesondere zur Prospekthaftung nach § 21 VermAnlG. Es wurde herausgearbeitet, dass tauglicher Anspruchsgegner ein Emittent sein kann, der nicht gleichzeitig Anbieter der Vermögensanlage ist. Zudem sieht der § 21 VermAnlG kein Kausalitäts- oder Verschuldenserfordernis vor. Für die Argumentation wurde insbesondere auf die durch das Kleinanlegerschutzgesetz neu eingeführte Vorschrift § 22 VermAnlG zurückgegriffen.

Schließlich besprach dieses Kapitel die Ad-hoc-Publizität aus § 11a VermAnlG. Dabei wurde die Norm weitgehend dem gängigen Verständnis des § 15 WpHG a.F. entsprechend ausgelegt. Im Rahmen der Bewertung der Ad-hoc-Publizität stellte diese Arbeit fest, dass der Gesetzgeber keinen überzeugenden Grund hatte, das partiarische Darlehen in den Anwendungsbereich des § 11a VermAnlG fallen zu lassen. Die Ad-hoc Publizität des VermAnlG soll Zweiterwerber schützen, obwohl bei partiarischen Darlehen kein liquider Sekundärmarkt existiert. Vereinbaren die Parteien einen qualifizierten Nachrang und den damit einhergehenden Kündigungsausschluss, kann der Darlehensgeber sich nicht von der Vermögensanlage trennen, wenn er schlechte Nachrichten durch eine Ad-hoc-Mitteilung erfährt. Zudem kann ein partiarischer Darlehensgeber grundsätzlich keinen Einfluss auf den strategischen Kurs des Schuldners nehmen, wie dies teilweise ein Aktionär kann. Gleichzeitig verursacht eine Ad-hoc-Publizität Kosten und Haftungsrisiken. Deshalb sollten partiarische Darlehen aus dem Anwendungsbereich des § 11a VermAnlG gestrichen werden. Jedenfalls sollte der Gesetzgeber zur Entlastung der Emittenten einige Aufschubmöglichkeiten aus § 15 Abs. 3 WpHG a.F. oder Art. 17 Abs. 4 MAR in den § 11a VermAnlG aufnehmen.

D. Ist das partiarische Darlehen ein „gutes“ oder „schlechtes“ Instrument der Unternehmensfinanzierung?

Nachdem das partiarische Darlehen rechtlich ausgeleuchtet wurde, kann im nächsten Schritt bewertet werden, inwiefern es sich um ein „gutes“ oder „schlechtes“ Instrument der Unternehmensfinanzierung handelt. Dafür werden abstrakte Kriterien aufgestellt, die mithilfe von ökonomischen Erwägungen auf das partiarische Darlehen angewendet werden. Die folgenden Ausführungen konzentrieren sich auf die vier Kriterien Informationen, Mitsprache, Liquidität und Risiken. Diese Liste ist nicht abschließend und könnte beliebig auf alle denkbaren Aspekte einer Unternehmensfinanzierung ausgedehnt werden. Die hier bearbeiteten Kriterien sollen aber einige der Stärken und Schwächen des partiarischen Darlehens verdeutlichen.

I. Aus wessen Sicht?

An einer Unternehmensfinanzierung ist eine Reihe von Stakeholdern unmittelbar oder jedenfalls mittelbar beteiligt. Neben dem Investor und dem finanzierten Unternehmen, spielen auch die Interessen der Geschäftsführung, Arbeitnehmer, Gläubiger und staatlicher Stellen eine bedeutende Rolle. Durch die vielfältigen Interessen kann auch die Bewertung, ob es sich bei dem partiarischen Darlehen um ein „gutes“ oder „schlechtes“ Instrument der Unternehmensfinanzierung handelt, variieren. Um einen einheitlichen Bewertungshorizont für die aufgestellten Kriterien zu gewährleisten, soll im Folgenden die Sicht der Investoren maßgeblich sein.

II. Informationen

Bei einer Unternehmensfinanzierung können dem Investor gesetzliche oder vertragliche Informationsrechte zustehen. Die Informationsrechte des partiarischen Darlehensgebers wurden oben näher beleuchtet.[640] Inwiefern ist das partiarische Darlehen in Anbetracht der eingeräumten Informationsmöglichkeiten ein „gutes“ oder „schlechtes“ Instrument der Unternehmensfinanzierung? Als

---

640 Siehe oben C.II und C.III.

intuitive Reaktion könnte man der Auffassung sein, dass ein Finanzierungsinstrument dann gut ist, je mehr Informationsmöglichkeiten es für den Investor vorsieht.

1. Informationen zur Preisbildung

Investoren kaufen Finanzinstrumente grundsätzlich, um Geld zu verdienen. Der Preis, den sie für das Instrument zahlen, hängt von der Erwartung zukünftiger Gewinne (dem Fundamentalwert) ab.[641] Um Erwartungen für die Zukunft bilden zu können, sind Investoren auf Informationen angewiesen.[642] Nach der *Efficient Capital Market Hypothesis* (ECMH) reflektieren Preise alle verfügbaren Informationen.[643] *Fama* entwickelte dabei eine Abstufung abhängig von der Art der Information (*weak, semi-strong, strong*).[644] Am ehesten lässt sich die *semi-strong* Variante auf unsere heutige Zeit übertragen, bei der alle öffentlichen Informationen in die Preisbildung einfließen. Sind Informationen nicht verfügbar oder schaffen es Märkte nicht, verfügbare Informationen angemessen zu reflektieren, kommt es zur ineffizienten Ressourcenallokation.[645] Unternehmen erhalten hohe Investitionssummen, obwohl sie bei objektiver Betrachtung nur einen geringen Kapitalwert aufweisen.[646] Wettbewerber mit höherem Kapitalwert erhalten hingegen zu wenige Investitionsgelder. Um solche Ressourcenallokationen zu vermeiden, könnten zusätzliche Informationen für die Marktteilnehmer möglicherweise sinnvoll sein.

2. Unterproduktion von öffentlichen Gütern

Das Produzieren von preisrelevanten Informationen verursacht grundsätzlich Kosten, die ein Marktteilnehmer nur dann tragen will, wenn er wirtschaftlich davon profitieren kann.[647] Die Kosten entstehen dadurch, dass das Sammeln von

---

641 *Gilson/Kraakman,* 70 Virginia Law Review 549, 561 (1984); *Armour* et al., Principles of Financial Regulation, 2016, S. 102.

642 *Armour* et al., Principles of Financial Regulation, 2016, S. 102.

643 *Fama,* 25 The Journal of Finance 383 (1970).

644 *Fama,* 25 The Journal of Finance 383 (1970); *Jensen,* 6 Journal of Financial Economics 95, 97 (1978).

645 *Gilson/Kraakman,* 70 Virginia Law Review 549 (1984); *Fleischer,* Informationsasymmetrie im Vertragsrecht, 2001, S. 131; *Armour* et al., Principles of Financial Regulation, 2016, S. 106.

646 *Klöhn,* Kapitalmarkt, Spekulation und Behavioral Finance, 2006, S. 64.

647 *Armour* et al., Principles of Financial Regulation, 2016, S. 106.

Informationen Zeit und Geld in Anspruch nimmt und die produzierten Informationen in die Hände von Konkurrenten gelangen können, die sich dadurch einen Wettbewerbsvorteil verschaffen. Informationen bereiten zusätzliche Anreizprobleme, da sie Charakteristika öffentlicher Güter aufweisen.[648] Es ist schwierig oder sogar unmöglich, die Nutzung von Informationen zu begrenzen.[649] Außerdem beeinträchtigt die Nutzung nicht den Wert einer Information.[650] Deshalb kann ein Marktteilnehmer nur schwerlich einen Profit mit der Informationsproduktion erwirtschaften, wenn er die Nutzung nicht auf solche Personen begrenzen kann, die bereit sind, für die Information zu bezahlen.[651] Kann der Marktteilnehmer die Nutzung nicht begrenzen, muss ein zahlungswilliger Kunde in Kauf nehmen, dass andere Nutzer kostenlos von seiner Leistung Gebrauch machen (*free-riding*).[652] Der zahlungswillige Kunde hat dann selbst einen Anreiz, von einem Kauf abzusehen und als Trittbrettfahrer von dem Informationskauf anderer zu profitieren.[653] Bei der Produktion von öffentlichen Gütern ist es zudem besonders schwer zu verhindern, dass das produzierte Gut in die Hände von Konkurrenten fällt. All dies führt in der Regel zu einer Unterproduktion von Informationen.[654] Finanzierungsinstrumente wie das partiarische Darlehen müssen deshalb möglicherweise gesetzliche oder vertragliche Informationspflichten vorsehen, um diese Unterproduktion auszugleichen – vorausgesetzt, dass mehr Informationen wirklich hilfreich sind.

3. Verteilungsprobleme und Informationsasymmetrien

Die besonderen Eigenschaften von Informationen führen allerdings nicht dazu, dass gar keine Informationen produziert werden. Ob die produzierten Informationen aber auch dem Vertragspartner mitgeteilt werden, ist wiederum eine andere Frage. Der Verkäufer eines Gegenstands (zum Beispiel eines Gebrauchtwagens) hat häufig ein überlegendes Wissen gegenüber einem potentiellen

---

648 *Healy/Palepu*, 31 Journal of Accounting and Economics 405, 411 f. (2001); *Heremans/Pacces*, in: van den Bergh/Pacces, Regulation and Economics, 2012, S. 566; *Armour* et al., Principles of Financial Regulation, 2016, S. 157.

649 *Wu*, in: Parisi, Oxford Handbook of Law and Economics, 2017, S. 239.

650 *Wu*, in: Parisi, Oxford Handbook of Law and Economics, 2017, S. 239.

651 *Wu*, in: Parisi, Oxford Handbook of Law and Economics, 2017, S. 242.

652 *Schäfer/Ott*, Lehrbuch der ökonomischen Analyse des Zivilrechts, 5. Aufl. 2012, S. 79.

653 *Schäfer/Ott*, Lehrbuch der ökonomischen Analyse des Zivilrechts, 5. Aufl. 2012, S. 79.

654 *Wu*, in: Parisi, Oxford Handbook of Law and Economics, 2017, S. 242; *Heremans/Pacces*, in: van den Bergh/Pacces, Regulation and Economics, 2012, S. 566.

Käufer.[655] Entweder ist der Verkäufer ein Fachmann oder er hat den Gebrauchtwagen selbst jahrelang verwendet.[656] Man spricht in einem solchen Fall von einer Informationsasymmetrie.[657] Legt der Verkäufer dem Vertragspartner alle seine Informationen zum Fahrzeug offen, kann sich das nachteilig für den Verkäufer auswirken. Der Käufer würde seinen gebotenen Kaufpreis reduzieren, wenn er zum Beispiel erfährt, dass ein Motorschaden vorliegt. Er könnte auch gänzlich vom Vertragsschluss absehen.

Eine Informationsasymmetrie ist bei einem partiarischen Darlehen ebenfalls denkbar. Der Darlehensnehmer könnte sich etwa in einer finanziell angespannten Lage befinden, die für den Darlehensgeber nicht sofort erkennbar ist. Der Darlehensnehmer hat zunächst kein Interesse daran, seinem Vertragspartner einen umfangreichen Einblick in seine Finanzen zu gewähren. Der Darlehensgeber würde mit hoher Wahrscheinlichkeit die Erfolgsbeteiligung an das erhöhte Risiko anpassen, oder weitreichende Covenants verlangen.

Der Käufer und der Darlehensgeber könnten noch versuchen, ohne die Mithilfe des Vertragspartners an die für sie relevanten Informationen zu gelangen. Zum Beispiel kann der Käufer des Gebrauchtwagens vor Vertragsabschluss den PKW in einer Fachwerkstatt untersuchen lassen. Bei einem Darlehen könnte der Gläubiger eine Bewertung der Kreditwürdigkeit des Darlehensnehmers einholen. Verursacht eine solche Informationsgewinnung allerdings Kosten und steht sie nicht in einem angemessenen Verhältnis zum Nutzen, dann entscheidet sich der Käufer oder der Darlehensgeber uninformiert zu bleiben.[658] In diesem Fall kann er die guten von den schlechten Produkten nicht unterscheiden. Entweder er unterlässt deshalb seine Investition, weil er sich vor dem Informationsdefizit fürchtet.[659] Oder er passt seinen gebotenen Kaufpreis, bzw. die Darlehenskonditionen, an. Er wird dem Verkäufer nicht den Preis für ein gutes Produkt bieten, sondern er wird die Wahrscheinlichkeit, ein schlechtes Produkt zu erhalten, und den geringeren Wert eines schlechten Gegenstandes in sein Angebot einkalkulieren (*adverse selection*).[660] Das niedrigere Kaufpreisangebot führt wiederum

---

655 *Cooter/Ulen*, Law and Economics, 6. Ed., 2016, S. 41.

656 *Grundmann*, JZ 2000, 1133, 1137.

657 *Akerlof*, 84 The Quarterly Journal of Economics 488 (1970); näher dazu auch *Hacker*, Verhaltensökonomik und Normativität, 2017, S. 413 ff.

658 *Stigler*, 69 University of Chicago Press 213 (1961); *Fleischer*, Informationsasymmetrie im Vertragsrecht, 2001, S. 205.

659 *Armour* et al., Principles of Financial Regulation, 2016, S. 106.

660 *Akerlof*, 84 The Quarterly Journal of Economics 488 (1970); *Easterbrook/Fischel*, The Economic Structure of Corporate Law, 1991, S. 52.

dazu, dass der Verkäufer ein gutes Produkt nicht mehr gewinnbringend verkaufen kann. Stattdessen hat der Verkäufer einen Anreiz nur noch „*lemons*“ (schlechte Produkte) zu verkaufen, was zu einer Abwärtsspirale führen kann.[661]

Verlassen Käufer einen Markt aufgrund von Informationsasymmetrien, führt das zu einer geringeren Liquidität, die höhere Kosten für die anderen Marktteilnehmer verursachen kann.[662] Händler guter Produkte werden aus dem Markt getrieben.[663] Gleichzeitig finden Kunden, die gute Produkte kaufen würden, keinen Markt vor.[664] Der sogenannte *bid-ask spread* wird größer.[665] Somit könnten die Phänomene der Verteilungsprobleme und Informationsasymmetrien dafür sprechen, dass mehr Informationenpflichten im Rahmen von partiarischen Darlehen gut wären.

4. Anreize zur freiwilligen Informationsveröffentlichung

Zur Vermeidung einer *adverse selection* haben Unternehmen einen Anreiz, dem Markt freiwillig Informationen zur Verfügung zu stellen (Revelationsprinzip).[666] Dadurch kann potentiellen Investoren die Unsicherheit über die Qualität des Produkts genommen werden.[667] Spieltheoretisch könnte die freiwillige Informationspreisgabe stets die dominante Strategie sein.[668] In der Realität funktioniert das Revelationsprinzip allerdings nur bedingt. Es besteht etwa die Möglichkeit, dass der Verkäufer einfach keine Kenntnis von der Qualität seines Produktes hat.[669] Sein Schweigen kann entweder Ausdruck seiner Unkenntnis oder seiner fehlenden Bereitschaft sein, qualitätsmindernde Umstände preiszugeben. Der Käufer weißt nicht, welche Informationen der Verkäufer hat und welche er verschweigt.[670] Zum Teil kann der Käufer die Informationen des Verkäufers auch nicht verifizieren.[671] Es ist deshalb schwierig, den Käufer davon zu überzeugen,

---

661 *Akerlof*, 84 The Quarterly Journal of Economics 488 (1970); *Easterbrook/Fischel*, The Economic Structure of Corporate Law, 1991, S. 280.

662 *Armour* et al., Principles of Financial Regulation, 2016, S. 106.

663 *Akerlof*, 84 The Quarterly Journal of Economics 488 (1970).

664 *Akerlof*, 84 The Quarterly Journal of Economics 488 (1970).

665 *Armour* et al., Principles of Financial Regulation, 2016, S. 113.

666 *Easterbrook/Fischel*, The Economic Structure of Corporate Law, 1991, S. 280; *Fleischer*, Informationsasymmetrie im Vertragsrecht, 2001, S. 129 ff.

667 *Carlton/Fischel*, in: Wittman, Economic Analysis of the Law, 2003, p 205.

668 *Grossman*, 24 The Journal of Law & Economics 461, 462 (1981).

669 *Fleischer*, Informationsasymmetrie im Vertragsrecht, 2001, S. 130 f.

670 *Fleischer*, Informationsasymmetrie im Vertragsrecht, 2001, S. 131.

671 *Easterbrook/Fischel*, The Economic Structure of Corporate Law, 1991, S. 280 f.

dass keine preisrelevanten Informationen zurückgehalten wurden.[672] Teilweise kann die Glaubwürdigkeit einer freiwilligen Informationsveröffentlichung dadurch gesteigert werden, indem die Information von unabhängigen Wirtschaftsprüfern bestätigt wird, oder sogenannte Underwriter, wie zum Beispiel Investmentbanken, Garantien zu Gunsten des Informierenden aussprechen. Allerdings sind diese Dienste kostspielig und müssen deshalb im angemessenen Verhältnis zum Nutzen stehen.[673] Der Effekt freiwilliger Informationsveröffentlichungen auf die effiziente Preisbildung ist deshalb in vielen Fällen eingeschränkt.

5. Veröffentlichungspflicht für Informationen?

Nun könnte der Umstand, dass ein Darlehensgeber grundsätzlich wenige Informationen aufgrund der Eigeninitiative des Darlehensnehmers erhält, zu der Annahme führen, dass eine Verpflichtung des Darlehensnehmers zur Veröffentlichung von mehr Informationen gut wäre. Schließlich ist der relative Beschaffungsaufwand der Information für den Darlehensnehmer im Vergleich zu seinem Vertragspartner meistens geringer. Der Gesamtnutzen wäre in einem solchen Fall möglicherweise gefördert. Sind Informationsrechte für den Darlehensgeber aber wirklich so hilfreich, wie sie auf den ersten Blick erscheinen?

a) Kritik an der Efficient Capital Market Hypothesis

Wie oben dargestellt, besagt die *Efficient Capital Market Hypothesis* (ECMH), dass Preise alle (jedenfalls öffentlich) verfügbaren Informationen reflektieren. Die ECMH ist in den letzten Jahrzehnten jedoch in die Kritik geraten. Es wurden viele Anomalien aufgedeckt, die sich mit der Hypothese nicht erklären lassen.[674] Zu den Anomalien zählen etwa das *noise trading*[675] und das *equity premium puzzle*[676]. Seit den 1970er Jahren entwickelt sich zudem die Strömung des *Behavioral Finance*, die einige der Grundpfeiler der ECMH in Frage stellt.

Nach der ECMH stellen Marktteilnehmer unverzerrte Prognosen über den zukünftigen Wert eines Finanzproduktes an und verarbeiten dabei alle verfügbaren Informationen.[677] Die ECMH bestreitet nicht, dass auch irrationale Händler

---

672 *Healy/Palepu*, 31 Journal of Accounting and Economics 405, 425 (2001).

673 *Easterbrook/Fischel*, The Economic Structure of Corporate Law, 1991, S. 283.

674 Eine umfangreiche Darstellung der Anomalien findet sich in *Shleifer*, Inefficient Markets, 2000, S. 11 ff.

675 *Black*, 41 The Journal of Finance 529 (1986).

676 *Mehra/Prescott*, 15 Journal of Monetary Economics 145 (1985); *Benartzi/Thaler*, 110 The Quarterly Journal of Economics 73 (1995).

677 *Klöhn*, Kapitalmarkt, Spekulation und Behavioral Finance, 2006, S. 89.

am Markt auftreten. Allerdings würden sich deren zufällige Abweichungen von rationalem Verhalten gegenseitig aufheben, sodass es trotzdem zur effizienten Preisbildung kommt.[678] Zudem würden Arbitrageure aus den irrationalen Entscheidungen anderer profitieren und dadurch den Marktpreis korrigieren.[679] *Kahneman* und *Tversky* bewiesen allerdings, dass Menschen nicht zufällig, sondern systematisch irrational handeln. Im Rahmen ihrer *Prospect Theory* stellten sie fest, dass Menschen verlustavers sind (*loss aversion*) und je nachdem, ob sie mit einem Gewinn oder Verlust konfrontiert sind, inkonsistente Entscheidungen treffen (*framing effect*).[680] Sie erforschten auch eine Reihe anderer *heuristics* und *biases*, wie etwa der *endowment effect*, *representativeness*, *overoptimism*, *overconfidence*, *hindsight-bias*, *status quo bias*, *anchoring* und die *base rate fallacy*.[681] Das damit bewiesene systematisch irrationale Verhalten von Menschen widerlegt Grundannahmen der ECMH.

Auch Arbitrageure sind nicht in der Lage, konsequent aus dieser systematischen Irrationalität Profit zu schlagen und eine Markteffizienz herbeizuführen. Für ihre Investmentstrategie brauchen sie ähnliche Finanzinstrumente mit vergleichbarem Cashflow.[682] Dann können sie zu teure Produkte verkaufen und günstigeren Ersatz einkaufen. Die Produktpreise bewegen sich so wieder näher zueinander. Allerdings gibt es diese vergleichbaren Finanzinstrumente nicht immer und zu jeder Zeit, sodass Arbitrageure Risiken eingehen müssen.[683] Durch die Risiken entstehen Kosten und der Arbitrageur kann nicht jede Irrationalität ausnutzen.

Aus den Schwächen der ECMH lässt sich der Schluss ziehen, dass es selbst bei vollständig informierten Marktteilnehmern zu keiner effizienten Preisbildung kommen würde. Ein Finanzierungsinstrument, dass mehr Informationen zur Verfügung stellt, ist damit nicht automatisch gut.

---

678 *Shleifer*, Inefficient Markets, 2000, S. 2.

679 *Shleifer*, Inefficient Markets, 2000, S. 2.

680 *Kahneman/Tversky*, 47 Econometrica 263 (1979).

681 *Kahneman/Tversky*, 80 Psychological Review 237 (1973); *Tversky/Kahneman*, 185 Science 1124 (1974); zu Investmententscheidungen siehe auch *Kahneman/Riepe*, 24 Journal of Portfolio Management 52 (1998).

682 *Gemmill/Thomas*, 57 Journal of Finance 2571, 2583 (2002); *Shleifer*, Inefficient Markets, 2000, S. 8; *Posner*, Economic Analysis of Law, 9. Ed., 2014, S. 601 f.

683 *Gemmill/Thomas*, 57 Journal of Finance 2571, 2583 (2002); *Shleifer*, Inefficient Markets, 2000, S. 14, *Posner*, Economic Analysis of Law, 9. Ed., 2014, S. 603.

b) Lesen Marktteilnehmer veröffentlichte Informationen?

Soeben wurde dargelegt, dass Marktteilnehmer Informationen systematisch irrational verarbeiten. Allerdings stellt sich auch die Frage, inwieweit Marktteilnehmer verfügbare Informationen überhaupt aufnehmen und verarbeiten.

Ben-Shahar und *Schneider* haben sich im Rahmen ihrer Forschung mit dieser Frage beschäftigt. Sie bauen dabei auf eine Reihe grundlegender Studien[684] auf und stellen fest, dass Individuen beim Produktkauf oder der Wahrnehmung von Dienstleistungen die beigefügten Informationen zumeist nicht lesen oder wenn sie sie doch lesen, in der Regel nicht verstehen oder zumindest nicht anwenden.[685] Das liege zum einen daran, dass Gesetzgeber häufig Veröffentlichungspflichten erlassen, die eigentlich unnötig sind. Öffentliche Empörung, politischer Druck und ein Pflichtgefühl würden den Gesetzgeber bei Skandalen zum Handeln veranlassen.[686] Das geschehe unabhängig davon, ob eine Informationspflicht im Einzelfall eine sinnvolle Regulierungsmethode ist oder nicht.

Der Gesetzgeber greife zudem gerne und häufig auf Informationspflichten zurück, weil sie grundsätzlich eine sanft wirkende Regulierung sind.[687] Dadurch könne ein härterer Eingriff, wie zum Beispiel ein Verbot, vermieden werden. Dem Einzelnen bleibe die Entscheidung überlassen, ob er ein Geschäft mit einer bestimmten Partei eingehen will oder nicht.[688] Die Privatautonomie werde dadurch gefördert.

Dass viele unnötige Informationspflichten gesetzlich vorgeschrieben sind, liege auch daran, dass es schwierig für den Gesetzgeber ist, den richtigen Umfang einer Informationspflicht zu treffen.[689] Vorsichtshalber würden eher zu viele als zu wenige Informationspflichten auferlegt. Zumal auch immer neue Probleme

---

684 Unter anderem *Chang/Hanna,* 16 Journal of Consumer Studies & Home Economics 207 (1992); *Willis,* 65 Maryland Law Review 704 (2006); *Schneider,* 41 Wake Forest Law Review 411 (2006); *Bakos/Marotta-Wurgler/Trossen,* 43 The Journal of Legal Studies 1 (2014).

685 *Ben-Shahar/Schneider,* 159 University of Pennsylvania Law Review 647 (2011); *Ben-Shahar/Schneider,* 11 Jerusalem Review of Legal Studies 83 (2015).

686 *Ben-Shahar/Schneider,* 159 University of Pennsylvania Law Review 647, 680 (2011).

687 *Ben-Shahar/Schneider,* 159 University of Pennsylvania Law Review 647, 681 (2011); *Marotta-Wurgler,* 168 Journal of Institutional and Theoretical Economics 94, 97 (2012).

688 *Ben-Shahar/Schneider,* 159 University of Pennsylvania Law Review 647, 681 (2011); *Marotta-Wurgler,* 168 Journal of Institutional and Theoretical Economics 94, 97 (2012); *Grundmann,* JZ 2000, 1133, 1137 f.

689 *Ben-Shahar/Schneider,* 159 University of Pennsylvania Law Review 647, 686 (2011).

mit Produkten im Laufe der Zeit bekannt würden, sodass sich die Informationspflichten kontinuierlich erhöhen.

Ben-Shahar und *Schneider* stellten bei veröffentlichungspflichtigen Unternehmen fest, dass sie Schwierigkeiten haben, das gesetzgeberische Mandat korrekt zu interpretieren.[690] Die Unternehmen hätten auch Probleme dabei, die für die Veröffentlichung verlangten Daten zu sammeln. Teilweise habe ein Unternehmen auch gar kein Interesse daran, seine Informationspflichten ordnungsgemäß zu erfüllen und es versuche stattdessen, die Veröffentlichung zu vermeiden oder zumindest ihre Nutzbarkeit einzuschränken.[691]

Auch die Kunden könnten nur begrenzt viel mit den bereitgestellten Informationen anfangen. Zum einen würde sie die schiere Menge an Informationen abschrecken, sodass sie die Informationen gar nicht erst anfangen zu lesen.[692] Oder es werde ihnen durch die Informationsflut erschwert, die für sie interessanten Abschnitte in den Materialien zu finden. Auch könnten die Informationen zu kompliziert und unverständlich für die Kunden sein.[693] Selbst wenn ein Kunde die ihm präsentierten Informationen verstehe, werde er sie mit hoher Wahrscheinlichkeit bald wieder vergessen.[694] Oder der Kunde lese die Informationen, ziehe daraus aber keine korrekten Schlüsse. Entweder er verstehe die Information nicht richtig, oder er könne sie nicht korrekt einordnen.[695] Dass alles mindere den Anreiz, die Information überhaupt zu lesen und nachzuvollziehen.

c) Übertragung der Ergebnisse auf Prospekte und Kapitalmärkte

Gelten die von *Ben-Shahar* und *Schneider* herausgearbeiteten Ergebnisse auch für Investoren am Kapitalmarkt? Auf dem Primärmarkt, wie etwa bei einem öffentlichen Angebot von partiarischen Darlehen, müssen Informationen grundsätzlich in der Form von Prospekten bereitgestellt werden. Eine Studie zu *mutual funds* in den USA hat herausgefunden, dass nur 34 Prozent der Investoren vor Vertragsabschluss den Prospekt als Informationsquelle herangezogen haben.[696] Das liege zum einen daran, dass Prospekte in der Regel mehrere hundert Seiten lang

---

690 *Ben-Shahar/Schneider,* 159 University of Pennsylvania Law Review 647, 692 ff. (2011).
691 *Ben-Shahar/Schneider,* 159 University of Pennsylvania Law Review 647, 698 (2011).
692 *Ben-Shahar/Schneider,* 159 University of Pennsylvania Law Review 647, 710 (2011).
693 *Ben-Shahar/Schneider,* 159 University of Pennsylvania Law Review 647, 711 ff. (2011).
694 *Ben-Shahar/Schneider,* 159 University of Pennsylvania Law Review 647, 719 (2011).
695 *Marotta-Wurgler,* 168 Journal of Institutional and Theoretical Economics 94, 96 (2012).
696 *Investment Company Institute,* Understanding Investor Preferences, 2006, S. 4.

und nur schwer verständlich sind.[697] Nun könnte man sich damit begnügen, dass zumindest 34 Prozent der Anleger den Prospekt konsultiert haben, allerdings muss grundsätzlich die Frage gestellt werden, ob der betriebene Aufwand – die Erstellung eines Prospekts – dann noch im angemessenen Verhältnis zum Nutzen steht. Zumal in der Studie nicht erforscht wurde, wie viele der Investoren die in den Prospekten enthaltenen Informationen auch verstanden und nutzbringend verwendet haben. Die Ergebnisse von *Ben-Shahar* und *Schneider* deuten eher darauf hin, dass dies nur bei einem kleinen Teil der Fall war.

Der Gesetzgeber hat das Problem der Unverständlichkeit und der mangelnden Lesebereitschaft bei Prospekten durchaus erkannt und in mehreren Jurisdiktionen einen sogenannten *summary prospectus* eingeführt. In diese Gruppe fällt auch das Vermögensanlagen-Informationsblatt gemäß § 13 VermAnlG. Eine Studie in den USA hat allerdings herausgefunden, dass die Verwendung eines *summary prospectus* die Investmententscheidung nicht beeinflusst.[698] Das kann daraus folgen, dass die Heterogenität der Investoren es schwer macht, einen für alle sinnvollen Inhalt des verkürzten Prospekts festzulegen.[699] Allgemeine Hinweise führen bei Investoren insbesondere dazu, dass sie glauben, Warnungen seien nicht für sie selbst, sondern für andere Investoren bestimmt.[700] Bei dieser Einschätzung spielen die *overoptimism* und *overconfidence biases* der Investoren eine Rolle.[701]

Ein Argument für umfangreiche Veröffentlichungspflichten versuchten *Schwartz* und *Wilde* zu entwickeln. Sie vertreten die Theorie, dass zumindest eine informierte Minderheit den Wettbewerb zwischen den veröffentlichungspflichtigen Unternehmen anregen kann.[702] Möchten die Unternehmen diese

697 *Armour* et al., Principles of Financial Regulation, 2016, S. 160.

698 *Beshears/Choi/Laibson et al.*, in: Wise, Explorations in the Economics of Aging, 2011, S. 76; eine Studie von *Oehler* ZBB 2015, 208 zu Vermögensanlagen-Informationsblättern (VIBs) untersucht lediglich die subjektive Bewertung und Gestaltung von Warnhinweisen, aber nicht die Auswirkungen von VIBs auf das Anlageverhalten. Die Studie war auch Grundlage für die Gesetzesevaluation des Kleinanlegerschutzgesetzes durch die Bundesregierung – siehe dazu den Bericht der Bundesregierung über die Evaluierung der durch das Kleinanlegerschutzgesetz vom 3.7.2015 eingeführten Befreiungsvorschriften in §§ 2a bis 2c des Vermögensanlagengesetzes, S. 5 ff., abrufbar unter https://www.bundestag.de/blob/504710/1a1d8118889a0ef68ab70a3b0c5f0483/bericht-data.pdf (zuletzt abgerufen am 29.11.2018).

699 *Ben-Shahar/Schneider*, 159 University of Pennsylvania Law Review 647, 745 (2011).

700 *Langevoort*, 81 Virginia Law Review 853, 880 (1995).

701 *Langevoort*, 81 Virginia Law Review 853, 879 (1995).

702 *Schwartz/Wilde*, 127 University of Pennsylvania Law Review 630, 649 ff. (1979); *Priest*, 90 Yale Law Journal 1297 (1981).

informierten Kunden nicht verlieren, müssen sie ihre Produkte zum Vorteil aller anpassen. Dieser Ansatz hat allerdings zwei Schwächen. Zum einen setzt er voraus, dass informierte und uninformierte Käufer die gleichen Präferenzen haben. Das ist meistens nicht der Fall.[703] Warum sonst sollte der informierte Kunde bereit sein, Suchkosten zu investieren, während der uninformierte Käufer darauf verzichtet? Zudem ist der informierte Käufer möglicherweise Experte auf dem Gebiet des Produkts und hat deshalb andere Anforderungen an dessen Eigenschaften.[704] Ferner haben die Anbieter ein finanzielles Interesse daran, nur den informierten Kunden ein besseres Produkt zu gewähren.[705] Die informierten Kunden würden ihre Kaufentscheidung auch nicht davon abhängig machen, ob uninformierte Dritte ebenfalls in den Genuss ihrer nachgebesserten Vertragsbedingungen kommen.

Veröffentlichungspflichten können sich positiv auswirken, wenn Intermediäre am Markt auftreten, die sich auf die Informationsverarbeitung spezialisiert haben und deren Zweck der Interessensschutz anderer Marktteilnehmer ist. Zum Beispiel verwenden Verbraucherschutzvereine Ressourcen für die Informationsgewinnung und -verarbeitung, sodass sie nachteilige Vertragsklauseln am Markt beanstanden können. Durch Klagen oder durch Druckausübung können sie Unternehmen veranlassen, für alle Kunden bessere Vertragsbedingungen einzuführen. Insofern kann eine informierte Minderheit einen positiven Effekt auf die Gesamtsituation der übrigen Anleger haben.

Des Weiteren können Veröffentlichungspflichten dabei helfen, ex post Betrüger zu bestrafen.[706] Bei einem Prospekt ist es leicht nachweisbar, ob bestimmte Informationen falsch oder gar nicht angegeben wurden. Außerdem kann bereits die Nichtveröffentlichung eines Prospekts sanktioniert werden, sodass der Anleger gar nicht konkret nachweisen muss, welche Informationen falsch oder unzutreffend sind. Damit kann sich die Veröffentlichungspflicht anlegerschützend auswirken.

d) Welche Marktteilnehmer brauchen keine gesetzlichen Informationsrechte?

Manche Marktteilnehmer haben in bestimmten Situationen kein Bedürfnis nach gesetzlichen Informationsrechten, wie das Beispiel von Banken verdeutlichen

---

703 *Gillette,* 2004 Wisconsin Law Review 679, 693 f. (2004).

704 *Gillette,* 2004 Wisconsin Law Review 679, 694 (2004).

705 *Gillette,* 2004 Wisconsin Law Review 679, 692 (2004); *Ben-Shahar/Schneider,* 159 University of Pennsylvania Law Review 647, 731 (2011).

706 *Armour* et al., Principles of Financial Regulation, 2016, S. 163.

kann. Banken haben besondere Eigenschaften beim Umgang mit Informationen. Zum einen sind ihre Investitionssummen im Vergleich zu sonstigen Marktteilnehmern höher, sodass auch ein Anreiz besteht, sich umfangreich zu informieren.[707] Zum anderen ist es Teil des Geschäftsmodells von Banken, eine dauerhafte Geschäftsbeziehung mit Darlehensnehmern aufzubauen (*relationship lending*).[708] Einmal gesammelte Informationen können so wiederverwendet werden und es entsteht ein Wettbewerbsvorteil gegenüber den sonstigen Fremdkapitalgebern.[709] Für einen außenstehenden Fremdkapitalgeber ist es schwierig, das Unternehmen in dem Maße zu bewerten, wie es eine Hausbank kann. Ohne eine genaue Einschätzung der Risiken fällt es schwer, auf Dauer vergleichbare Konditionen zu bieten. Gerade bei kleinen und mittelgroßen Unternehmen sind viele Informationen nicht öffentlich verfügbar, sodass sich Banken durch eine dauerhafte Geschäftsbeziehung einen weiteren Wettbewerbsvorteil verschaffen können.[710] Außerdem hat eine Bank den Vorteil, dass sie sich auf die Informationsverarbeitung spezialisiert hat und von ihrer *economies of scale* Gebrauch machen kann.[711] Für einen gewöhnlichen Anleger wäre es hingegen in vielen Fällen unprofitabel, umfangreiche Recherchen über Unternehmen anzustellen. Dadurch, dass es auf einem Kreditmarkt zu keiner dem Aktienmarkt vergleichbaren öffentlichen Preisbildung kommt, kann ein uninformierter Investor auch nicht als Trittbrettfahrer von der Informationsverarbeitung der Banken profitieren.[712]

Eine Bank ist vielen Fällen auch nicht auf gesetzliche Veröffentlichungspflichten des Darlehensnehmers angewiesen, denn sie ist grundsätzlich in der Verhandlungsposition, sich ausreichende vertragliche Informationsrechte

---

707 *Amihud/Garbade/Kahan,* 51 Stanford Law Review 447, 466 (1999); *Kraakman* et al., The Anatomy of Corporate Law, 3. Ed., 2017, S. 119.

708 *Amihud/Garbade/Kahan,* 51 Stanford Law Review 447, 458 (1999).

709 *Mayer,* 154 Journal of Institutional and Theoretical Economics 144, 154 (1998); *Kraakman* et al., The Anatomy of Corporate Law, 3. Ed., 2017, S. 119 f.; *Merkt,* 7 European Business Organization Law Review 95, 109 (2006).

710 *Heremans/Pacces,* in: van den Bergh/Pacces, Regulation and Economics, 2012, S. 567; *Kraakman* et al., The Anatomy of Corporate Law, 3. Ed., 2017, S. 120.

711 *Posner,* Economic Analysis of Law, 9. Ed., 2014, S. 541; *Armour* et al., Principles of Financial Regulation, 2016, S. 29.

712 *Diamond,* 51 The Review of Economic Studies 393 (1984); *Mayer,* 154 Journal of Institutional and Theoretical Economics 144, 154 (1998); *Mishkin,* The Economics of Money, Banking, and Financial Markets, 10. Ed., 2013, S. 213; *Heremans/Pacces,* in: van den Bergh/Pacces, Regulation and Economics, 2012, S. 567.

einräumen zu lassen.[713] Diese kann sie auch besser an ihre individuellen Bedürfnisse anpassen, anstatt auf gesetzliche *„one-size-fits-all"* Lösungen zu vertrauen.

e) Agency Costs

Ein Grund, warum eine Veröffentlichungspflicht von Informationen sinnvoll sein könnte, wäre möglicherweise die damit einhergehende Reduzierung von sogenannten Agenturkosten (*agency costs*). Diese entstehen im Rahmen einer *principal-agent relationship*, wenn ein Agent im Interesse des Prinzipals tätig wird.[714] Aufgrund von Informationsasymmetrien hat der Agent einen Anreiz, opportunistisch zu handeln.[715] Der Prinzipal trägt Überwachungskosten, damit er einschätzen kann, ob der Agent seine Aufgaben wie vereinbart durchführt. Teilweise wendet der Prinzipal auch sogenannte *bonding costs* auf, um den Agenten an sich zu binden.[716] Zudem entsteht dem Prinzipal ein *residual loss*, wenn er opportunistisches Verhalten des Agenten nicht verhindern kann. Im Gegensatz zu den Kosten durch *adverse selection*, entstehen Agenturkosten nicht vor Vertragsschluss, sondern danach.[717]

Den Darlehensgeber können Agenturkosten insbesondere dann treffen, wenn er überprüfen muss, ob der Darlehensnehmer das überlassene Geld vertragsgemäß einsetzt.[718] Sobald der Schuldner den Kredit erhalten hat, können die Gesellschafter versuchen, die Gelder als Dividende an sich auszuzahlen.[719] Oder sie haben den Anreiz, das Geld aus dem Darlehensvertrag in besonders risikoreiche Unternehmungen zu investieren. Entstehen Verluste, haften die Eigentümer in der Regel nur beschränkt, während sie im Erfolgsfall durch ihre Unternehmensbeteiligung überproportional profitieren.[720]

---

713 *Kraakman* et al., The Anatomy of Corporate Law, 3. Ed., 2017, S. 120; *Merkt*, 7 European Business Organization Law Review 95, 107 f. (2006).

714 *Jensen/Meckling*, 3 Journal of Financial Economics 305, 308 (1976); *Kraakman* et al., The Anatomy of Corporate Law, 3. Ed., 2017, S. 29.

715 *Fleischer*, Informationsasymmetrie im Vertragsrecht, 2001, S. 139.

716 *Jensen/Meckling*, 3 Journal of Financial Economics 305, 308 (1976).

717 *Fleischer*, Informationsasymmetrie im Vertragsrecht, 2001, S. 136; *Heremans/Pacces*, in: van den Bergh/Pacces, Regulation and Economics, 2012, S. 566; näheres zu *agency costs* auch unten D.III.2.a).

718 *Smith/Watts*, 32 Journal of Financial Economics 263 (1992); *Healy/Palepu*, 31 Journal of Accounting and Economics 405, 409 (2001).

719 *Healy/Palepu*, 31 Journal of Accounting and Economics 405, 409 (2001); *Kraakman* et al., The Anatomy of Corporate Law, 3. Ed., 2017, S. 111.

720 *Healy/Palepu*, 31 Journal of Accounting and Economics 405, 409 (2001); *Kraakman* et al., The Anatomy of Corporate Law, 3. Ed., 2017, S. 111.

Veröffentlichungspflichten können es dem Prinzipal erleichtern, seinen Agenten zu überwachen. Zum Beispiel kann es für einen partiarischen Darlehensgeber sinnvoll sein, ein Einsichtsrecht in die Bücher des Darlehensnehmers zu erhalten, um insbesondere die Gewinnbeteiligung nachvollziehen zu können. Gesetzliche *one-size-fits-all* Vorschriften können aber dann problematisch sein, wenn es den Parteien möglich ist, im Einzelfall kostengünstigere Lösungen zu vereinbaren. Man denke etwa an Vermögensanlagen-Informationsblätter, die bei öffentlichen Angeboten von Vermögensanlagen standardmäßig verlangt werden (§ 13 Abs. 1 VermAnlG) und die aufgrund ihrer Ineffektivität besser durch vertragliche Regelungen ersetzt werden könnten.[721]

6. Implikationen für partiarische Darlehen

Inwiefern ist der bei partiarischen Darlehen gewährte Umfang an Informationsrechten ein Ausdruck dafür, dass es sich um ein gutes Instrument der Unternehmensfinanzierung handelt? Gesetzliche Informationsrechte bestehen vergleichsweise wenige. Auskunftsansprüche, insbesondere um die Gewinnbeteiligung nachvollziehen zu können, ergeben sich aus den §§ 666, 681, 687 Abs. 2 BGB i.V.m. § 242 BGB und § 810 BGB.[722] Im regulierten Bereich bestehen vor allem die Pflichten zur Erstellung eines Prospekts (§ 6 VermAnlG) und eines Vermögensanlagen-Informationsblatts (§ 13 Abs. 1 VermAnlG).[723] Ferner kann nach einem öffentlichen Angebot eine Ad-hoc-Publizitätspflicht vorliegen (§ 11a Abs. 1 S. 1 VermAnlG).[724]

Auch bei partiarischen Darlehen besteht grundsätzlich der Anreiz zur Unterproduktion von Informationen als öffentliche Güter. Zudem kann es – wie oben dargestellt – zwischen den Vertragsparteien zu Informationsasymmetrien kommen. Aufgrund teilweise fehlender Anreize zur freiwilligen Informationsveröffentlichung könnten zusätzliche gesetzliche Informationspflichten beim partiarischen Darlehen sinnvoll sein. Das würde aber voraussetzen, dass Investoren die Informationen auch lesen und korrekt verarbeiten.

Die bisher herausgearbeiteten Ergebnisse haben gezeigt, dass Investoren veröffentlichte Informationen nicht zwangsläufig lesen oder verstehen.[725] Gilt das auch bei partiarischen Darlehen? Im Gegensatz zu Aktienmärkten ist der Markt

721 Siehe oben D.II.5.c).
722 Siehe oben C.II.
723 Dazu oben C.VIII.
724 Siehe oben C.IX.
725 Siehe oben D.II.5.b).

für Unternehmenskredite weniger offen für Kleinanleger. Durch einen höheren Anteil von professionellen Anlegern könnte auch die Quote derjenigen steigen, die Informationen lesen, verstehen und verwenden. Der Markt für Unternehmensfinanzierungen durch Darlehen wird in Deutschland vor allem von Banken dominiert.[726] Sie sind spezialisiert auf die Informationsgewinnung und -verarbeitung und können von ihrer *economies of scale* Gebrauch machen.[727] Sie können also ohne Weiteres Informationsveröffentlichungen lesen und verstehen. Durch ihre Verhandlungsposition sind sie aber auch in der Lage, individuelle Vereinbarungen über Informationsrechte und -pflichten mit dem Darlehensnehmer zu vereinbaren.[728] Anstelle von gesetzlichen *one-size-fits-all* Vorschriften können sie ihren Bedürfnissen entsprechende Informationsrechte im Vertrag vorsehen. Sie sind deshalb auf gesetzliche Informationspflichten nicht angewiesen.

Unternehmensfinanzierungen durch partiarische Darlehen sind allerdings nicht gänzlich ausgeschlossen für Kleinanleger. Das lässt sich etwa beim Crowdinvesting beobachten. Kleinanleger sind anfällig für die von *Ben-Shahar* und *Schneider* beschriebenen Phänomene der mangelnden Informationsaufnahme und -verarbeitung. Die vergleichsweise geringe Investitionssumme eines Kleinanlegers kann eine umfassende Informationsgewinnung aus rationalen Gesichtspunkten auch kaum rechtfertigen. Selbst wenn Kleinanleger informierter wären, bestünde weiterhin das Problem, dass sie systematisch irrationale Entscheidungen treffen. Zum Beispiel neigen Crowdinvestoren zu Herdenverhalten.[729] Es ist deshalb zweifelhaft, ob mehr gesetzliche Informationsrechte gut für Kleinanleger sind.

Wäre es sinnvoll, partiarischen Darlehensgebern verkürzte Informationsveröffentlichungen zur Verfügung zu stellen? Solche Veröffentlichungspflichten sind zum Beispiel in § 13 VermAnlG durch das Vermögensanlagen-Informationsblatt gesetzlich vorgesehen. Vielversprechend sind sie allerdings nicht, weil sie die Investitionsentscheidung nicht beeinflussen.[730] Zudem sind professionelle Investoren, wie zum Beispiel Banken, auf VIBs nicht angewiesen. Sie sind häufig

---

726 *Mishkin,* The Economics of Money, Banking, and Financial Markets, 10. Ed., 2013, S. 205; *Bendel/Demary/Voigtländer*, IW-Trends 2016, 37, 45; *Kraakman* et al., The Anatomy of Corporate Law, 3. Ed., 2017, S. 141.

727 *Posner,* Economic Analysis of Law, 9. Ed., 2014, S. 541; *Armour* et al., Principles of Financial Regulation, 2016, S. 29.

728 *Kraakman* et al., The Anatomy of Corporate Law, 3. Ed., 2017, S. 120; *Merkt,* 7 European Business Organization Law Review 95, 107 f. (2006).

729 *Armour/Enriques,* 81 Modern Law Review 51, 59 (2018).

730 Siehe oben D.II.5.b).

auf das Sammeln und Verarbeiten von Informationen spezialisiert. Beim *relationship lending* kennen sie ihren Vertragspartner bereits aus früheren Geschäftsbeziehungen.[731] Deshalb werden die wenigen im VIB enthaltenen Informationen keine Neuigkeiten für solche Investoren enthalten.

Können gesetzliche Informationsrechte bei partiarischen Darlehen aber sinnvoll sein, um Agenturkosten zu reduzieren? Trifft es auf den Investor zu, dass er Informationen nicht liest oder nicht versteht, dann werden ihm Informationsrechte auch nicht bei der Reduzierung seiner Agenturkosten helfen. Zumal sich die Informationsgewinnung für den Gläubiger eines partiarischen Nachrangdarlehens als stumpfes Schwert erweisen kann, wenn seine Kündigungsmöglichkeiten ausgeschlossen sind. Der Investor könnte sich zwar über den Zustand des Darlehensnehmers informieren, aber er hätte Schwierigkeiten, effektiv zu reagieren. Verlangt der Darlehensgeber zu umfangreiche Covenants, droht der Vereinbarung eine Umdeutung in eine stille Gesellschaft.[732] Hilfreich könnten *financial covenants* sein, die als *tripwire* fungieren, sodass anstatt einer Kündigung bestimmte Vertragsbedingungen, wie etwa der Umfang der Erfolgsbeteiligung, neu verhandelt oder automatisch angepasst werden.[733] Allerdings dürfen auch solche Regeln nicht dazu führen, dass der Darlehensgeber faktisch die Kontrolle über den Darlehensnehmer ausübt. Eine hilfreiche und kostengünstige Lösung ist hingegen die Gewährung von Einsichtsrechten für den Darlehensgeber, von denen er Gebrauch machen kann, wenn er das für notwendig erachtet. Eine derartige gesetzliche Vorschrift kann besonders wertvoll für einen Gläubiger sein, der keine Möglichkeit hat, vergleichbare Rechte im Vertrag zu regeln. Es ist daher zu begrüßen, dass im Gesetz ein Einsichtsrecht zur Prüfung der Höhe der Erfolgsbeteiligung gemäß §§ 666, 681, 687 Abs. 2 BGB i.V.m. § 242 BGB gewährt wird. Dieses Recht könnte auch ex ante eine disziplinierende Wirkung auf die Agenten des Darlehensgebers haben, sich nicht opportunistisch in Bezug auf die Erfolgsbeteiligung zu verhalten. Weniger kosteneffizient ist die bei öffentlichen Angeboten gesetzlich vorgeschriebene Ad-hoc-Publizität. Die Vorschrift soll nach dem Willen des Gesetzgebers insbesondere Zweiterwerber schützen[734], obwohl es bei partiarischen Darlehen keinen liquiden Sekundärmarkt gibt. Zudem sind Banken auf solche Regeln nicht angewiesen, denn sie überwachen ihre Kunden selbst und können individuell angepasste

731 Siehe oben D.II.5.d).
732 Siehe oben C.III.5.
733 *Nini/Smith/Sufi*, 25 Review of Financial Studies 1713, 1720 (2012).
734 BT-Drs. 18/3994, S. 45.

Informationspflichten vereinbaren. Auch apathische Investoren können mit der Vorschrift wenig anfangen, denn sie werden die Ad-hoc-Mitteilung nicht wahrnehmen. Selbst wenn ein Anleger die Veröffentlichung zur Kenntnis nimmt, hat er nur begrenzte Möglichkeiten, darauf zu reagieren. Auch hier spielen die begrenzten Einwirkungsrechte und Kündigungsmöglichkeiten eines partiarischen Darlehensgebers eine Rolle. Gleichzeitig entstehen dem Darlehensnehmer durch die Mitteilungspflicht Kosten und Haftungsrisiken. Deshalb steht der begrenzte Nutzen der Ad-hoc-Publizität beim partiarischen Darlehen in keinem Verhältnis zu den Kosten.

Kosten sind auch ein wesentlicher Nachteil von Prospekten und VIBs. Der Investor muss sich daran jedenfalls mittelbar beteiligen, denn entweder zahlt er mehr für sein Finanzierungsinstrument, oder es werden Unternehmensgelder für Informationsveröffentlichungen verwendet, anstatt sie in die Verbesserung der Wettbewerbsfähigkeit zu investieren. Prospekte haben aber insbesondere den Vorteil, dass sie ex post die Durchsetzung von Ansprüchen erleichtern. Sei es nun mithilfe von darauf spezialisierten Anlegerschutzvereinen oder durch den Investor selbst. Dieser Grundsatz gilt für VIBs aufgrund deren geringer inhaltlicher Aussagekraft nur bedingt.

Es lassen sich daher folgende Ergebnisse zusammenfassen: Professionelle Investoren wie Banken sind häufig selbst in der Lage, vertragliche Informationsrechte zu vereinbaren. Anstelle von *one-size-fits-all* Vorschriften können sie ihre Rechte individuell anpassen. Kleinanleger neigen dazu, Informationen nicht zu lesen oder nicht zu verstehen. Ihnen helfen gesetzliche Pflichten nur bedingt. Einsichtsrechte sind allerdings für den interessierten Investor eine kostengünstige Möglichkeit, seinen Beteiligungsanspruch nachzuprüfen. Zudem sind Prospekte grundsätzlich sinnvoll für die Anspruchsdurchsetzung. VIBs und Ad-hoc-Publizitätspflichten sind bei partiarischen Darlehen allerdings wenig nutzbringend und sollten wegen der von ihnen verursachten Kosten und Haftungsrisiken das partiarische Darlehen aus ihrem Anwendungsbereich streichen.

Im Hinblick auf die gewährten Informationsmöglichkeiten fällt bei partiarischen Darlehen damit ein gemischtes Fazit aus. Die positiven Elemente überwiegen, aber es bedarf noch einiger Gesetzesänderungen (VIB und Ad-hoc-Publizität), damit von einem gänzlich guten Instrument der Unternehmensfinanzierung gesprochen werden kann.

III. Mitsprache

Das partiarische Darlehen räumt keine gesetzlichen Mitspracherechte ein.[735] Auch vertragliche Rechte sind aufgrund der Nähe zur stillen Beteiligung nur eingeschränkt möglich.[736] Bei zu weitgehenden Vereinbarungen droht eine Vertragsumdeutung, die für die Parteien rechtlich nicht vorhergesehene Konsequenzen nach sich ziehen kann.[737] Ist das partiarische Darlehen aufgrund der geringen Mitspracherechte ein schlechtes Instrument der Unternehmensfinanzierung? Bestehen möglicherweise Alternativstrategien, die Nachteile einer fehlenden Mitbestimmung ausgleichen können?

1. Warum sollte ein Investor überhaupt auf Mitsprache verzichten?

Die Idee, einem Anderen finanzielle Mittel zur Verfügung zu stellen und gleichzeitig nur begrenzt Einfluss auf deren Verwendung zu haben, mag auf den ersten Blick widersprüchlich erscheinen. Ökonomisch betrachtet, kann ein solches Verhalten allerdings sinnvoll sein. Der Investor kann dadurch unter anderem sein Portfolio diversifizieren.[738] Anstatt mit der ständigen Kontrolle seiner Investitionen beschäftigt zu sein, kann er sich auf zwei Tätigkeiten konzentrieren: förderungswürdige Projekte finden und in diese investieren. Unternehmerische Entscheidungen überlässt er hingegen darauf spezialisierten Personen.[739]

2. Warum sind Mitspracherechte trotzdem sinnvoll?

Wenn es rationalen Erwägungen entsprechen kann, dem kapitalaufnehmenden Unternehmen Entscheidungsbefugnisse zu überlassen, warum sollte ein Investor überhaupt Mitspracherechte wollen?

a) Principal-Agent Problem

Ein Fremdkapitalgeber hätte kaum ein Bedürfnis nach Mitspracherechten, wenn die sonstigen an der Unternehmensfinanzierung beteiligten Personen ausschließlich in seinem Interesse handeln würden. Wie bereits angesprochen, ist dies insbesondere aufgrund von Agenturkonflikten (*agency conflicts*) nicht

---

735 Siehe oben C.II.
736 Siehe oben C.III.5.
737 Siehe oben C.III.5.
738 *Stout*, in: Parisi, Oxford Handbook of Law and Economics, 2017, S. 341.
739 *Stout*, in: Parisi, Oxford Handbook of Law and Economics, 2017, S. 341.

immer der Fall.[740] Im Gesellschaftsrecht wird traditionell zwischen drei Beziehungen als Auslöser von Agenturkonflikten unterschieden: die Beziehungen zwischen Gesellschaftern und Managern; Mehrheits- und Minderheitsgesellschaftern; und Gesellschaftern und Unternehmensgläubigern.[741] Diese Systematik lässt sich auf die Sicht eines Darlehensgebers übertragen. Dort kommen ebenfalls drei Beziehungen als Ursache für Agenturkonflikte in Frage: die Beziehungen zwischen Darlehensgebern und Gesellschaftern; Darlehensgebern und Managern; und Darlehensgebern und anderen Gesellschaftsgläubigern.

aa) Gesellschafter und Darlehensgeber

Wie oben bereits angedeutet, haben Unternehmenseigentümer mehrere Möglichkeiten, opportunistisch gegenüber Darlehensgebern zu handeln.[742] Bei Vertragsschluss können sie einen Fremdkapitalgeber zum Beispiel darüber täuschen, welche Unternehmenswerte im Eigentum der Gesellschaft und welche im Eigentum der Anteilseigner stehen.[743] Da der Darlehensgläubiger bei Kapitalgesellschaften grundsätzlich keinen Zugriff auf das Eigentum der Gesellschafter hat, kann er so einen falschen Eindruck über den Umfang der im Falle einer Insolvenz zur Verfügung stehenden Insolvenzmasse erhalten. Im Täuschungsfall gewährt er dem Darlehensnehmer möglicherweise Konditionen, die nicht dem objektiven Risiko entsprechen. Für einen nachrangigen Darlehensgläubiger hat dieses opportunistische Verhalten allerdings etwas geringere Bedeutung. In der Schuldnerinsolvenz muss er ohnehin mit einem Totalverlust rechnen. Trotzdem beeinflusst ihn die Täuschung, denn er profitiert von einer hohen Eigenkapitalquote und dem damit einhergehenden Verlustpuffer, der eine Insolvenz abwenden kann.

Nach dem Vertragsschluss mit dem Darlehensgeber haben die Gesellschafter einen Anreiz, weiteres Fremdkapital aufzunehmen. Durch die Investition zusätzlicher Gelder profitiert ein Unternehmenseigentümer von höheren Gewinnmöglichkeiten, wobei sein Verlustrisiko unverändert auf die Einlage begrenzt ist.[744] Für die Altgläubiger wird hingegen die Rückzahlungswahrscheinlichkeit ihrer Ansprüche gegen die Gesellschaft reduziert.[745] Nachrangige Darlehensgeber

740 Siehe oben D.II.5.e).

741 *Rock,* 161 University of Pennsylvania Law Review 1907, 1910 (2013).

742 Siehe oben D.II.5.e).

743 *Kraakman* et al., The Anatomy of Corporate Law, 3. Ed., 2017, S. 111.

744 *Jensen/Meckling,* 3 Journal of Financial Economics 305, 334 (1976).

745 *Healy/Palepu,* 31 Journal of Accounting and Economics 405, 409 (2001); *Bratton,* 7 European Business Organization Law Review 39, 46 (2006); *Schmidt,* 7 European Business Organization Law Review 89, 90 (2006).

haben zudem das Problem, dass die neuen Gläubiger in der Regel vorrangig bedient werden. Zwar droht durch den Rangrücktritt ohnehin ein Totalverlust, allerdings können erhöhte Zinszahlungen durch das neu aufgenommene Fremdkapital zur Belastung des Cashflows werden. Damit kann das Insolvenzrisiko der Gesellschaft steigen, sodass sich dieses opportunistische Verhalten auch negativ auf nachrangige Altgläubiger auswirkt.

Einen weiteren Fall opportunistischen Verhaltens durch Unternehmenseigentümer stellt das sogenannte *tunneling* dar. Dabei übertragen die Anteilseigner Darlehensgelder oder sonstiges Unternehmenskapital an sich oder mit ihnen verbundene Personen.[746] Ein Darlehen können die Eigentümer zum Beispiel in der Form von Dividendenzahlungen an sich auszahlen. Sonstiges Unternehmenskapital kann umsonst oder zu einem vergünstigten Preis übertragen werden. Alternativ können die Eigentümer auch ihr eigenes Kapital an die Gesellschaft zu einem überhöhten Betrag veräußern.[747] *Tunneling* schädigt nicht nur die Darlehensgeber, sondern kann auch insgesamt ineffizient sein, wenn das Unternehmen für das *tunneling* optimiert wird, indem etwa eine unübersichtliche Gruppenstruktur aus mehreren verbundenen Gesellschaften geschaffen wird.[748] Dadurch kann die Produktivität und der Wert des Unternehmens sinken.

Ein weiterer Fall opportunistischen Verhaltens von Gesellschaftern gegenüber Fremdkapitalgebern liegt dann vor, wenn die eigentlich für risikoarme Projekte vorgesehenen Darlehensgelder für besonders risikoreiche Unternehmungen verwendet werden.[749] Ein Fremdkapitalgeber profitiert hiervon nicht, wenn sein Kapital fest verzinst ist. Durch das erhöhte Risiko steigt lediglich die Wahrscheinlichkeit des Verlusts seiner Investitionsgelder. Die Anteilseigner sind hiervon weniger betroffen, denn bei Kapitalgesellschaften ist ihr Verlustrisiko auf die Einlage begrenzt. Im Gegensatz dazu kann ihre Gewinnbeteiligung zumindest theoretisch unbegrenzt hoch ausfallen. Verluste werden damit gerade bei einer hohen *debt-to-equity ratio* überwiegend von den Unternehmensgläubigern getragen. Partiarische Darlehensgeber sind von diesem Anreizproblem

746 *Altanasov/Black/Ciccotello*, 37 Journal of Corporate Law 1 (2011); *Enriques*, 16 European Business Organization Law Review 1 (2015).

747 *Altanasov/Black/Ciccotello*, 37 Journal of Corporate Law 1, 5 (2011).

748 *Altanasov/Black/Ciccotello*, 37 Journal of Corporate Law 1, 39 (2011).

749 *Bratton*, 7 European Business Organization Law Review 39, 48 (2006); *Schmidt*, 7 European Business Organization Law Review 89, 90 (2006); *Kraakman* et al., The Anatomy of Corporate Law, 3. Ed., 2017, S. 111; *Mülbert*, in: Eidenmüller/Schön, The Law and Economics of Creditor Protection, 2008, S. 373.

allerdings weniger betroffen, weil sie durch ihre Gewinnbeteiligung wie ein Gesellschafter am Erfolg des Unternehmens partizipieren. Problematisch ist der Fall hingegen, wenn bei der Bestimmung der Höhe der Erfolgsbeteiligung auch das Risiko des Investments mit eingeflossen ist. Der Darlehensgläubiger hätte sich auf das nach Vertragsschluss erhöhte Risiko möglicherweise zu den ursprünglichen Konditionen nicht eingelassen. Zudem besteht das Problem, dass Anteilseigner durch ihr begrenztes Verlustrisiko selbst dann eine Unternehmensinvestition durchführen wollen, wenn diese einen negativen *net present value* aufweist. Ein partiarischer Darlehensgeber hat grundsätzlich ein Interesse daran, solches Verhalten zu verhindern.

bb) Manager und Darlehensgeber

Manager und Darlehensgeber haben in der Regel eine andere Beziehung als Darlehensgeber und Anteilseigner. Manager sind grundsätzlich risikoavers, denn Sie sehen sich rechtlichen Risiken und einem Ansehensverlust ausgesetzt, wenn die von Ihnen geleitete Gesellschaft in die Insolvent gerät.[750] Außerdem haben Sie oft firmenspezifisches Humankapital in das Unternehmen investiert, sodass sie bei einer Insolvenz wirtschaftlichen Schaden nehmen.[751]

Ein Fremdkapitalgeber sieht sich trotzdem einem Agenturkonflikt mit der Unternehmensleitung ausgesetzt. Manager können zum Beispiel einen Anreiz zum sogenannten *empire building* haben.[752] Die Geschäftsführer und Vorstände großer Unternehmen werden grundsätzlich besser vergütet, als die Leiter kleiner Unternehmen. Eine Studie aus den USA hat herausgefunden, dass ein Unternehmen, das 10% wächst, seine Managerbezahlung im Schnitt um 2% anhebt.[753] Die Unternehmensleitung will deshalb auch dann einen Wachstumskurs verfolgen, wenn dieser hohe Opportunitätskosten verursacht. Ein Beispiel dafür können ineffiziente Unternehmensakquisen sein, bei denen keine oder kaum Synergieeffekte entstehen.[754] Das geht zu Lasten der Gesellschafter, aber auch der Kreditgeber, deren Darlehen möglicherweise höheren Ausfallrisiken ausgesetzt wird. Zumal der Wachstumskurs zu einem verringerten Unternehmensgewinn führen und sich damit unmittelbar auf die Erfolgsbeteiligung eines partiarischen Darlehensgebers auswirken kann.

---

750 *Coffee,* 111 Columbia Law Review 795, 807 (2011).
751 *Coffee,* 111 Columbia Law Review 795, 807 (2011).
752 *Rock,* 161 University of Pennsylvania Law Review 1907, 1915 (2013).
753 *Murphy,* 7 Journal of Accounting and Economics 11, 32 (1985).
754 *Jensen/Meckling,* 3 Journal of Financial Economics 305, 322 f. (1976).

Opportunistisches Verhalten durch Manager liegt auch dann vor, wenn sie versuchen, eine exzessive Vergütung für sich selbst durchzusetzen. Fallen in einem kleineren Unternehmen Manager und Mehrheitseigner in einer Person zusammen, kann der Manager in gewissen rechtlichen Grenzen über sein Gehalt bestimmen.[755] Falls keine Personalunion besteht, kann der Manager versuchen, Einfluss auf die Gesellschafterversammlung oder den Aufsichtsrat auszuüben, um dadurch seine Vergütung anheben zu lassen. Je nachdem wie groß der Einfluss des Managers ist, kann er auch vermeintlich unabhängige Prozesse zur Gehaltsbestimmung beeinflussen.[756]

Die Tendenz, dass Manager gegenüber Fremdkapitalgebern opportunistisch handeln, verstärkt sich durch die Verbreitung der sogenannten *shareholder primacy*.[757] Durch diesen Grundsatz wird mithilfe von Gesetzes- und Governanceanpassungen immer weiter versucht, die Interessen von Managern und Anteileignern miteinander zu verbinden. Damit soll deren Agenturkonflikt reduziert werden. Das führt allerdings dazu, dass sich die Agenturkosten zu den Fremdkapitalgebern verlagern.[758] Die Manager werden zunehmend risikosuchend und gewinnausschüttend.[759] Deshalb beeinflusst die Ankündigung von neuen Optionskompensationen für Manager die Preise von Unternehmensbonds negativ, da sie ein Zeichen für die Interessenangleichung von Gesellschaftern und Managern sind.[760]

cc) Darlehensgeber und andere Gläubiger

Darlehensgeber und andere Unternehmensgläubiger sind auch Agenturkonflikten untereinander ausgesetzt. Sie entstehen allerdings erst dann, wenn dem Unternehmen die Insolvenz droht.[761] Die Gläubiger sehen sich in diesem Fall mit einem Koordinationsproblem konfrontiert.[762] Sie können versuchen, um

755 Zu den rechtlichen Grenzen bei einer GmbH siehe etwa *Fastrich*, in: Baumbach/Hueck, GmbHG, 21. Aufl. 2017, § 6 Rn. 108 ff.

756 *Bebchuk/Fried*, Pay without Performance, 2004, S. 26 ff.

757 *Coffee*, 78 Georgetown Law Journal 1495, 1501 (1990).

758 *Coffee*, 78 Georgetown Law Journal 1495, 1501 (1990); *John/John*, 48 The Journal of Finance 949, 951 (1993); *Amihud/Garbade/Kahan*, 51 Stanford Law Review 447, 452 (1999); *Rock*, 161 University of Pennsylvania Law Review 1907, 1928 (2013).

759 *Amihud/Garbade/Kahan*, 51 Stanford Law Review 447, 452 (1999).

760 *DeFusco/Johnson/Zorn*, 45 The Journal of Finance 617, 622 ff. (1990); *Rock*, 161 University of Pennsylvania Law Review 1907, 1928 (2013).

761 *Kraakman* et al., The Anatomy of Corporate Law, 3. Ed., 2017, S. 117.

762 *Brunner/Krahnen*, 75 Review of Economic Studies 415, 416 (2008); *Kraakman* et al., The Anatomy of Corporate Law, 3. Ed., 2017, S. 117.

jeden Preis ihre individuellen Ansprüche geltend zu machen, indem sie zum Beispiel vor Gericht ziehen und in das Vermögen der Gesellschaft vollstrecken. Ist aber nicht genug Kapital vorhanden, um die Ansprüche aller Gläubiger zu befriedigen, entsteht ein sogenannter *first-mover-advantage*.[763] Dadurch kann ein eigentlich förderungswürdiges Unternehmen in die Insolvenz geraten.[764] Alternativ könnten die Gläubiger auch versuchen, zusammen mit dem Unternehmen Schulderleichterungen und eine Restrukturierung zu vereinbaren. Aus Effizienzgesichtspunkten ist eine außerinsolvenzliche Lösung häufig sinnvoll, denn mit der Insolvenz verliert das Unternehmenskapital an Wert.[765] Das gilt vor allem dann, wenn das Unternehmen in seinen Einzelteilen verwertet wird, anstatt dass ein gewinnträchtiges Unternehmen fortgeführt oder als Ganzes veräußert wird.[766] Eine Restrukturierung ist aber nur möglich, wenn die Gläubiger gemeinsam einen solchen Kurs unterstützen. Spieltheoretisch hat der einzelne Gläubiger allerdings einen Anreiz, sich nicht an die Abmachung zu halten, sondern seinen Anspruch zu Lasten der anderen Gläubiger als Ganzes durchzusetzen.

Während der Insolvenz ergeben sich weitere Agenturkonflikte. Der Darlehensgeber kann ab diesem Zeitpunkt Gegenstände im Eigentum der Gesellschaft verwerten lassen und erhält damit eine eigentümerähnliche Stellung.[767] Die Kreditgeber werden dann untereinander um die verbliebenen Unternehmenswerte streiten.[768] Sie können entweder für eine Beendigung oder eine Fortführung des Unternehmens stimmen. Wobei nachrangige Kreditgeber den Anreiz haben, risikoreichere Pläne zur Restrukturierung zu verfolgen.[769] Vorrangige Gläubiger oder Fremdkapitalgeber, denen Sicherheiten eingeräumt wurden, wollen hingegen das vorhandene Kapital verwerten, wenn es im konkreten Fall für ihre Befriedigung noch ausreicht.

---

763 *Jackson,* The Logic and Limits of Bankruptcy Law, 1986, S. 9; *White*, in: Polinsky/Shavell, Handbook of Law and Economics, 2007, S. 1020.

764 *White*, in: Polinsky/Shavell, Handbook of Law and Economics, 2007, S. 1020.

765 *White*, in: Polinsky/Shavell, Handbook of Law and Economics, 2007, S. 1020.

766 *Jackson,* The Logic and Limits of Bankruptcy Law, 1986, S. 14 f.; *White*, in: Polinsky/Shavell, Handbook of Law and Economics, 2007, S. 1020.

767 *Bolton,* 30 Journal of Law, Economics, and Organization i64–i81; *Kraakman* et al., The Anatomy of Corporate Law, 3. Ed., 2017, S. 109.

768 *Kraakman* et al., The Anatomy of Corporate Law, 3. Ed., 2017, S. 109.

769 *Kraakman* et al., The Anatomy of Corporate Law, 3. Ed., 2017, S. 138.

dd) Lassen sich Agenturkosten durch Mitspracherechte reduzieren?

Der Darlehensgeber trägt somit eine Reihe von Agenturkosten. Angenommen ihm würden Mitspracherechte zur Verfügung stehen: könnten sie seine Kosten reduzieren?

Durch Mitspracherechte könnte ein Investor bei opportunistischem Verhalten seiner Agenten ex ante und ex post eingreifen. Ex ante kann ihm zum Beispiel ein Initiativrecht eingeräumt werden, sodass er Fehlentwicklungen im Unternehmen vorbeugen kann. Denkbar wäre etwa ein Mitspracherecht bei der Auswahl des Geschäftsführers. Ex post kann der Fremdkapitalgeber unter anderem ein Vetorecht erhalten, mit dem er opportunistisches Verhalten blockiert. So könnten erfolgsabhängige Vergütungsstrukturen für den Geschäftsführer unter den Zustimmungsvorbehalt des Fremdkapitalgebers gestellt werden. Durch derartige Mitsprachrechte kann ein Nichtgesellschafter opportunistisches Verhalten einschränken. Allerdings entstehen ihm im Gegenzug Informations- und Koordinationskosten, weshalb eine Mitsprache nicht immer die beste Lösung sein muss.

ee) Zwischenergebnis

Einem Darlehensgeber drohen somit Agenturkosten aus seinen Beziehungen mit den Gesellschaftern, Managern und anderen Unternehmensgläubigern. Mitspracherechte können ein Mittel dafür sein, um solche Kosten zu reduzieren.

b) Unvollständige Verträge und Hold-up Costs

Gibt es neben Agenturkosten noch weitere Gründe, weshalb ein Darlehensgeber Mitspracherechte brauchen könnte? Mitspracherechte können hilfreich sein, um unvollständige Verträge und *hold-up costs* zu vermeiden. Gehen zwei Parteien eine Geschäftsbeziehung ein, besteht grundsätzlich die Gefahr, dass unvorhergesehene Ereignisse eine Anpassung der Vereinbarung erfordern. Zum Beispiel kann eine Gesetzgebungsinitiative oder Gerichtsentscheidung die Beziehung zwischen beiden Parteien aus dem Gleichgewicht bringen.[770] Haben die Parteien ihr Geschäftsverhältnis durch einen Vertrag geregelt, können sie im Vorfeld versuchen, alle Eventualitäten in ihrer Vereinbarung vorherzusehen und entsprechend zu regeln. Das ist allerdings eine unmögliche Aufgabe, denn Menschen unterliegen kognitiven Schwächen und sie können Informationen nur begrenzt verarbeiten.[771] Verträge sind deshalb ihrer Natur nach unvollständig (*incomplete*

770 *Kraakman* et al., The Anatomy of Corporate Law, 3. Ed., 2017, S. 20.

771 *Coffee*, 78 Georgetown Law Journal 1495.

contracts).[772] Die Parteien können höchstens erreichen, dass ihre Geschäftsbeziehung so detailliert wie möglich geregelt ist. Erstellen und verhandeln die Beteiligten ein derart umfangreiches Vertragswerk, entstehen allerdings hohe Kosten.[773]

Alternativ können die Parteien versuchen, ihren Vertrag nachzuverhandeln, wenn sie vor nicht vorhergesehenen Problemen stehen. In der Erwartung, dass es möglicherweise zu solchen Nachverhandlungen kommt, können sogenannte *hold-up* Kosten entstehen.[774] Vertragsparteien scheuen Investitionen, wenn sie durch ihr Engagement die Verhandlungsposition der anderen Partei stärken und deren opportunistisches Verhalten fürchten. Der Effekt wird durch den Einsatz von sogenanntem vertragsspezifischem Kapital verstärkt, das zu *lock-in* Effekten führt.[775] Das ist zum Beispiel der Fall, wenn eine Partei eine Maschine entwickelt, die sich nur für das gemeinsame Projekt einsetzen lässt. Oder es muss fallspezifisches Know-how akquiriert werden, das nicht für andere Projekte verwendet werden kann.[776] Der Vertragspartner ist sich dieses *lock-in* Effekts bewusst und weiß, dass eine Beendigung der Geschäftsbeziehung das vertragsspezifische Kapital wertlos macht.[777] Seine Verhandlungsposition wird dadurch stärker und er hat einen Anreiz, sich opportunistisch zu verhalten.

Lassen sich die Auswirkungen unvollständiger Verträge und *hold-up* Kosten durch Mitspracherechte reduzieren? Das klassische Fallbeispiel von General Motors und Fisher Body aus den 1920er Jahren lässt diesen Schuss grundsätzlich zu.[778] General Motors und Fisher Body vereinbarten eine zehnjährige exklusive Zusammenarbeit über die Konstruktion und Abnahme von Karosserieteilen.

---

772 *Jensen/Meckling*, 3 Journal of Financial Economics 305, 338 (1976); *Fleischer*, Informationsasymmetrie im Vertragsrecht, 2001, S. 137; *Schäfer/Ott*, Lehrbuch der ökonomischen Analyse des Zivilrechts, 5. Aufl. 2012, S. 432; *Fleischer*, Informationsasymmetrie im Vertragsrecht, 2001, S. 182; *Kraakman* et al., The Anatomy of Corporate Law, 3. Ed., 2017, S. 19 f.

773 *Jensen/Meckling*, 3 Journal of Financial Economics 305, 338 (1976); *Grossman/Hart*, 94 Journal of Political Economy 691, 692 (1986); *Schäfer/Ott*, Lehrbuch der ökonomischen Analyse des Zivilrechts, 5. Aufl. 2012, S. 432.

774 *Goldberg*, 7 The Bell Journal of Economics 426, (1976).

775 *Grossman/Hart*, 94 Journal of Political Economy 691, 692 (1986); *Schäfer/Ott*, Lehrbuch der ökonomischen Analyse des Zivilrechts, 5. Aufl. 2012, S. 550.

776 *Wickelgreen*, in: De Geest, Contract Law and Economics, 2. Aufl. 2011, S. 240; *Schäfer/Ott*, Lehrbuch der ökonomischen Analyse des Zivilrechts, 5. Aufl. 2012, S. 690.

777 *Schäfer/Ott*, Lehrbuch der ökonomischen Analyse des Zivilrechts, 5. Aufl. 2012, S. 690.

778 Eine umfangreiche Darstellung der Ereignisse findet sich in *Klein*, 14 International Journal of the Economics of Business 1, 5 ff. (2007).

Die Vereinbarung sollte Fisher Body davor schützen, durch vertragsspezifische Investitionen Opfer eines *hold-up* durch General Motors zu werden.[779] Es führte aber letztendlich zur umgekehrten Situation: Fisher Body konnte die exklusive Vereinbarung ausnutzen, um höhere Profite auf Kosten von General Motors zu erzielen.[780] Nach wenigen Jahren entschied sich General Motors zur Übernahme von Fisher Body. Anstelle einer rein schuldrechtlichen Zusammenarbeit wirkten die Parteien danach in einer Gesellschaft zusammen. Diese Lösung wird als *vertical integration* bezeichnet.[781]

Allerdings bedeutet das nicht, dass eine gesellschaftsrechtliche Kooperation stets die bessere Lösung im Verhältnis zu Verträgen darstellt. *Vertical integration* kann zwar das *hold-up* Problem reduzieren, allerdings entstehen andere Kosten, zum Beispiel durch Agenturkonflikte innerhalb des Unternehmens.[782] Inwiefern unvollständige Verträge und *hold-up* Kosten also dazu führen, dass Parteien auf einen Darlehensvertrag verzichten und stattdessen eine unternehmerische Beteiligung vorziehen, hängt von einem Kostenvergleich ab.[783] Eine gesellschaftsrechtliche Zusammenarbeit ist gerade dann vorteilhaft, je mehr vertragsspezifisches Kapital eine Partei einsetzt.

c) Zwischenergebnis

Folglich können Mitspracherechte für den Darlehensgeber in bestimmten Fällen hilfreich sein, um Agenturkosten und *hold-up* Kosten zu reduzieren.

3. Covenants als Lösung des Mitspracheproblems?

Der partiarische Darlehensgeber hat also in bestimmten Situationen ein Interesse an Mitspracherechten, um seine Kosten zu reduzieren. Doch bestehen auch Alternativen zur unternehmerischen Mitsprache? Hierfür könnten Covenants eine entscheidende Rolle spielen.

Wie oben bereits erwähnt, können Vertragsparteien aus einer ganzen Reihe von positiven, negativen und finanziellen Covenants auswählen.[784] Um zu

---

779 *Klein*, 14 International Journal of the Economics of Business 1, 6 ff. (2007).

780 *Klein*, 14 International Journal of the Economics of Business 1, 12 (2007).

781 *Grossman/Hart*, 94 Journal of Political Economy 691 (1986); *Klein*, 14 International Journal of the Economics of Business 1, 19 (2007).

782 Siehe auch *Schäfer/Ott*, Lehrbuch der ökonomischen Analyse des Zivilrechts, 5. Aufl. 2012, S. 691.

783 *Grossman/Hart*, 94 Journal of Political Economy 691, 692 (1986).

784 Siehe oben C.III.

verhindern, dass der Schuldner aus dem Darlehensvertrag erhaltene Gelder an die Gesellschafter auszahlt, können sich die Parteien zum Beispiel auf die Vereinbarung von *divident covenants* einigen, wodurch die Auszahlung von Dividenden beschränkt wird.

a) *Wann einigen sich die Parteien auf Covenants?*

Wird sich der Darlehensnehmer auf Beschränkungen durch Covenants im Vertrag einlassen? *Dividend covenants* laufen etwa dem unmittelbaren finanziellen Interesse der Anteilseigner an ihren Dividendenzahlungen zuwider. Ein weiteres Problem ist, dass der Darlehensnehmer durch die Gewährung zu umfangreicher Covenants selbst zum Opfer opportunistischen Verhaltens durch den Darlehensgeber werden kann. Der Kreditgeber könnte etwa bei der Verletzung von finanziellen Covenants dem Schuldner damit drohen, die sofortige Fälligkeit des Darlehens herbeizuführen.[785] Der Gläubiger könnte auch bei negativen Covenants dem Schuldner seine Zusage für eine wirtschaftlich sinnvolle Investition verweigern und damit Zugeständnisse bei der Nachverhandlung des Darlehens erzwingen.[786] Andererseits kann es auch im eigenen Interesse des Darlehensnehmers sein, wenn er sich Covenants auferlegt, um eine *adverse selection* und hohe Fremdkapitalkosten zu vermeiden.[787]

Die Vereinbarung von Covenants hängt aber vor allem von der Verhandlungsposition des Darlehensgebers ab. Bei einem klassischen Verhältnis zwischen Hausbank und finanziertem Unternehmen kann die Bank Covenants oft nach ihrem Ermessen in den Vertrag aufnehmen.[788] Gerade bei kleineren und mittleren Unternehmen ist die Hausbank in der Regel das einzige Kreditinstitut, das mit verhältnismäßigem Aufwand ausreichend Informationen über die Gesellschaft sammeln und damit das Investitionsrisiko abschätzen kann. In solchen Situationen haben Darlehensnehmer oft keinen großen Einfluss auf die Vereinbarung von Covenants in ihren Kreditverträgen.

Andererseits sind Covenants nur wenig hilfreich für Kreditgeber, die nicht in der Verhandlungsposition sind, um derartige Klauseln auszuhandeln.[789] Dabei

785 *Amihud/Garbade/Kahan*, 51 Stanford Law Review 447, 467 (1999).
786 *Amihud/Garbade/Kahan*, 51 Stanford Law Review 447, 467 (1999).
787 *Bratton*, 7 European Business Organization Law Review 39, 72 (2006); Siehe zur *adverse selection* auch oben D.II.3.
788 Siehe zum Verhältnis von Hausbank und finanziertem Unternehmen oben D.II.5.d).
789 *Eidenmüller*, Unternehmenssanierung zwischen Markt und Gesetz, 1999, S. 146 ff.; *Mülbert*, 7 European Business Organization Law Review 357, 376 (2006).

kommen nicht nur Crowdinvestoren, sondern zum Beispiel auch Lieferanten des Darlehensnehmers in Frage. Man könnte die Ansicht vertreten, dass verhandlungsschwächere Kreditgeber indirekt von den Covenants profitieren, die größere Fremdkapitalgeber dem Schuldner auferlegen. Das ist allerdings kaum überzeugend, denn eine Bank hat grundsätzlich kein Interesse daran, ihre vertraglichen Rechte zum Vorteil anderer Gläubiger einzusetzen.[790] Die Bank befindet sich aufgrund des begrenzten Unternehmenskapitals zur Befriedigung der Gesellschaftsgläubiger vielmehr in einem Konkurrenzverhältnis zu den anderen Gläubigern. Deshalb wird eine Bank vertragliche Nebenabreden eher so vereinbaren und einsetzen, dass sie sich einen Vorteil gegenüber ihren Konkurrenten verschafft.

b) Kosten durch Covenants

Stehen der Vereinbarung von Covenants möglicherweise übermäßig hohe Kosten entgegen, sodass sie kein adäquater Ersatz für fehlende Mitspracherechte sind? Damit sich die Parteien gegen die unterschiedlichen Ursachen von Agenturkosten schützen können, bedarf es eines umfangreichen Vertragswerks. Wie oben allerdings festgestellt, sind Verträge unvollständig.[791] Die Beteiligten haben die Möglichkeit, ihre Vereinbarung so detailliert wie möglich zu regeln. Allerdings entstehen durch die damit verbundenen Vertragsverhandlungen nicht unerhebliche Kosten. Darlehensnehmer und Darlehensgeber streiten sich über Eventualitäten, die wahrscheinlich niemals in ihrem Geschäftsverhältnis eintreten werden. Alternativ können die Parteien auf unvorhergesehene Ereignisse durch Nachverhandlungen von einzelnen Vertragsklauseln und Covenants reagieren.[792] Das wäre grundsätzlich eine effiziente Lösung, wenn Nachverhandlungen ohne Transaktionskosten möglich wären. Allerdings ist das nicht der Fall.[793] Transaktionskosten können zum Beispiel durch Informationsasymmetrien entstehen, wenn sich eine der Parteien erst umfassend informieren muss.[794] Hat der Darlehensnehmer mehr Informationen über die weitere Zukunft und das Risiko des Investitionsprojekts, sind die Parteien möglicherweise nicht in

790 *Eidenmüller*, Unternehmenssanierung zwischen Markt und Gesetz, 1999, S. 147.

791 Siehe oben D.III.2.b) und siehe auch *Schmidt*, 7 European Business Organization Law Review 89, 91 (2006).

792 *Bratton*, 7 European Business Organization Law Review 39, 44 (2006); *Schmidt*, 7 European Business Organization Law Review 89, 91 (2006).

793 *Schmidt*, 7 European Business Organization Law Review 89, 91 (2006).

794 Zu Informationskosten siehe oben D.II.3.

der Lage, eine effiziente Nachverhandlung zu erreichen.[795] Zudem besteht das oben beschriebene *hold-up* Problem auch bei Covenants.[796] Die Parteien fürchten möglicherweise, dass die Investition von vertragsspezifischem Kapital sie angreifbar für opportunistisches Verhalten macht. Damit ist eine effiziente Nachverhandlung ebenfalls gefährdet. Außerdem kann ein sogenanntes *soft budget constraint problem* auftreten, wenn der Darlehensschuldner weiß, dass zur Verhinderung einer Insolvenz vorher Neuverhandlungen zur Rettung des Unternehmens stattfinden.[797] Durch die erhöhte Sicherheit hat der Darlehensnehmer von Beginn an einen geringeren Anreiz, die Insolvenz zu verhindern. Er nimmt möglicherweise auch Risiken in Kauf, die aus wirtschaftlichen Gesichtspunkten eigentlich nicht tragbar sind. Zudem kann die Wettbewerbsfähigkeit des Schuldners leiden, wenn kein Druck durch eine drohende Insolvenz besteht. Der Investor trägt dann die Opportunitätskosten, wenn seine Investition nur geringfügige Gewinne generiert.

Gibt es mehrere Gesellschaftsgläubiger, sehen sie sich zudem einem Koordinationsproblem ausgesetzt.[798] Geht es etwa darum, den Schuldner durch die Anpassung von Covenants vor einer Insolvenz zu bewahren, profitieren alle Gläubiger, auch wenn nur einer von ihnen seine Covenants anpasst. Deshalb entsteht ein Anreiz, als Trittbrettfahrer von dem Entgegenkommen anderer Gläubiger zu profitieren.[799] Dieses Problem ist allerdings stärker ausgeprägt bei Fremdkapital, das öffentlich über Bonds angeboten wurde, da dort die Anzahl der Investoren in der Regel höher ist. Je mehr Gläubiger eine Gesellschaft hat, desto höher sind in der Regel deren Koordinationskosten.[800]

Covenants können daher nicht nur die Rechte der Gläubiger stärken, sondern auch nicht unerhebliche Kosten verursachen. Mitspracherechte verursachen allerdings auch Kosten – etwa durch Agenturkonflikte. Inwiefern Covenants ein adäquater Ersatz für Mitspracherechte sind, hängt daher insbesondere von einem Kostenvergleich der unterschiedlichen Gestaltungsmöglichkeiten ab.

795 *Schmidt*, 7 European Business Organization Law Review 89, 92 (2006).

796 *Amihud/Garbade/Kahan*, 51 Stanford Law Review 447, 456 (1999); *Schmidt*, 7 European Business Organization Law Review 89, 92 (2006).

797 *Schmidt*, 7 European Business Organization Law Review 89, 92 (2006).

798 *Schmidt*, 7 European Business Organization Law Review 89, 93 (2006).

799 *Schmidt*, 7 European Business Organization Law Review 89, 91 (2006).

800 *Rock*, 161 University of Pennsylvania Law Review 1907, 1931 (2013).

c) *Ineffiziente Covenants*

Covenants können aus der Sicht der Gesamtwohlfahrt auch ineffizient sein, weil sie teilweise einen Anreiz zur Unterinvestition schaffen.[801] Sehen etwa negative Covenants vor, dass kein weiteres Fremdkapital aufgenommen werden darf, führt dies im Einzelfall dazu, dass lohnenswerte Investitionen verhindert werden.[802] Das Gleiche kann auch bei Verboten von Dividendenzahlungen an die Eigentümer geschehen. Es entstehen Opportunitätskosten, wenn die Gesellschaft keine lohnenswerten Unternehmungen in Aussicht hat. Dann wäre es effizient, Gelder an die Gesellschafter auszuschütten, die auf dem Kapitalmarkt attraktivere Investitionsmöglichkeiten vorfinden. Gleichzeitig können Einschränkungen von Dividendenzahlungen dazu führen, dass die Kosten von Eigenkapital zunehmen und ein eigentlich förderungswürdiges Unternehmen unterfinanziert ist. Das Problem kann auch nicht dadurch gelöst werden, dass ex ante nur solche Dividendenzahlungen vertraglich verboten werden, die den Unternehmenswert insgesamt reduzieren, denn es ist kaum möglich, eine solche Klausel zu entwerfen.[803]

d) *Covenants als Frühwarnsystem*

Covenants könnten den Vorteil haben, dass sie als Frühwarnsystem für den Darlehensgläubiger dienen, wenn der Schuldner in eine finanzielle Schieflage gerät. Viele finanzielle Covenants verpflichten den Darlehensnehmer, seinem Vertragspartner Finanzkennzahlen zur Verfügung zu stellen.[804] Kommt es etwa zu einem Umsatzrückgang oder werden Rücklagen aufgebraucht, soll der Darlehensgeber durch die frühzeitige Warnung noch adäquat reagieren können. Die Frühwarnfunktion von finanziellen Covenants wird allerdings dadurch in Frage gestellt, dass die notwendigen Finanzkennzahlen in der Regel erst mit dem Jahresabschluss generiert werden.[805] Möglicherweise ist es dann für die Fremdkapitalgeber bereits zu spät, um auf die Situation einzuwirken. Selbst wenn andere Bewertungsintervalle vertraglich vereinbart werden, besteht das Risiko, dass der Darlehensnehmer bestimmte negative Indikatoren in den Bilanzen versteckt.[806]

---

801 *Smith/Warner,* 161 Journal of Financial Economics 117, 137 (1979); *Eidenmüller,* Unternehmenssanierung zwischen Markt und Gesetz, 1999, S. 145 f.

802 *Jensen/Meckling,* 3 Journal of Financial Economics 305, 338 (1976); *Amihud/Garbade/Kahan,* 51 Stanford Law Review 447, 455 (1999).

803 *Amihud/Garbade/Kahan,* 51 Stanford Law Review 447, 464 (1999).

804 Siehe oben C.III.3.

805 *Eidenmüller,* Unternehmenssanierung zwischen Markt und Gesetz, 1999, S. 143.

806 *Eidenmüller,* Unternehmenssanierung zwischen Markt und Gesetz, 1999, S. 143.

Zudem besteht das oben angesprochene Problem, dass selbst wenn Finanzkennzahlen unterschritten werden, der Gläubiger eines partiarischen Nachrangdarlehens kaum auf Kündigungsmöglichkeiten zurückgreifen kann. Auch andere Einwirkungsrechte aus Covenants sind häufig ausgeschlossen, weil sonst eine Umdeutung der Vereinbarung in eine stille Gesellschaft droht.[807] Zudem verursacht das ständige Überwachen der bereitgestellten Finanzkennzahlen Informationskosten.[808] Kosten entstehen auch bei der Durchsetzung von Covenants im Verletzungsfall.[809] Gleichzeitig können die Covenants anderer Seniorgläubiger dazu führen, dass diese durch frühzeitige Vertragskündigungen ihre eigene Investition retten wollen. Den Darlehensnehmer können sie damit in die Insolvenz treiben. Selbst ein wirtschaftlich gesundes Unternehmen kann so durch rein technische Verstöße gegen Covenants in die Insolvenz geraten.[810]

e) Zwischenergebnis

Covenants können für Investoren eine Alternative zu Mitspracherechten sein. In gewissen Fällen reduzieren sie Agenturkosten. Trotzdem sind Covenants kein Allheilmittel. Ihre Vereinbarung verursacht nicht unerhebliche Kosten und sie hängt maßgeblich von der Verhandlungsposition des Darlehensgebers ab. Covenants können auch die Ursache für opportunistisches Verhalten sein. Ein ineffizientes Geltendmachen von Covenants hat zudem einen negativen Einfluss auf die Gesamtwohlfahrt. Außerdem ist die Wirkung von Covenants bei partiarischen Nachrangdarlehen aufgrund des Kündigungsausschlusses und der Umdeutungsgefahr eingeschränkt. Letztlich hängt der Mehrwert von Covenants von einem Kostenvergleich einer Unternehmensfinanzierung mit oder ohne Covenants und einer unternehmerischen Beteiligung ab. Wobei bei einer nachrangigen Darlehensgewährung ein geringer Nutzen besteht und gleichzeitig relativ hohen Kosten verursacht werden.

4. Managervergütung als Lösung?

Als Ausgleich fehlender Mitspracherechte bei Fremdkapitalgebern käme auch eine veränderte Vergütungsstruktur der Manager des Schuldnerunternehmens

---

807 Siehe oben C.III.5.

808 *Diamond,* 51 The Review of Economic Studies 393, 394 (1984); *Amihud/Garbade/Kahan,* 51 Stanford Law Review 447, 455 (1999).

809 *Amihud/Garbade/Kahan,* 51 Stanford Law Review 447, 455 (1999).

810 *Horn,* WM 1984, 713, 717; *Eidenmüller,* Unternehmenssanierung zwischen Markt und Gesetz, 1999, S. 144.

in Frage. Durch die Anpassung von Kompensationsregeln versuchen Gesellschaften, die Interessen heterogener Stakeholder miteinander zu verbinden. Mittlerweile zum Standard gehört eine *equity-based compensation* für das Management.[811] Dabei werden zum Beispiel Aktienoptionen gewährt, sodass die Geschäftsleitung wie die Eigentümer ein Interesse an einer positiven Entwicklung des Aktienkurses hat. Die Verknüpfung der Interessen von Managern und Anteilseignern hat allerdings den Nachteil, dass sie die Agenturkosten für den Fremdkapitalgeber erhöht.[812] In diesem Fall sieht sich der Darlehensgeber nicht nur dem opportunistischen Verhalten der Anteilseigner ausgesetzt[813], sondern es droht auch ein Agenturkonflikt mit dem Manager, der zunehmend im Lager der Eigentümer steht.[814]

Wie würde also eine Vergütungsstruktur aussehen, die die Agenturkosten für den Kreditgeber reduziert? Denkbar wäre etwa, dem Manager nicht nur eine *equity-*, sondern auch eine *debt-based compensation* zu gewähren. Damit würde er sich nicht nur an den Interessen der Anteilseigner, sondern auch der Fremdkapitalgeber orientieren.[815] Die *debt-based* Vergütung eines Managers wird auch als „*inside debt*" bezeichnet.[816] Darunter fallen insbesondere Pensionspläne oder eine zeitlich aufgeschobene Vergütung. In diesen Fällen hat der Manager ein Interesse daran, den Wert seiner Ansprüche gegen das Unternehmen zu sichern.[817] Das kann er zum Beispiel dadurch erreichen, indem er das Risiko und die *debt-to-equity ratio* der Gesellschaft verringert, mehr Rücklagen bildet und die Zahlungen an die Gesellschafter reduziert.[818]

Das Thema *inside debt* wird erst seit 2007 verstärkt in der Öffentlichkeit wahrgenommen, da im Zuge der Finanzmarktkrise nach Wegen gesucht wurde, die eine Wiederholung der Ereignisse verhindern.[819] Ferner bestand lange Zeit ein

---

811 *Hall/Murphy,* 17 Journal of Economic Perspectives 49 (2003); *Bebchuk/Fried,* Pay without Performance, 2004, S. 1; *Kraakman* et al., The Anatomy of Corporate Law, 3. Ed., 2017, S. 36.

812 *Rock,* 161 University of Pennsylvania Law Review 1907, 1928 (2013); *Tung,* 105 Northwestern University Law Review 1205, 1228 (2011).

813 Siehe oben D.III.2.a)aa).

814 Siehe oben D.III.2.a)bb).

815 *Jensen/Meckling,* 3 Journal of Financial Economics 305, 352 (1976).

816 *Jensen/Meckling,* 3 Journal of Financial Economics 305, 352 (1976); *Edmans/Liu,* 15 Review of Finance 75 (2011); *Wei/Yermack,* 24 Review of Financial Studies 3813 (2011).

817 *Sundaram/Yermack,* 62 Journal of Finance 1551, 1552 (2007).

818 *Sundaram/Yermack,* 62 Journal of Finance 1551, 1583 (2007).

819 *Wei/Yermack,* 24 Review of Financial Studies 3813 (2011).

Mangel an verwertbaren Daten, da Unternehmen oft nicht verpflichtet waren, Daten zur *debt-based* Vergütung ihrer Manager zur veröffentlichen.[820] Im Jahr 2006 haben sich die Vorschriften in den USA auf Hinwirken der SEC geändert, wonach nun eine Pflicht zur Veröffentlichung von Pensionsplänen und aufgeschobenen Gehaltszahlungen eingeführt wurde.[821] Eine Studie fand seitdem heraus, dass Unternehmen mit umfangreichen *inside debt* Vereinbarungen ein geringeres Insolvenzrisiko aufweisen.[822] Ferner wurde herausgefunden, dass die öffentliche Mitteilung einer Managervergütung mit hohem *inside debt* Anteil die Preise für Bonds des Unternehmens steigen und die Preise für *equity* fallen ließ.[823] Die Märkte preisten damit die Erwartung ein, dass das Unternehmen von nun an konservativer geführt wird.[824]

Denkbar wäre es allerdings, dass Gläubiger nachrangiger Darlehen nicht im gleichen Maße von *inside debt* profitieren. Der Manager wird vor allem darauf achten, den Wert seines eigenen Anspruchs zu schützen, der in der Regel vorrangig gegenüber dem Nachrangdarlehen ist. Zwar ist der Anspruch des Managers oft nicht besichert[825], aber als Lösung könnte man darüber nachdenken, die *debt-based compensation* der Unternehmensleitung ebenfalls nachrangig auszugestalten.

Möglicherweise haben partiarische Darlehensgläubiger aber kein Interesse an einer *debt-based* Vergütung. Durch eine Erfolgsbeteiligung stehen Darlehensgeber eher einem Gesellschafter gleich, sodass sie für Kreditgeber ungewöhnliche Interessen haben können. Zum Beispiel könnten sie es bevorzugen, dass ein Unternehmen sein Risiko steigert. Riskante Investitionen gewähren häufig höhere Gewinnchancen und damit steigende Erträge für Investoren mit Erfolgsbeteiligung. Darlehensgeber mit Festverzinsung würden einem solchen Kurswechsel in der Regel ablehnend gegenüberstehen, da sie bei einer Insolvenz die Verluste tragen, ohne von dem erhöhten Risiko zu profitieren. *Inside debt* kann allerdings auch für Gläubiger eines partiarischen Darlehens sinnvoll sein. Zum Beispiel schafft es Anreize für die Manager auf *tunneling* oder *empire building* zu verzichten und damit den Unternehmenswert nicht negativ zu beeinflussen.

---

820 *Wei/Yermack*, 24 Review of Financial Studies 3813 (2011); *Campbell/Galpin/Johnson*, 119 Journal of Financial Economics 336, 337 (2016).

821 SEC, 17 CFR Parts 228, 229 et al., Executive Compensation and Related Person Disclosure; Final Rule and Proposed Rule, September 8, 2006.

822 *Sundaram/Yermack*, 62 Journal of Finance 1551, 1582 f. (2007).

823 *Wei/Yermack*, 24 Review of Financial Studies 3813, 3814 (2011).

824 *Tung*, 105 Northwestern University Law Review 1205, 1229 ff. (2011).

825 *Wei/Yermack*, 24 Review of Financial Studies 3813 (2011).

Inside debt kann somit eine kostengünstige Alternative zu Mitspracherechten und Covenants für Fremdkapitalgeber darstellen. Wie hoch die optimale *debt-to-equity ratio* der Vergütung des Managers sein soll, ist allerdings noch klärungsbedürftig. Teilweise wird vertreten, das Verhältnis müsse der *leverage ratio* des Unternehmens entsprechen.[826] Andere wiederum machen das Verhältnis abhängig vom eingegangenen Risiko und dem Wert des Gesellschaftskapitals.[827] Zur Beantwortung dieser Frage können weitere empirische Analysen hilfreich sein.

5. Höhere Vergütung der Darlehensgeber als Lösung?

Wäre es nicht denkbar, Agenturkosten und fehlende Mitspracherechte einfach durch eine höhere Vergütung der Darlehensgeber auszugleichen? *Easterbrook* und *Fischel* merken dazu folgendes an: „*Voluntary creditors receive compensation in advance for the chance that the firm will step up the risk of its projects and later be unable to meet its obligations.*"[828] Fremdkapitalgeber könnten also das Risiko opportunistischen Verhaltens in Kauf nehmen, wenn sie entsprechend umfangreich vergütet werden. Dieser Lösungsansatz funktioniert allerdings nur bis zu einem gewissen Grad. Das daraus resultierende Problem wurde oben schon im Rahmen von Informationsrechten angeschnitten: Hat der Investor vollständige Informationen, ist er zumindest theoretisch in der Lage, einen adäquaten Preis zu finden.[829] In der Realität bestehen zwischen den Parteien allerdings Informationsasymmetrien, die zu Marktversagen führen können.[830] Ein Darlehensgeber hat möglicherweise nicht genügend Informationen, um sein Risiko adäquat zu bewerten. Das Risiko bezieht sich nicht nur auf die Kreditwürdigkeit des Darlehensnehmers, sondern auch auf die Höhe der aus dem Darlehensvertrag entstehenden Agenturkosten. Bei einer *adverse selection* verlangt der Darlehensgeber daher Preise, die im Einzelfall außer Verhältnis zum tatsächlichen Risiko stehen.[831] Hat der Darlehensnehmer nicht geplant, opportunistisch gegenüber dem Darlehensgeber zu handeln, ist es deshalb effizienter, wenn er dem Gläubiger etwa Garantien in der Form von Covenants einräumt oder eine anreizoptimierte Managervergütung anbietet, anstatt einen höheren Preis für sein Fremdkapital

---

826 *Jensen/Meckling*, 3 Journal of Financial Economics 305, 352 (1976).
827 *Edmans/Liu*, 15 Review of Finance 75, 77 (2011).
828 *Easterbrook/Fischel*, The Economic Structure of Corporate Law, 1991, S. 51.
829 Siehe oben D.II.3.
830 Siehe oben D.II.3.
831 *Easterbrook/Fischel*, The Economic Structure of Corporate Law, 1991, S. 52.

zu zahlen. Eine höhere Vergütung des Darlehensnehmers ist daher in vielen Fällen keine adäquate Lösung um fehlende Mitspracherechte auszugleichen.

6. Wandlungs- und Optionsrechte als Lösung

Der Darlehensgeber kann seine Agenturkosten möglicherweise dadurch verringern, indem ihm der Darlehensnehmer Wandlungs- und/oder Optionsrechte im Vertrag einräumt.[832] Durch ein Wandlungsrecht wird der schuldrechtliche Anspruch auf Rückzahlung des Darlehens in Anteile der Gesellschaft umgewandelt. Die Vertragsparteien können im Voraus festlegen, dass die Umwandlung zu einem bestimmten Zeitpunkt automatisch geschieht. Ein Auslöser der Wandlung kann zum Beispiel sein, wenn die darlehensnehmende Gesellschaft einen bestimmten Verschuldungsgrad überschreitet.[833]

Durch die Wandlung werden die Anteile der Altgesellschafter in der Regel verwässert. Ihnen gehört nur noch ein geringerer Teil am Unternehmen.[834] Ferner müssen sie sich die Gewinne mit zusätzlichen Gesellschaftern teilen und sie haben ein weniger starkes Stimmrecht.[835] In einem solchen Fall wollen die Anteilseigener das Auslösen des Wandlungsrechts grundsätzlich verhindern. Das können sie je nach Ausgestaltung der Vereinbarung unter anderem dadurch erreichen, indem sie weniger neues Fremdkapital aufnehmen und das Geschäftsrisiko verringern.[836] Die Fremdkapitalgeber würden diese Maßnahmen grundsätzlich begrüßen. Das Wandlungsrecht muss also gar nicht auslösen, damit die Interessen der Unternehmensgläubiger geschützt werden. Schon durch die Vereinbarung werden die Interessen von Gesellschaftern und Gläubigern aneinander angeglichen.[837]

Damit das Wandlungsrecht die Agenturkosten der Fremdkapitalgeber reduziert, muss es in einer bestimmten Art und Weise ausgestaltet sein. Die Anteile des Neugesellschafters sollten keine Erfolgsbeteiligung, sondern vorher festgelegte Zahlungen vorsehen.[838] Dadurch wird sichergestellt, dass der Neugesellschafter eine Anreizstruktur hat, die nicht zu Lasten der verbliebenen

---

832 Zur rechtlichen Einordnung von Wandlungs- und Optionsrechten siehe oben C.XII.7.

833 *Flannery*, in: Scott, Capital Adequacy Beyond Basel, 2005, S. 171 f.

834 *Coffee*, 111 Columbia Law Review 795, 807 (2011).

835 *Jensen/Meckling*, 3 Journal of Financial Economics 305, 353 f. (1976); *Coffee*, 111 Columbia Law Review 795, 807 (2011).

836 *Jensen/Meckling*, 3 Journal of Financial Economics 305, 354 (1976); *Flannery*, in: Scott, Capital Adequacy Beyond Basel, 2005, S. 173.

837 *Bratton*, Wisconsin Law Review 667, 669 (1984).

838 *Coffee*, 111 Columbia Law Review 795, 806 (2011).

Unternehmensgläubiger geht. Wäre der Neugesellschafter etwa am Erfolg beteiligt, könnte er sich wie ein typischer Anteilseigner verhalten und zum Beispiel besonders risikoreiche Unternehmungen unterstützen. Sind die Anreize richtig kalibriert, nimmt auch der Druck auf die Manager ab, Entscheidungen zu Lasten der Unternehmensgläubiger zu treffen.[839]

Doch wie verhält sich ein Wandlungsrecht im Rahmen eines Darlehensvertrags mit einem qualifizierten Nachrang? Mithilfe des Rangrücktritts soll in der Regel wirtschaftliches Eigenkapital geschaffen werden. Die Eigenkapitalähnlichkeit ist aber nur gewährleistet, wenn das Darlehensverhältnis auf Dauer angelegt ist. Ein Wandlungsrecht würde den Vertrag hingegen beenden. Trotzdem steht das Wandlungsrecht nicht im Widerspruch zum qualifizierten Nachrang, denn dadurch wird aus dem wirtschaftlichem Eigenkapital echtes Eigenkapital.[840] Für andere Gesellschaftsgläubiger ist die Wandlung im Zweifel sogar vorzugswürdig, denn echtes Eigenkapital hat die besondere Eigenschaft, dass es Verluste schon vor der Insolvenz absorbiert[841].

Optionsrechte haben für Darlehensgeber den Vorteil, dass ihr Anspruch auf die Rückzahlung des Darlehensbetrags bestehen bleibt und sie zusätzlich Anteile an der Gesellschaft erhalten können. Durch den Fortbestand der Forderung tritt das Optionsrecht auch nicht in Konflikt mit einem qualifizierten Nachrang. An einem Optionsrecht ist allerdings problematisch, dass der partiarische Darlehensgeber ein umfangreiches Mitspracherecht an der Gesellschaft erhält, sobald er von seinem Optionsrecht Gebrauch macht. Diese Mitsprachemöglichkeiten bestünden parallel zu seiner Rolle als Gläubiger. Insofern würde das partiarische Darlehen starke eigenkapitalähnliche Züge aufweisen und es bestünde das Risiko, dass es in eine stille Gesellschaft umgedeutet werden würde.

Insofern kann ein Wandlungs- oder Optionsrecht eine Alternativstrategie für fehlende Mitspracherechte darstellen. Es bestehen aber durchaus Nachteile, wie etwa das Umdeutungsrisiko in eine stille Gesellschaft. Zudem ist ein Wandlungs- oder Optionsrecht für einen Darlehensgeber möglicherweise keine echte Alternative, wenn er sich bewusst gegen eine Eigenkapitalfinanzierung entschieden hat. Er hat eventuell kein Interesse daran, Gesellschafter des finanzierten Unternehmens zu werden.

---

839 *Jensen/Meckling,* 3 Journal of Financial Economics 305, 354 (1976); *Coffee,* 111 Columbia Law Review 795, 806 (2011).

840 Näher dazu oben C.XII.7.

841 *Armour* et al., Principles of Financial Regulation, 2016, S. 296; *Baums,* Recht der Unternehmensfinanzierung, 2017, § 3 Rn. 12.

7. Implikationen für partiarisches Darlehen

Partiarische Darlehensgeber müssen weitgehend auf Mitspracherechte verzichten. Für Banken, die wirtschaftlichen Einfluss auf den Darlehensnehmer ausüben können[842], hat dies weniger starke Auswirkungen. Sie sind auf gesetzliche Regelungen nicht zwingend angewiesen. Stattdessen können sie insbesondere bei einer auf Dauer angelegten Geschäftsbeziehung wirtschaftlichen Druck auf den Schuldner ausüben.

Partiarische Darlehen haben zudem den Vorteil, dass einige Agenturkosten geringer ausfallen können, als dies bei gewöhnlichem Fremdkapital der Fall ist. Entscheiden sich die Gesellschafter, ihr eingesammeltes Kapital für Projekte mit erhöhtem Risiko einzusetzen, kann der partiarische Darlehensgläubiger zumindest durch seine Erfolgsbeteiligung wie ein Anteilseigner von erhöhten Gewinnchancen profitieren. Auch muss sich die Aufnahme weiteren Fremdkapitals nicht zwangsläufig negativ auf den partiarischen Darlehensgläubiger auswirken, da er bei einem vereinbarten Rangrücktritt in der Insolvenz ohnehin mit einem Totalverlust rechnen muss.

Schlecht sind die fehlenden Mitwirkungsmöglichkeiten allerdings für Darlehensgeber, die nur über eine schwache Verhandlungsposition verfügen. Ihnen droht das opportunistische Verhalten anderer an der Finanzierung beteiligter Stakeholder, ohne dass sie sich effektiv dagegen zur Wehr setzen können. Auch Covenants werden diesen Investoren nur bedingt helfen, da ihnen womöglich bereits die Verhandlungsposition fehlt, um sie im Vertrag zu vereinbaren. Selbst wenn entsprechende Klauseln bestehen, ist die Effektivität von Covenants bei partiarischen Nachrangdarlehen nur beschränkt. Dem Darlehensgeber fehlt als ultima ratio oft eine Kündigungsmöglichkeit und auch sonst würde bei zu weitgehenden Einwirkungsmöglichkeiten eine Umdeutung in eine stille Beteiligung drohen.[843]

Fehlende Mitwirkungsrechte der partiarischen Darlehensgeber können allerdings zu einem gewissen Teil durch eine Änderung der Anreizstrukturen von Managern und Gesellschaftern ausgeglichen werden. Wird dem Manager eine *debt-based compensation* gewährt, kann das zum Beispiel zu einer Verringerung von *empire building* und *tunneling* führen. Wandlungsrechte für den Gläubiger können zur Folge haben, dass die Gesellschafter verstärkt Rücksicht auf die Interessen der Darlehensgeber nehmen. Denn wird das Wandlungsrecht ausgelöst, droht den Gesellschaftern eine Verwässerung ihrer Anteile. *Inside debt* und

842 Siehe oben D.II.5.d).

843 Siehe oben C.III.5.

Wandlungsrechte haben allerdings den gleichen Nachteil wie Covenants, dass sie eine gewisse Verhandlungsposition des Darlehensgebers voraussetzen. Trotzdem ist die *inside debt* der erfolgversprechendste Schutzmechanismus bei fehlenden Mitspracherechten. Im Gegensatz zu Covenants entstehen bei der *inside debt* kaum Überwachungs- und Rechtsdurchsetzungskosten. Zudem existiert kein Umdeutungsrisiko in eine stille Gesellschaft, was bei Wandlungsrechten und bei Covenants der Fall sein kann. Um *inside debt* für alle Anleger zugänglich zu machen, könnte der Gesetzgeber durch Änderungen des Gesellschaftsrechts oder der Corporate Governance Regeln einen verpflichtenden Anteil an der Managementvergütung festlegen.

Zusammenfassend lässt sich damit folgendes Ergebnis festhalten: Grundsätzlich wirkt sich das Fehlen von Mitwirkungsrechten bei partiarischen Darlehen nicht so negativ aus, wie das sonst bei Fremdkapital der Fall sein kann. Covenants, Managervergütung und Wandlungsrechte können den Gesellschaftsgläubiger zumindest teilweise schützen. Diese vielfältigen Gestaltungsmöglichkeiten des partiarischen Darlehens sind positiv zu bewerten. Sie sind aber vor allem verfügbar für professionelle Investoren, die eine starke Verhandlungsposition gegenüber dem Darlehensnehmer und ausreichend Fachkenntnisse für die Vereinbarung solcher Klauseln haben. Für diese Investoren stellt das partiarische Darlehen ein gutes Instrument der Unternehmensfinanzierung im Hinblick auf die Mitsprache dar. Solange Kleinanleger nicht durch Gesetzesänderungen (insbesondere im Hinblick auf *inside debt*) zusätzlich geschützt werden, gilt für sie eher eine negative Bewertung dieses Finanzierungsinstruments.

IV. Liquidität

Inwiefern ein partiarisches Darlehen ein gutes oder schlechtes Instrument der Unternehmensfinanzierung darstellt, könnte auch von seiner Liquidität abhängen.

1. Grundlagen

Das partiarische Darlehen ist letztlich ein gewöhnlicher Darlehensvertrag. Ansprüche aus dem Schuldverhältnis werden durch Abtretung gemäß § 398 BGB übertragen.[844] Bei Darlehensverträgen fehlt grundsätzlich ein organisierter Sekundärmarkt und die damit einhergehende Liquidität des Finanzinstruments.[845]

---

844 Näheres dazu oben C.XII.5.
845 *Amihud/Garbade/Kahan*, 51 Stanford Law Review 447, 460 (1999).

Unter Liquidität versteht man die Möglichkeit, ein Asset kaufen und verkaufen zu können und zwar einfach und schnell und mit geringem oder gar keinem Einfluss auf den Preis.[846] Gemeint ist also nicht die Finanzierungsliquidität eines Unternehmens, sondern die Marktliquidität eines Vermögenswertes.

Bei Darlehensverträgen kann ein höheres Maß an Liquidität unter anderem dadurch erreicht werden, dass die Rückzahlung schon nach kurzer Zeit fällig wird.[847] Alternativ können die Parteien Kündigungsrechte für den Darlehensgeber schaffen, die einfach und jederzeit geltend gemacht werden können.[848] Beide Varianten lassen sich aber kaum umgesetzten, wenn die Parteien mit ihrer Investition wirtschaftliches Eigenkapital schaffen wollen. In diesem Fall wird in der Regel verlangt, dass die Rückzahlung frühestens nach fünf Jahren erfolgt und Kündigungsrechte weitgehend ausgeschlossen sind.[849]

Investoren sind bereit, für die Marktliquidität eines Assets einen Aufschlag zu bezahlen.[850] Eine Studie aus den USA hat die Preise von Unternehmensanteilen mehrerer Gesellschaften untersucht und herausgefunden, dass „*restricted stocks*", also Anteile mit einer zweijährigen Haltefrist, im Schnitt 33,75% günstiger für die Investoren waren, als ansonsten identische „*unrestricted stocks*" derselben Unternehmen.[851] Der Preisunterschied zwischen liquiden und illiquiden Assets hängt natürlich auch von der Kreditwürdigkeit des emittierenden Unternehmens ab.[852] Trotzdem verdeutlicht die Studie die Auswirkung von Liquidität auf den Preis eines Finanzierungsinstruments. Für den Emittenten bedeutet diese Erkenntnis, dass er mithilfe von liquiden Finanzierungsinstrumenten seine Kapitalkosten verringern kann.[853]

---

846 *Amihud/Mendelson,* 17 Journal of Financial Economics 223, 224 (1986); *Silber,* 47 Financial Analysts Journal 60, 61 (1991).

847 *Handorf,* 25 Commerical Lending Review 20, 26 (2010).

848 *Alces,* 113 Columbia Law Review 1977, 2006 f. (2013).

849 Siehe oben B.I.

850 *Amihud/Mendelson,* 17 Journal of Financial Economics 223, 224 (1986); *Brennan/Subrahmanyam,* 41 Journal of Financial Economics 441, (1996); *Amihud/Garbade/Kahan,* 51 Stanford Law Review 447, 460 (1999); *Becker-Blease/Paul,* 35 Journal of Banking & Finance 35 (2006).

851 *Silber,* 47 Financial Analysts Journal 60 (1991).

852 *Silber,* 47 Financial Analysts Journal 60 (1991).

853 *Becker-Blease/Paul,* 35 Journal of Banking & Finance 35 (2006); *Armour* et al., Principles of Financial Regulation, 2016, S. 147.

Was macht die Liquidität für Investoren so wertvoll und bedeutet der Preisunterschied, dass partiarische Darlehen ohne eine ausreichende Liquidität ein schlechtes Instrument der Unternehmensfinanzierung sind?

2. Preisbildung

Die Handelbarkeit von Finanzierungsinstrumenten trägt wesentlich zur kontinuierlichen Preisbildung bei.[854] Marktteilnehmer aktualisieren ständig ihre Vorstellungen über den Vermögenswert als Reaktion auf neue Informationen.[855] Die Preise auf Sekundärmärkten vereinigen die Informationen der dort gehandelten Instrumente. Für passive Investoren hat das den Vorteil, dass sie nicht selbst Zeit und Geld in die Preisfindung investieren müssen, sondern sie können sich an den Marktpreisen orientieren.[856] Zwar verläuft die Preisbildung nicht vollends effizient und rational.[857] Der entstandene Preis ist aber ein wichtiger Indikator dafür, wie es um den jeweiligen Vermögenswert bestellt ist.

3. Exit

Aufgrund der eingeschränkten Liquidität von Darlehensverträgen sind auch die Exitmöglichkeiten der Investoren begrenzt. Gerade wenn die Vereinbarung für ihre Eigenkapitalähnlichkeit eine Vertragslaufzeit von fünf bis acht Jahren vorsieht, ist der Darlehensgeber vergleichsweise lange an seine Investition gebunden.[858] Kombiniert mit einem qualifizierten Nachrang und den damit einhergehenden Ausschlüssen von Kündigungsrechten birgt das hohe Risiken für den Investor.[859] Entstehen Anzeichen, dass das Unternehmen an Missmanagement leidet und kontinuierlich an Wert verliert, kann der Darlehensgeber weder seine Ansprüche gegen die Gesellschaft einfach und schnell veräußern noch kann er den Darlehensvertrag kündigen.

Die EU-Kommission hat die positiven Eigenschaften einer Exitmöglichkeit für den Investorenschutz erkannt. Im Rahmen ihres Verordnungsentwurfes zur Regulierung des Crowdinvesting äußerte sie sich folgendermaßen: „*In relation to investment-based crowdfunding, the transferability of a security is an important safeguard for investors to be able to exit their investment since it provides them*

854 Zur Preisbildung siehe auch oben D.II.1.
855 *Armour* et al., Principles of Financial Regulation, 2016, S. 101.
856 *Armour* et al., Principles of Financial Regulation, 2016, S. 147 f.
857 Siehe oben D.II.5.a).
858 Zur Vertragslaufzeit siehe oben B.I.
859 Zu den gängigen Nachrangklauseln siehe oben B.III.

with the legal possibility to dispose of their interest on the capital markets. This Regulation therefore only covers and permits investment-based crowdfunding services in relation to transferable securities. Financial instruments other than transferable securities should however be excluded from the scope of this Regulation because those securities entail risks for investors that cannot be properly managed within this legal framework."[860] Die Äußerungen unterstreichen die Bedeutung von Liquidität für die Exitmöglichkeiten und den Schutz von Investoren.

4. Markt für Corporate Control

Liquide Sekundärmärkte bieten teilweise die Gelegenheit, einen Markt für *corporate control* (Unternehmenskontrolle) zu schaffen. Zum Beispiel können Investoren auf Aktienmärkten schlecht geführte Unternehmen zu einem relativ niedrigen Preis erwerben. Durch gezielte Corporate Governance Maßnahmen, wie zum Beispiel den Austausch eines schwachen Managements, kann im besten Fall das eigentliche Potential des Unternehmens freigesetzt werden. Der Investor kann dadurch hohe Kursgewinne erzielen.[861] Dieses Geschäftsmodell wird heutzutage professionell von aktivistischen Investoren, wie zum Beispiel Hedgefonds, betrieben.

Aber nicht nur neue Investoren können vom Markt für Unternehmenskontrolle profitieren, sondern auch bestehende Anleger. Ex ante kann ein Markt für Unternehmenskontrolle bereits eine disziplinierende Wirkung auf das Management entfalten.[862] Bei schwacher Performance muss die Unternehmensleitung schließlich mit ihrem Rauswurf rechnen. Insofern haben die Manager einen Anreiz, die Leistungsfähigkeit ihres Unternehmens zu verbessern, bevor es zu der Investition eines Aktivisten kommt.

Mangels eines Sekundärmarktes nehmen Gläubiger partiarischer Darlehen nicht am Markt für Unternehmenskontrolle teil. Zumal den Fremdkapitalgebern grundsätzlich auch die nötigen Mitspracherechte fehlen, von denen ein aktivistischer Investor Gebrauch machen würde. Einflussmöglichkeiten entstehen dort

---

860 EU-Kommission, Proposal for a Regulation of the European Parliament and of the Council, on European Crowdfunding Service Providers (ECSP) for Business, 08.03.2018, COM(2018) 113 final, Erwägungsgrund 11.

861 *Manne,* 73 Journal of Political Economy 110, 112 (1965); *Jensen/Ruback,* 11 Journal of Financial Economics 5, f. (1983).

862 *Manne,* 73 Journal of Political Economy 110, 113 (1965); *Scharfstein,* 55 The Review of Economic Studies 185 (1988); Die Wirkung ist auch nicht ganz unumstritten, so etwa *Mayer,* 154 Journal of Institutional and Theoretical Economics 144, 153 f. (1998).

lediglich durch Covenants oder einer faktischen Abhängigkeit zum Darlehensgläubiger.[863] Partiarische Darlehensgeber können lediglich darauf hoffen, als Trittbrettfahrer von den positiven Effekten der Sekundärmärkte anderer Finanzierungsinstrumente (zum Beispiel Aktien) zu profitieren. Allerdings müssen die Fremdkapitalgeber auch beachten, dass nach einer Anteilsübernahme durch einen aktivistischen Investor ein Prinzipal-Agenten-Verhältnis zwischen ihnen als Unternehmensgläubiger und dem neuen Investor entsteht. Der Investor hat in erster Linie seine Interessen als Gesellschafter im Sinn und drängt möglicherweise auf strategische Entscheidungen, die sich zu Lasten der Darlehensgeber auswirken.[864] Insofern kann ein Markt für Unternehmenskontrolle auch etwas Schlechtes für den Fremdkapitalgeber sein.

5. Diversifizierung

Liquidität erleichtert auch die Diversifizierung des eigenen Investmentportfolios, denn ein liquider Sekundärmarkt bietet Schutz für den Anleger.[865] Der Anleger muss keine hohen Überwachungs- und Kontrollkosten für seine einzelnen Investitionen tragen, sondern kann sich zumindest bei seinen liquiden Investitionen darauf verlassen, dass er sie notfalls schnell und ohne größere Verluste auf einem Sekundärmarkt verkaufen kann.[866] Eine Portfoliodiversifizierung ist grundsätzlich sinnvoll, um sich gegen idiosynkratische Risiken zu versichern.[867] Untersuchungen zeigen, dass gerade Kleinanleger nur mangelhaft ihre Investitionen diversifizieren.[868]

6. Liquiditätskosten

Liquidität hat - wie oben festgestellt - einige Vorteile. Finanzierungsinstrumente zu schaffen, die liquide gehandelt werden können, verursacht allerdings auch Kosten.[869] Zumeist müssen bestimmte formale Anforderungen erfüllt

863 Zur Mitsprache von Fremdkapitalgebern siehe oben D.II.2D.III.

864 Die unterschiedlichen Interessen von Gesellschaftern und Fremdkapitalgebern wurden bereits oben beleuchtet D.III.2.a)aa).

865 *Bhide,* 34 Journal of Financial Economics 31, 43 (1993); *Alces,* 113 Columbia Law Review 1977, 2002 (2013).

866 *Alces,* 113 Columbia Law Review 1977, 2002 (2013).

867 *Campbell* et al., 56 Journal of Finance 1, 2 (2001); *Williamson,* 122 Yale Law Journal 2069, 2075 (2013).

868 *Barber/Odean,* 55 Journal of Finance 773 (2000); *Polkovnichenko,* 18 Review of Financial Studies 1467 (2005); *Goetzmann/Kumar,* 12 Review of Finance 433 (2008).

869 *Amihud/Mendelson,* 17 Financial Management 5, 8 ff. (1988).

werden, um in organisierte Sekundärmärkte aufgenommen zu werden.[870] Ferner bestehen oft erhöhte Anforderungen an die Rechnungslegung und damit eingehergehende Veröffentlichungspflichten.[871] Neben den Kosten zur Erfüllung formeller Anforderungen können den Anleger auch sogenannte *hidden liquidity costs* treffen.[872] Wird dem Anleger der Exit durch einen liquiden Sekundärmarkt einfach und günstig gemacht, sinkt sein Anreiz zur Überwachung seiner Investition.[873] Anstatt sich umfangreich zu informieren und das Management zu beeinflussen, kann der Anleger bei ersten negativen Anzeichen sein Investment beenden und auf andere Geldanlagen ausweichen. Das führt insbesondere dazu, dass ein eigentlich kompetentes Management für schlechte Unternehmenszahlen abgestraft wird, die sich bei genauerer Betrachtung auf nicht beeinflussbare Umstände zurückführen lassen.[874] Diese Kosten müssen im Einzelfall mit den oben dargestellten Vorteilen abgewogen werden.

7. Implikationen für partiarische Darlehen

Bei partiarischen Darlehen besteht eine geringe Liquidität aufgrund des Umstands, dass für einen oft individuell ausgehandelten Vertrag zunächst ein tauglicher Käufer gefunden werden muss. Dann müssen sich die Parteien auf einen Preis einigen und schließlich noch die Ansprüche übertragen. Bei einer fehlenden Standardisierung der Verträge müssen mehr Ressourcen darauf verwendet werden, Informationen zu sammeln und den Wert der Vermögensanlage zu bestimmen.[875] Macht die eingeschränkte Liquidität das Partiarische Darlehen zu einem schlechten Instrument der Unternehmensfinanzierung?

Die Auswirkungen fehlender Liquidität könnten gering ausfallen, wenn der Investor ohnehin einen langen Investitionshorizont hat (sog. *clientele effect*).[876] Ein passiver Anleger, der wenig Geld für Informationen und Überwachung ausgeben möchte, hat eventuell gar nicht geplant, sein Kapital vor dem Ende der Darlehenslaufzeit abzuziehen. Deshalb ist ein Sekundärhandel vor allem bei Investitionen ohne festes Ablaufdatum von großer Bedeutung.[877] Außerdem

---

870 *Benveniste/Capozza/Seguin*, 29 Real Estate Economics 633 (2001).
871 *Amihud/Mendelson*, 17 Financial Management 5, 8 (1988).
872 *Bhide*, 34 Journal of Financial Economics 31, 44 ff. (1993).
873 *Bhide*, 34 Journal of Financial Economics 31, 44 (1993).
874 *Bhide*, 34 Journal of Financial Economics 31, 44 (1993).
875 *Amihud/Mendelson*, 17 Financial Management 5, 9 (1988).
876 *Amihud/Mendelson*, 17 Journal of Financial Economics 223, 224 (1986).
877 *Amihud/Mendelson*, 17 Financial Management 5, 9 (1988).

bevorzugt ein Investor es möglicherweise, die oben beschriebenen Liquiditätskosten zu vermeiden. Gänzlich unproblematisch ist die fehlende Liquidität für den Gläubiger eines partiarischen Darlehens aber nicht. Wenn man sich vor Augen führt, dass in den Verträgen teilweise sogar außerordentliche Kündigungsmöglichkeiten ausgeschlossen sind, fehlt dem Investor selbst in Ausnahmesituationen die Möglichkeit, sein Darlehen zu beenden. Auch für einen passiven Investor ist eine Exitmöglichkeit sinnvoll, wenn ansonsten der Totalverlust droht.

Es ist die Kombination von fehlendem Sekundärmarkt, fehlenden Mitwirkungsrechten und ausgeschlossener Kündigung, die das partiarische Darlehen für Investoren zur Hochrisikoanlage werden lässt. Der Anleger kann zwar versuchen, durch Covenants das Unternehmen bis zum Ablauf der Finanzierung auf einen wirtschaftlich tragbaren Kurs zu halten. Allerdings sind Covenants, wie oben dargestellt, gerade bei partiarischen Darlehen kein Allheilmittel.[878] Dem Darlehensgeber fehlen oft effektive Mittel, um seine Covenants durchzusetzen und bei zu umfangreichen Einwirkungsrechten droht eine Umdeutung der Vereinbarung in eine stille Beteiligung. Lediglich bei den Verträgen, die auf einen qualifizierten Nachrang verzichten, stehen dem Darlehensgeber eine Reihe von Kündigungsrechten und damit Exitmöglichkeiten zur Verfügung. Die Verbreitung reiner partiarischer Darlehen bei Unternehmensfinanzierungen dürfte aber eher gering sein, wie sich an praktischen Fällen wie dem Crowdinvesting zeigt. Einem partiarischen Darlehen ohne Rangrücktritt fehlt schließlich die Qualifizierung als wirtschaftliches Eigenkapitals und es droht den Parteien die Einordnung als erlaubnispflichtiges Einlagengeschäft.

Der fehlende Sekundärmarkt und die dadurch fehlende Preisbildungsfunktion sind für bestimmte Investoren von geringerer Bedeutung. Unternehmen, die sich auf die Informationssuche und -verarbeitung spezialisiert haben, können selbst einen Preis für das partiarische Darlehen bilden. Das ist zum Beispiel bei Banken der Fall, die bei einer auf Dauer angelegten Geschäftsbeziehung von dem finanzierten Unternehmen kontinuierlich Informationen sammeln können. Im Gegensatz zu Aktienmärkten, bei denen öffentliche Informationen umgehend im Preis reflektiert werden, können Banken sich bei Darlehensverträgen aufgrund ihrer Spezialisierung und *economies of scale* einen Wettbewerbsvorteil gegenüber anderen Kapitalgebern verschaffen.

Leiden also besonders Kleinanleger unter der fehlenden Liquidität bei partiarischen Darlehen? Ihnen könnte die Preisbildungsfunktion eines liquiden

878 Siehe oben D.III.3.

Sekundärmarktes behilflich sein. Zudem könnten sie von einer erhöhten Liquidität profitieren, da dies die Diversifizierung ihres Portfolios erleichtert. Das durchschnittliche Portfolio eines Kleinanlegers weist ein zu hohes idiosynkratisches Risiko auf.[879]

Der Markt für *Corporate control* hat für partiarische Darlehen nur eine geringe Bedeutung, weil die Darlehensansprüche nicht auf einem Sekundärmarkt gehandelt werden und der Darlehensgeber in der Regel kaum auf Mitspracherechte zurückgreifen kann. Der Markt für Unternehmenskontrolle kann für Darlehensgeber allerdings zum Risiko werden, wenn ein aktivistischer Investor versucht, auf dem Rücken der Fremdkapitalgeber den Wert seiner Investition zu steigern.

Damit lässt sich folgendes Ergebnis festhalten: Die fehlende Liquidität ist ein nicht unerheblicher Nachteil für partiarische Darlehensgeber. Gerade Kleinanleger können sich faktisch nicht von ihrer Investition trennen und werden auch Schwierigkeiten haben, einen adäquaten Preis für ihr Darlehen zu finden. Professionelle Investoren wie Banken können besser mit der fehlenden Liquidität umgehen, indem sie etwa versuchen Einfluss auf strategische Entscheidung zu nehmen. Die ausgeschlossenen Exitmöglichkeiten sind aber auch für sie ein Problem, wenn ihnen ein Totalverlust ihrer Investition droht. Deshalb sind partiarische Darlehen im Hinblick auf ihre Liquidität ein schlechtes Instrument der Unternehmensfinanzierung.

V. Risiken

Bei einer Unternehmensfinanzierung mit einem partiarischen Darlehen bestehen eine Reihe von Risiken für den Investor. Diese Risiken sollen im Folgenden näher beleuchtet werden und zum Schluss bedarf es einer Einschätzung, inwiefern sie dazu führen, dass das partiarische Darlehen ein gutes oder schlechtes Instrument der Unternehmensfinanzierung ist.

1. Haftungsumfang

Die Haftung eines partiarischen Darlehensgebers ist auf die Darlehenssumme begrenzt und es besteht keine Verlustbeteiligung.[880] Das ist grundsätzlich gut für den Investor. Der Gläubiger eines partiarischen Darlehens kann aber in der

879 *Barber/Odean*, 55 Journal of Finance 773 (2000); *Polkovnichenko*, 18 Review of Financial Studies 1467 (2005); *Goetzmann/Kumar*, 12 Review of Finance 433 (2008).

880 Siehe oben B.I.

Insolvenz wie ein Gesellschafter gestellt werden, indem die Parteien einen absoluten Nachrang vereinbaren. Kommt es zur Unternehmensinsolvenz, ist die Darlehenssumme in der Regel verloren. Ein absoluter Nachrang verhindert auch, dass für das Darlehen Sicherheiten aus dem Gesellschaftsvermögen bestellt werden können.[881] Ein partiarisches Darlehen ohne Rangrücktritt unterliegt nicht diesen Beschränkungen. Dort steht es den Parteien frei, das Verlustrisiko des Darlehensgebers auf ein Minimum zu reduzieren.

2. Risiken der Vertragsunwirksamkeit

Für den Investor sind nicht nur seine Haftungsrisiken bei einem wirksamen Darlehensvertrag von Bedeutung, sondern für ihn ist es auch relevant, ob besonders viele Unwirksamkeitsgründe beim partiarischen Darlehen drohen und welche Risiken daraus erwachsen.

a) AGB-Recht

Wie oben bereits näher beschrieben, kann der Darlehensvertrag aufgrund von AGB-widrigen Klauseln unwirksam sein.[882] Vor allem die Vereinbarung eines Rangrücktritts kann § 307 BGB widersprechen. Der Nachrang ist zumindest dann gesetzeskonform, wenn die Klausel nach dem Willen der Parteien ein Gegengewicht zur Erfolgsbeteiligung darstellt und das Darlehen wirtschaftliches Eigenkapital generieren soll.[883] Dann ist der Zweck der Vereinbarung weniger eine unangemessene Benachteiligung des Vertragspartners, sondern eher Ausdruck berechtigter Interessen des Klauselverwenders.

Sollte ein Verstoß gegen AGB-Recht vorliegen, kann das die Unwirksamkeit des ganzen Vertrags nach sich ziehen.[884] Ein besonderes Risiko besteht allerdings bei partiarischen Nachrangdarlehen, wenn lediglich der Rangrücktritt unwirksam ist oder gemäß § 305c BGB nicht Vertragsbestandteil wird. Dann muss das Darlehen grundsätzlich in die Überschuldungsbilanz aufgenommen werden und bei einem öffentlichen Angebot bedarf es zumeist einer Banklizenz.[885] Führen die Beteiligten das Darlehensgeschäft trotzdem fort (zum Beispiel, weil sie die Unwirksamkeit nicht bemerken), können sie dafür im schlimmsten Fall strafrechtlich belangt werden. Dem Darlehensschuldner droht eine Strafbarkeit

881 Siehe oben C.X.
882 Siehe oben C.I.3.e).
883 Siehe oben C.I.3.d)cc).
884 Siehe oben C.I.3.e).
885 Siehe näher dazu oben C.I.3.e).

wegen der Verletzung der Insolvenzantragspflicht aufgrund eingetretener Überschuldung (§ 15a Abs. 4 InsO) und der Anbieter des partiarischen Darlehens verwirklicht möglicherweise den Tatbestand des unerlaubten Betreibens von Bankgeschäften (§§ 54 Abs. 1 Nr. 2, 32 Abs. 1 S. 1, 1 Abs. 1 S. 2 Nr. 1 KWG).

Wenn der potentielle Täter allerdings die Unwirksamkeit verkennt, wäre dann auch der subjektive Tatbestand der Strafgesetze erfüllt? In einem solchen Fall läge ein Tatbestandsirrtum gemäß § 16 Abs. 1 S. 1 StGB bezüglich des Merkmals der Überschuldung oder des Bankgeschäfts vor. Dadurch entfiele der Vorsatz. Allerdings ist gemäß § 15a Abs. 5 InsO und § 54 Abs. 2 KWG auch ein fahrlässiges Handeln strafbar. Für die Beteiligten stellt das ein nicht unerhebliches Risiko dar.

b) Sittenwidrigkeit und Verstoß gegen gesetzliches Verbot

Das partiarische Darlehen kann auch gegen die guten Sitten (§ 138 BGB) oder gegen ein gesetzliches Verbot verstoßen (§ 134 BGB).[886] Im Rahmen der Sittenwidrigkeit kommt etwa eine Äquivalenzstörung wegen einer zu hohen oder zu niedrigen Erfolgsbeteiligung in Frage. Allerdings sind diese Fälle selten. Gerade bei der Kombination mit einem qualifizierten Nachrang ist dem partiarischen Darlehen als Hochrisikoanlage die Möglichkeit ausbleibender oder hoher Zahlungen immanent.[887] Auch § 134 BGB begründet keine außerordentlichen Risiken für die Beteiligten, denn bei wesentlichen Vorschriften, wie zum Beispiel § 32 KWG, handelt es sich nicht um Verbotsgesetze im Sinne des § 134 BGB.[888]

3. Umdeutungsrisiko

Den Vertragsparteien eines partiarischen Darlehens droht die Umdeutung ihrer Vereinbarung in eine stille Beteiligung.[889] Beide Finanzierungsinstrumente sind sich ähnlich und eine Abgrenzung ist entsprechend schwer. Die Unterscheidungskriterien bieten keine strikten Grenzen, sondern eher einen fließenden Übergang.[890] Je weiter das partiarische Darlehen eigenkapitalähnlich ausgestaltet ist, desto eher liegt eine stille Gesellschaft vor.[891] Eine Umdeutung droht insbesondere dann, wenn der Darlehensgeber versucht, seine fehlenden gesetzlichen

886 Siehe oben C.I.4.
887 Siehe dazu C.I.4.
888 Siehe oben C.VII.1.a)bb).
889 Zu Covenants siehe C.III.5.
890 Siehe oben C.I.1.b).
891 Näher dazu siehe oben C.I.1.c).

Mitspracherechte durch vertragliche Regelungen auszugleichen.[892] Das Gleiche gilt, wenn der Darlehensgeber ein Optionsrecht in den Vertrag integrieren will.[893] In einem solchen Fall bleibt der vertragliche Anspruch des Gläubigers unberührt und er erhält zusätzlich zu der Gläubigerstellung eine gesellschaftsrechtliche Mitbestimmung. Dadurch entsteht eine starke Eigenkapitalähnlichkeit, die dem partiarischen Darlehen fremd ist.

Bei einer Umdeutung in eine stille Beteiligung droht jedoch nicht das besondere Risiko, dass Bankenaufsichtsrecht bei einem öffentlichen Angebot verletzt wird. Die Annahme stiller Beteiligungen stellt kein Einlagengeschäft dar, da das Merkmal der unbedingten Rückzahlbarkeit fehlt.[894] Allerdings können die Beteiligten kapitalmarktrechtliche Vorschriften, wie etwa die Pflicht zur Prospekterstellung gemäß § 6 VermAnlG, verletzten. Das kommt zum Beispiel in Betracht, wenn aufgrund der Umdeutung in eine stille Beteiligung die Befreiungsvorschrift nach § 2a VermAnlG nicht eingreift.[895]

4. Klumpenrisiko

Der Investor eines partiarischen Darlehens muss sich auch bewusst sein, dass zum Ablauf des Darlehens ein Klumpenrisiko in Bezug auf die Rückzahlung entsteht.[896] Das war schon bei den Programm-Mezzaninen in den Jahren 2004 bis 2007 ein nicht unerhebliches Risiko.[897] Dort bestand zudem das Problem, dass aufgrund zahlreicher Insolvenzen von teilnehmenden Unternehmen eine Folgefinanzierung auch für die wirtschaftlich gesunden Gesellschaften erschwert wurde.[898] Heutzutage ist das Klumpenrisiko bei partiarischen Darlehen vor allem bei einem absoluten Nachrang in Kombination mit einer vorinsolvenzrechtlichen Durchsetzungssperre gegeben. Dann darf der Gläubiger seinen Rückzahlungsanspruch nur geltend machen, solange keine Überschuldung beim Darlehensnehmer droht. Je nachdem wie hoch die ursprüngliche Darlehenssumme war

892 C.III.5.

893 D.III.6.

894 BGHZ 90, 310, 313 = BGH WM 1984, 957, 958; *Schäfer*, in: Boos/Fischer/Schulte-Mattler, KWG, CRR-VO, 5. Aufl. 2016, § 1 KWG Rn. 44.

895 Zu weiteren zivilrechtlichen Unterschieden zwischen beiden Finanzierungsinstrumente siehe oben C.I.1.d).

896 *Hommel/Nohtse/Schneider*, Corporate Finance biz 2011, 213; *Mayer-Fiedrich/Müller*, BB 2013, 171.

897 *Hommel/Nohtse/Schneider*, Corporate Finance biz 2011, 213; *Mayer-Fiedrich/Müller*, BB 2013, 171.

898 *Hommel/Nohtse/Schneider*, Corporate Finance biz 2011, 213.

und wie schlecht es um die Finanzlage des Kreditnehmers bestellt ist, kann die Rückzahlung unwahrscheinlich werden.

5. Schadensersatz

Zu der Bewertung von Haftungsfragen gehört auch die Prüfung, inwiefern ein Finanzierungsinstrument besondere Schadensersatzpflichten begründet. Beim partiarischen Darlehen droht dem Darlehensnehmer insbesondere die Geltendmachung eines Anspruchs aus § 280 Abs. 1 BGB bei einer pflichtwidrigen Unternehmensführung.[899] Wie oben festgestellt, ist die Klöckner-Entscheidung zu Genussrechten auf partiarische Nachrangdarlehen übertragbar.[900] In diesem Fall haftet der Darlehensnehmer für eine vertragliche Nebenpflichtverletzung gemäß §§ 280 Abs. 1 S. 1, 241 Abs. 2 BGB. Allerdings ist der Anspruch restriktiv anzuwenden, denn eine schuldrechtliche Nebenpflicht darf nicht dazu führen, dass ein Fremdkapitalgeber zu starken Einfluss auf die Gesellschaft ausüben kann.[901]

Ferner kommt bei einem öffentlichen Angebot von partiarischen Darlehen eine Prospekthaftung aus den §§ 20, 21 VermAnlG in Betracht.[902] Vereinzelnte Ausnahmen – zum Beispiel beim Crowdinvesting gemäß § 2a VermAnlG – schränken den Anwendungsbereich ein. Neben spezialgesetzlichen Vorschriften ist auch die bürgerlich-rechtliche Prospekthaftung im weiteren Sinne anwendbar.[903] Und es droht eine Haftung wegen Kapitalanlagebetrugs nach §§ 823 Abs. 2 i.V.m. § 264a Abs. 1 Nr. 1 StGB.[904]

Die hier dargestellten Schadensersatzrisiken treffen in erster Linie den Darlehensnehmer und nicht den Darlehensgeber. Der Darlehensgeber ist stattdessen in vielen Fällen der Anspruchsinhaber und deshalb sind diese Schadensersatzvorschriften aus seiner Sicht grundsätzlich positiv zu bewerten. Sie schützen ihn ex post, indem er seinen erlittenen Schaden geltend machen kann. Gleichzeitig erfüllen sie eine Präventivfunktion, die den Darlehensnehmer von schädigendem Verhalten abhalten soll.

---

899 Siehe oben C.V.1.
900 Siehe oben C.V.1.b).
901 C.V.1.b).
902 C.VIII.1.c).
903 C.VIII.3.
904 C.VIII.4.

6. Implikationen für partiarische Darlehen

Der partiarische Darlehensgeber sieht sich einigen Risiken bei einer Unternehmensfinanzierung ausgesetzt. Das gilt besonders bei der Vereinbarung von Nachrangklauseln. Deren (auch unbemerkte) Unwirksamkeit kann insbesondere strafbares Verhalten der Beteiligten begründen. Zudem besteht ein Umdeutungsrisiko, durch die auch heute noch unscharfe Abgrenzung zur stillen Gesellschaft. Dem Investor stehen zwar Schadensersatzansprüche gegen einige der an der Unternehmensfinanzierung beteiligten Personen zu. Allerdings sind sie kein adäquater Ausgleich für die oben beschriebenen Risiken. Zumal Ansprüche wegen pflichtwidriger Unternehmensführung restriktiv anzuwenden sind und bei praxisrelevanten Fällen wie dem Crowdinvesting eine Prospekthaftung grundsätzlich nicht besteht (§ 2a Abs. 1 VermAnlG). Daher ist das partiarische Darlehen eher ein schlechtes Instrument der Unternehmensfinanzierung in Bezug auf seine Risiken.

VI. Ergebnis

Partiarische Darlehen gewähren einen geringen Umfang an Informationen, Mitsprache und Liquidität. Gleichzeitig bestehen nicht unerhebliche Risiken. Auf den ersten Blick würde dies dafürsprechen, dass es sich um ein schlechtes Instrument der Unternehmensfinanzierung handelt.

Gesetzliche Informationsrechte sind aber nicht von derart zentraler Bedeutung, wie man vielleicht annehmen würde. Kognitive Schwächen führen dazu, dass Menschen auch bei vollständigen Informationen irrationale Entscheidungen treffen. Teilweise lesen oder verstehen Investoren gewährte Informationen auch nicht. Gesetzliche Informationsrechte sind zudem keine Allzweckwaffe gegen Agenturkosten. Es ist positiv zu bewerten, dass dem partiarischen Darlehensgeber jedenfalls grundlegende Einsichtsrechte zustehen, damit er seine Erfolgsbeteiligung nachvollziehen kann. Außerdem können Investoren mit starkem Einfluss auf den Darlehensnehmer individuell angepasste Informationsrechte in den Vertrag aufnehmen. Partiarische Darlehen gewähren hierfür einen umfangreichen Gestaltungsspielraum. Somit sind Partiarische Darlehen in Bezug auf Informationen eher ein gutes Instrument der Unternehmensfinanzierung. Der Gesetzgeber sollte dieses Finanzierungsinstrument jedoch aus dem Anwendungsbereich der Ad-hoc-Publizität nach § 11a VermAnlG und des Vermögensanlagen-Informationsblatts gemäß § 13 VermAnlG streichen.

Durch Mitspracherechte kann ein Investor seine Agenturkosten reduzieren. Ferner können solche Rechte im Rahmen einer *vertical integration* die Probleme unvollständiger Verträge lösen und *hold-up* Kosten reduzieren. Dem Darlehensnehmer stehen allerdings grundsätzlich keine Mitspracherechte zu. Covenants sind nur ein bedingt geeignetes Mittel, um gesetzliche Mitspracherechte zu ersetzen. Vor allem bei partiarischen Nachrangdarlehen sind Kündigungsrechte weitgehend ausgeschlossen, sodass dem Investor Möglichkeiten zur Durchsetzung seiner Covenants fehlen. Gleichzeitig verursachen Covenants nicht unerhebliche Kosten und Kleinanlegern fehlen oft die Verhandlungsposition, um sie in den Vertrag aufzunehmen. Als sinnvollste Alternative zu fehlenden Mitspracherechten kommt eine angepasste Managementvergütung des Schuldnerunternehmens in Frage. *Inside debt* kann dazu führen, dass die Interessen der Unternehmensführung und der Gläubiger miteinander verbunden werden. Zwar bedarf es auch für solche Vereinbarungen einer gewissen Verhandlungsposition. Allerdings werden im Gegensatz zu Covenants keine vergleichbaren Informations-, Überwachungs- und Durchsetzungskosten verursacht. Es droht auch keine Umdeutung des Darlehens in eine stille Beteiligung. Der Fakt, dass das partiarische Darlehen eine Reihe von Alternativstrategien für die fehlenden Mitspracherechte gewährt, macht diesen Vertrag eher zu einem guten Instrument der Unternehmensfinanzierung. Dies gilt aber weniger für Kleinanleger, die wegen einer häufig schwachen Verhandlungsposition und fehlender Spezialkenntnisse auf gesetzliche Regelungen (wie etwa zur Managementvergütung) angewiesen sind.

Das partiarische Darlehen ist vergleichsweise illiquide. Das gilt vor allem dann, wenn die Parteien wirtschaftliches Eigenkapital generieren wollen und deshalb einen Kündigungsausschluss und eine langfristige Vertragslaufzeit vereinbaren. Gerät das finanzierte Unternehmen in eine wirtschaftliche Schieflage, besteht kaum eine Möglichkeit, sich von der eigenen Investition zu trennen und einen Totalverlust abzuwenden. Auch professionelle Anleger sind davon betroffen. Sie sind zwar noch am ehesten in der Lage, wirtschaftlichen Fehlentwicklungen durch eine Einflussnahme auf das Schuldnerunternehmen entgegenzuwirken. Zudem sind sie auf die Preisbildungsfunktion eines liquiden Sekundärmarktes weniger angewiesen, wenn sie sich auf die Informationssuche und -verarbeitung spezialisiert haben. Allerdings wäre es auch für diese Investoren hilfreich, wenn ihnen zumindest in Ausnahmesituationen eine einfache und unkomplizierte Möglichkeit zur Trennung von ihrem Darlehen zustehen würde. Kleinanleger sind durch die Kombination von fehlenden Mitwirkungs- und Exitmöglichkeiten im Falle einer schlechten Unternehmensführung weitgehend schutzlos. Sie könnten besonders von einer höheren Liquidität profitieren. Das partiarische Darlehen ist deshalb in Bezug auf seine geringe Liquidität eher ein schlechtes Instrument der Unternehmensfinanzierung.

Für die partiarischen Darlehensgeber bestehen nicht unerhebliche Risiken. Der Investor kann durch einen absoluten Nachrang in der Insolvenz wie ein Gesellschafter haften. Die vorinsolvenzrechtliche Durchsetzungssperre kann zudem die Geltendmachung des Rückzahlungsanspruchs außerhalb der Insolvenz verhindern. Sollte die Rangrücktrittsvereinbarung unwirksam sein, drohen weitere rechtliche Konsequenzen (insbesondere § 32 KWG und § 19 InsO). Positiv für den Investor sind hingegen sein besonderer Schadensersatzanspruch bei pflichtwidriger Unternehmensführung und die Prospekthaftung. Beide Schutzmechanismen werden aber eher selten vorliegen, weil der Schadensersatzanspruch nur restriktiv angewendet wird und für die Prospekthaftung praxisrelevante Ausnahmevorschriften bestehen. Beachtet man bei dem partiarischen Darlehen zudem die Umdeutungsrisiken in eine stille Gesellschaft, dann überwiegen die Eigenschaften eines schlechten Instruments der Unternehmensfinanzierung in Bezug auf die Risiken.

Insgesamt halten sich die positiven und negativen Eigenschaften des partiarischen Darlehens die Waage. Positive Elemente überwiegen bei den Informationen und der Mitsprache, während die negativen Aspekte vor allem bei der Liquidität und den Risiken hervortreten. Dieses Ergebnis lässt sich allerdings noch weiter nach verschiedenen Investorengruppen differenzieren: Das partiarische Darlehen ist ein eher ein gutes Instrument der Unternehmensfinanzierung für professionelle Investoren und eher schlecht für Kleinanleger.

E. Wie kann der Gesetzgeber das partiarische Darlehen verbessern?

Im Verlauf der Arbeit wurde aufgezeigt, dass das partiarische Darlehen Eigenschaften aufweist, die es teilweise zu einem schlechten Instrument der Unternehmensfinanzierung machen. Wie kann der Gesetzgeber eingreifen und einige der Schwächen beseitigen?

I. Ineffiziente Informationspflichten streichen

Die Ausführungen oben haben gezeigt, dass das partiarische Darlehen aus dem Anwendungsbereich von zwei Informationsinstrumenten des VermAnlG gestrichen werden sollte. Laut einer Studie haben verkürzte Informationspflichten – wie das Vermögensanlagen-Informationsblatt gemäß § 13 VermAnlG – keinen Einfluss auf die Investitionsentscheidung.[905] Die Ad-hoc-Publizität nach § 11a VermAnlG soll insbesondere Zweiterwerber schützen, obwohl es bei partiarischen Darlehen keinen liquiden Sekundärmarkt gibt.[906] Zudem hat der Gläubiger eines partiarischen Nachrangdarlehens aufgrund seiner weitgehend ausgeschlossenen Kündigungs- und Einflussmöglichkeiten kaum eine Gelegenheit, auf die Ad-hoc-Mitteilung zu reagieren. Stattdessen verursachen das VIB und die Ad-hoc-Publizität Kosten und Haftungsrisiken. Das partiarische Darlehen sollte deshalb aus dem Anwendungsbereich der §§ 11a, 13 VermAnlG gestrichen werden.

II. Corporate Governance stärken

Der Gesetzgeber sollte neue Standards für die Corporate Governance von Unternehmen festlegen. Gesellschaften sollten dazu angehalten werden, ihren Managern eine sogenannte *debt-based compensation* einzuräumen. Dadurch würden die Agenturkosten zwischen partiarischen Darlehensgebern und der Unternehmensleitung sinken.[907] Gerade Gläubiger, die aufgrund ihrer schwachen Verhandlungsposition keine entsprechende vertragliche Vereinbarung treffen

905 Näher dazu D.II.5.c).
906 D.II.6.
907 Näher dazu D.III.4.

können, würden durch eine Regelung im Gesetz oder in sogenanntem *soft law* profitieren.

III. Risiken verringern

Bei der Vereinbarung eines partiarischen Darlehens droht den Parteien insbesondere eine Umdeutung in eine stille Beteiligung.[908] Um die daraus entstehenden Risken zu verringern, könnte der Gesetzgeber einige Rechtsfolgen beider Finanzierungsinstrumente angleichen. Es ist zum Beispiel nicht ersichtlich, warum lediglich partiarische Darlehen von § 2a VermAnlG erfasst werden.[909]

IV. Wertpapieremissionen beim Crowdinvesting evaluieren

In der Arbeit hat sich herauskristallisiert, dass partiarische Darlehen für Kleinanleger eher schlecht sind.[910] Es kann deshalb sinnvoll sein, dass der Gesetzgeber seit 2018 Wertpapieremissionen bis 8 Mio. € von der Prospektpflicht befreit (§ 3 Abs. 2 Nr. 6 WpPG) und damit insbesondere Crowdinvestoren neue Finanzierungsinstrumente zur Verfügung stellt. Kleinanleger könnten bei Wertpapieren unter anderem von einer höheren Liquidität profitieren. Um die konkreten Auswirkungen der neu eingeführten Regelungen abschließend bewerten zu können, wäre es wünschenswert, dass die Bundesregierung möglichst bald eine Evaluierung der Befreiungsvorschrift in Bezug auf den Crowdinvestingmarkt durchführt. Stellt sich heraus, dass eine Schwarmfinanzierung mithilfe von Wertpapieren besser für die Anleger ist, könnte der Gesetzgeber den § 2a VermAnlG mittelfristig streichen.

---

908 D.V.3.

909 So schon *Klöhn/Hornuf*, DB 2015, 47, 50 f.

910 D.VI.

F. Zusammenfassung der wichtigsten Ergebnisse

Das partiarische Darlehen existiert bereits seit mehr als 2400 Jahren. Sein Ursprung liegt im antiken Griechenland und den dort verwendeten Seedarlehen. In jüngster Vergangenheit hat es neue Aufmerksamkeit erfahren durch das Crowdinvesting und die im VermAnlG vorgesehene Befreiung von der Prospektpflicht. Damit war der Anstoß gegeben, eine zivil- und kapitalmarktrechtliche Analyse vom partiarischen Darlehen als Instrument der Unternehmensfinanzierung durchzuführen.

Der Fokus des ersten Teils der Arbeit lag auf einer rein rechtlichen Betrachtung des Finanzierungsinstruments. Die Untersuchung begann mit der Beantwortung von Rechtsfragen zur wirksamen Vereinbarung von partiarischen Darlehen. Dabei nahm die AGB-Kontrolle von Gewinnbeteiligungs- und Rangrücktrittsklauseln eine prominente Rolle ein. Es zeigte sich, dass solche Klauseln grundsätzlich in Übereinstimmung mit § 305c Abs. 1 BGB vereinbart werden können. Sollten die Vereinbarungen im Einzelfall objektiv ungewöhnlich sein, kann der subjektive Überraschungseffekt durch eine ausreichende drucktechnische Hervorhebung entfallen.

Ferner wurde herausgearbeitet, dass bei einer mehrdeutigen Nachrang- oder Erfolgsbeteiligungsklausel ein Günstigkeitsvergleich gemäß § 305c Abs. 2 BGB in Frage kommt. Der Vergleich führt je nachdem, ob der Vertragspartner Darlehensgeber oder Darlehensnehmer ist, zu einer unterschiedlichen Auslegung der mehrdeutigen Klausel zu Lasten des Verwenders. Die günstigsten Klauseln für den Darlehensgeber sind ein relativer Nachrang und eine Erfolgsbeteiligung, die an den Umsatz oder jedenfalls an die EBITDA anknüpft. Ist der Darlehensnehmer der Vertragspartner, so sind für ihn der absolute qualifizierte Rangrücktritt und eine Beteiligung am Bilanzgewinn am günstigsten.

Die Erfolgsbeteiligungsklausel eines Darlehensvertrags ist grundsätzlich von der Inhaltskontrolle ausgeschlossen. Gemäß § 307 Abs. 1 S. 2 BGB wird sie lediglich auf ihre Transparenz überprüft. Nicht überzeugend sind Stimmen aus der Literatur, die die Anwendbarkeit der Inhaltskontrolle bei einer Nachrangvereinbarung vom Eigenkapitalzweck abhängig machen. Deshalb muss sich eine Nachrangklausel im Rahmen von allgemeinen Geschäftsbedingungen an § 307 Abs. 1, 2 BGB messen lassen.

Ein Rangrücktritt stellt grundsätzlich keine unangemessene Benachteiligung dar. Der klauselverwendende Darlehensnehmer kann in der Regel anerkennenswerte Interessen zur Vereinbarung eines Nachrangs anführen. Zudem kann er entgegen der herrschenden Meinung auf das sogenannte Preisargument zurückgreifen. Danach ist die Erfolgsbeteiligung des partiarischen Darlehens geeignet, die Benachteiligung durch den Nachrang zu kompensieren. Auch der Wille des Gesetzgebers spricht grundsätzlich gegen eine Einordnung von Nachrangvereinbarungen als unangemessene Benachteiligung.

Um einen Verstoß gegen das Transparenzgebot zu vermeiden, sollten Nachrangvereinbarungen dem Laien umfangreich erläutert werden. Der hierzu ergangenen BGH-Rechtsprechung ist nicht zu folgen. Die Erfolgsbeteiligung tritt in der Regel nicht in Konflikt mit dem Transparenzgebot. Sollte eine Erfolgsbeteiligung im Einzelfall doch unwirksam sein, führt dies grundsätzlich nicht zur Gesamtunwirksamkeit der Vereinbarung. Gemäß § 306 Abs. 2 BGB ist eine Auslegung der Parteivereinbarung in eine Festverzinsung möglich.

Nach den Ausführungen zur wirksamen Vereinbarung des partiarischen Darlehens konzentrierte sich diese Arbeit auf die Rechte und Pflichten der Vertragsparteien. Dabei wurde zunächst herausgearbeitet, dass die BGH-Rechtsprechung zu den gesetzlichen Informationsrechten des Genussrechtsgläubigers auch auf partiarische Darlehen übertragbar ist. Demnach hat der Darlehensgläubiger ein Einsichtsrecht in die Bücher des Schuldners aus §§ 666, 681, 687 Abs. 2 BGB i.V.m. § 242 BGB, damit er seine Erfolgsbeteiligung nachvollziehen kann.

Die Parteien können ihre Rechte und Pflichten durch Covenants erweitern. Covenants können allerdings in den Konflikt mit einer Nachrangvereinbarung treten, wenn durch den Rangrücktritt wirtschaftliches Eigenkapital generiert, die Aufnahme der Rückzahlungsforderung in die Überschuldungsbilanz verhindert oder die Einordnung als Einlagengeschäft vermieden werden soll. Zudem können Covenants, die zu umfangreiche Einwirkungsrechte gewähren, zu einer Umdeutung des partiarischen Darlehens in eine stille Gesellschaft führen.

Zu Covenants wurde auch geprüft, inwiefern sie einen gesetzlichen Nachrang der Rückzahlungsforderung gemäß § 39 Abs. 1 Nr. 5 InsO begründen können. Dabei wurde grundsätzlich festgestellt, dass ein außerhalb der Gesellschaft stehender Dritter auch dann nicht in den Anwendungsbereich der Vorschrift fällt, wenn ihm als Darlehensgeber umfangreiche Einwirkungsrechte durch seine Covenants eingeräumt werden. Ein gesetzlicher Rangrücktritt kommt ausnahmsweise dann in Betracht, wenn neben den Covenants tatsächliche Umstände vorliegen, die etwa ein starkes Abhängigkeitsverhältnis des Darlehensnehmers zum Darlehensgeber begründen.

Im Folgenden wurden die besonderen Rücksichtnahme- und Treuepflichten der Parteien eines partiarischen Darlehens beleuchtet. Liegt eine pflichtwidrige Unternehmensführung durch den Darlehensnehmer vor, so kann der

Darlehensgeber einen Schadensersatzanspruch wegen Nebenpflichtverletzung aus § 280 Abs. 1 BGB geltend machen. Die Einzelheiten hierzu lassen sich aufgrund der vergleichbaren Interessenlage aus dem Klöckner-Urteil des BGH zu Genussrechten entnehmen. Nicht überzeugend sind hingegen Stimmen der Literatur, die die Geltendmachung des Rückzahlungsanspruchs bei einer Umschuldung des Darlehensnehmers gemäß § 242 BGB sperren wollen. Zudem ist die gesellschaftsrechtliche Treuepflicht auf das partiarische Darlehen nicht anwendbar.

Ein weiterer Schwerpunkt dieser Arbeit stellte die Besprechung der Prospekthaftung gemäß §§ 20, 21 VermAnlG im Rahmen eines öffentlichen Angebots von partiarischen Darlehen dar. Die vorliegende Arbeit kam zu dem Ergebnis, dass der Emittent eines partiarischen Darlehens auch dann tauglicher Anspruchsgegner gemäß § 21 VermAnlG sein kann, wenn er nicht gleichzeitig Anbieter der Vermögensanlage ist. Ferner besteht kein Kausalitäts- und Verschuldenserfordernis im Rahmen der Vorschrift. Zur Beantwortung dieser Fragen wurden Argumente insbesondere auf der Grundlage des durch das Kleinanlegerschutzgesetz eingeführten § 22 VermAnlG entwickelt.

Bei der Analyse der Ad-hoc-Publizität aus § 11a VermAnlG konnte zu großen Teilen auf das gängige Verständnis zu § 15 WpHG a.F. zurückgegriffen werden. Es stellt sich allerdings die Frage, wieso der Gesetzgeber den § 11a VermAnlG überhaupt auf öffentlich angebotene partiarische Darlehen anwendet. Der § 11a VermAnlG soll Zweiterwerber schützen, obwohl bei partiarischen Darlehen kein liquider Sekundärmarkt existiert. Bei der Vereinbarung eines qualifizierten Nachrangs und den damit einhergehenden Kündigungsausschlüssen kann der Darlehensgeber zudem kaum auf Ad-hoc-Meldungen reagieren. Ferner stehen dem Gläubiger – wenn überhaupt – nur geringfügige Möglichkeiten zur Einwirkung auf das Schuldnerunternehmen zur Verfügung. Da der § 11a VermAnlG aber auch Kosten und Haftungsrisiken verursacht, sollte der Gesetzgeber das partiarische Darlehen aus dem Anwendungsbereich der Vorschrift streichen. Jedenfalls wäre es wünschenswert, dass der Gesetzgeber einige der Aufschubmöglichkeiten aus dem § 15 Abs. 3 WpHG a.F. oder Art. 17 Abs. 4 MAR in den § 11a VermAnlG aufnimmt.

Nachdem das partiarische Darlehen im ersten Teil der Arbeit rechtlich analysiert wurde, erfolgte im zweiten Teil eine ökonomische Betrachtung anhand folgender Fragestellung: Ist das partiarische Darlehen ein gutes oder schlechtes Instrument der Unternehmensfinanzierung? Dabei wurden vier abstrakte Kriterien aufgestellt, die zur Bewertung des partiarischen Darlehens dienten. Die Kriterien lauteten: Information, Mitsprache, Liquidität und Risiken. Maßgeblich für die Bewertung war die Sicht der Investoren.

Bei den Informationsmöglichkeiten eines partiarischen Darlehensgebers wurde festgestellt, dass die spärlich vorhandenen gesetzlichen Informationsrechte eher positiv zu bewerten sind. Professionelle Investoren sind häufig selbst in der Lage sind, vertragliche Informationsrechte zu vereinbaren. Sie können ihre Rechte individuell anpassen, anstatt auf gesetzliche *one-size-fits-all* Vorschriften zurückgreifen zu müssen. Auch Kleinanlegern helfen gesetzliche Informationsrechte nur bedingt. Studien aus den USA haben gezeigt, dass Marktteilnehmer Informationen häufig nicht lesen oder nicht verstehen. Für diejenigen Investoren, die zumindest die Richtigkeit der Höhe ihres Beteiligungsanspruchs nachprüfen möchten, ist das gesetzlich gewährte Einsichtsrecht aus §§ 666, 681, 687 Abs. 2 BGB i.V.m. § 242 BGB eine sinnvolle Lösung. Es ist mit geringem Aufwand für das Schuldnerunternehmen verbunden, kann aber gleichzeitig die Agenturkosten des Darlehensgebers reduzieren. Das Vermögensanlagen-Informationsblatt und die Ad-hoc-Publizität sind hingegen wenig nutzbringend bei partiarischen Darlehen und der Gesetzgeber sollte deshalb den Anwendungsbereich der entsprechenden Vorschriften einschränken. Insgesamt ist das partiarische Darlehen in Bezug auf seine Informationsmöglichkeiten ein eher gutes Instrument der Unternehmensfinanzierung, wobei Gesetzesänderungen zu VIBs und der Ad-hoc-Publizität notwendig sind.

Bezüglich der Mitsprachemöglichkeiten in das darlehensnehmende Unternehmen zog diese Arbeit ebenfalls ein eher positives Resümee. Es bestehen zwar keine mitgliedschaftlichen Einwirkungsrechte für den Investor. Allerdings hat der Darlehensgeber mit Covenants, angepasster Managervergütung des Schuldnerunternehmens und Wandlungsrechten einige Alternativstrategien für seine fehlenden gesetzlichen Rechte. Solche Vereinbarungen sind vor allem professionellen Investoren vorbehalten, weil sie auf eine ausreichend starke Verhandlungsposition zurückgreifen können. Zudem haben diese Investoren eine entsprechende Expertise, die sie bei der Vertragsgestaltung einbringen können. Für Kleinanleger gilt das nur bedingt. Dennoch handelt es sich aufgrund der gewährten Alternativstrategien beim partiarischen Darlehen um ein eher gutes Instrument der Unternehmensfinanzierung in Bezug auf die Mitsprachemöglichkeiten.

Im weiteren Verlauf stellte diese Arbeit fest, dass partiarischen Darlehen nur eine geringe Liquidität aufweisen. Besonders Kleinanleger haben praktisch keine Möglichkeit, sich von ihrer Investition zu trennen. Sie können auch nicht von den Vorteilen der Preisfindungsfunktion eines liquiden Sekundärmarktes profitieren. Professionellen Investoren steht in vielen Fällen zumindest ein wirtschaftlicher Einfluss auf das Schuldnerunternehmen zur Verfügung, um bei einer angespannten Finanzlage des Darlehensnehmers einen Totalverlust abzuwenden. Aber auch für diese professionellen Anleger wäre eine Beendigungsmöglichkeit des Vertrags hilfreich. Das partiarische Darlehen ist deshalb im Hinblick auf seine Liquidität ein eher schlechtes Instrument der Unternehmensfinanzierung.

Ein ähnlich negatives Bild ergibt sich in Bezug auf die Risiken, die dem Investor eines partiarischen Darlehens drohen. Der nachrangige Darlehensgeber wird in der Insolvenz wie ein Gesellschafter behandelt. Sollte die Vereinbarung einer Nachrangklausel (unbemerkt) unwirksam sein, kann zudem ein strafbares Verhalten der Beteiligten begründet werden. Durch die fehlende Trennschärfe bei der Abgrenzung von partiarischen Darlehen und stiller Gesellschaft droht den Parteien auch eine Umdeutung ihres Rechtsgeschäfts. Der partiarische Darlehensgeber kann zwar teilweise als Ausgleich seiner Risiken auf einen besonderen Schadensersatzanspruch bei pflichtwidriger Unternehmensführung des Darlehensnehmers und auf die Prospekthaftung zurückgreifen. Allerdings sind beide Rechte nur selten einschlägig, denn der Schadensersatzanspruch ist restriktiv anzuwenden und die Prospekthaftung ist beim Crowdinvesting gemäß § 2a VermAnlG ausgeschlossen. Insgesamt ist das partiarische Darlehen daher ein schlechtes Instrument der Unternehmensfinanzierung in Bezug auf seine Risiken.

Die Arbeit stellte im zweiten Teil damit folgendes fest: Das partiarische Darlehen ist in Bezug auf seine Informations- und Mitsprachemöglichkeiten ein eher gutes Instrument der Unternehmensfinanzierung, während die negativen Eigenschaften bei der Liquidität und den Risiken überwiegen. Das Ergebnis lässt sich weiter differenzieren bei der Betrachtung einzelner Investorengruppen: Danach ist das partiarische Darlehen eher ein gutes Finanzierungsinstrument für professionelle Investoren und eher ein schlechtes für Kleinanleger.

Im letzten Teil wurde aufgezeigt, dass der Gesetzgeber das partiarische Darlehen verbessern kann, indem er es vom Anwendungsbereich ineffizienter Informationspflichten ausnimmt. Zudem sollte sich der Gesetzgeber für Corporate Governance Regelungen einsetzen, die eine *debt-based compensation* von Managern des Schuldnerunternehmens vorsehen. Dadurch können die Agenturkosten der Darlehensgeber verringert werden. Zudem könnte der Gesetzgeber die Risiken der Investoren reduzieren, indem er einige Rechtsfolgen des partiarischen Darlehens an die der stille Gesellschaft angleicht. Schließlich sollte der Gesetzgeber die nun vermehrt vorkommenden Wertpapieremissionen beim Crowdinvesting evaluieren und bei positiven Ergebnissen den § 2a VermAnlG mittelfristig streichen.

Literaturverzeichnis

Akerlof, George A.: The Market for „Lemons": Quality Uncertainty and the Market Mechanism, 84 The Quarterly Journal of Economics 488–500 (1970).

Alces, Kelli A.: Legal Diversification, 113 Columbia Law Review 1977–2038 (2013).

Altanasov, Vladimir/Black, Bernard/Ciccotello, Conrad S.: Law and Tunneling, 37 Journal of Corporate Law 1–42 (2011).

Altmeppen, Holger: Das neue Recht der Gesellschafterdarlehen in der Praxis, NJW 2008, 3601–3607.

Alvermann, Jörg et al.: Formularbuch Recht und Steuern, 9. Aufl., München, 2017.

Amihud, Yakov/Garbade, Kenneth/Kahan, Marcel: A New Governance Structure for Corporate Bonds, 51 Stanford Law Review 447–492 (1999).

Amihud, Yakov/Mendelson, Haim: Asset Pricing and the Bid-Ask Spread, 17 Journal of Financial Economics 223–249 (1986).

Amihud, Yakov/Mendelson, Haim: Liquidity and Asset Prices: Financial Management Implications, 17 Financial Management 5–15 (1988).

Andres, Dirk/Leithaus, Rolf/Dahl, Michael (Hrsg.): Insolvenzordnung, Kommentar, 4. Aufl., München, 2018.

Armour, John et al.: Principles of Financial Regulation, Oxford, 2016.

Armour, John/Enriques, Luca: The Promise and Perils of Crowdfunding: Between Corporate Finance and Consumer Contracts, 81 Modern Law Review 51–84 (2018).

Arndt, Jan-Holger/Voß, Thorsten (Hrsg.): Verkaufsprospektgesetz und Verordnung über Vermögensanlagen-Verkaufsprospekte, Kommentar, München, 2008.

Assmann, Heinz-Dieter: Prospekthaftung als Haftung für die Verletzung kapitalmarktbezogener Informationsverkehrspflichten nach deutschem und US-amerikanischem Recht, Köln, Berlin, 1985.

Assmann, Heinz-Dieter/Schlitt, Michael/Kopp-Colomb, Wolf von (Hrsg.): Wertpapierprospektgesetz, Vermögensanlagengesetz, Kommentar, 3. Aufl., Köln, 2017.

Assmann, Heinz-Dieter/Schütze, Rolf (Hrsg.): Handbuch des Kapitalanlagerechts, 4. Aufl., München, 2015.

Bader, Hermann: Dringender Reformbedarf beim Crowdinvesting!, WM 2014, 2249–2257.

Bagnall, Roger S. (Hrsg.): The Encyclopedia of Ancient History, Volume VIII, Chichester, 2013.

Baird, Douglas G./Rasmussen, Robert K.: Private Debt and the Missing Lever of Corporate Governance, 154 University of Pennsylvania Law Review 1209–1251 (2006).

Bakos, Yannis/Marotta-Wurgler, Florencia/Trossen, David R.: Does Anyone Read the Fine Print?, Consumer Attention to Standard-Form Contracts, 43 The Journal of Legal Studies 1–35 (2014).

Bamberger, Heinz Georg et al. (Hrsg.): Beck'scher Online-Kommentar zum Bürgerlichen Gesetzbuch, München, Stand 01.08.2018.

Barber, Brad M./Odean, Terrance: Trading Is Hazardous to Your Wealth, The Common Stock Investment Performance of Individual Investors, 55 Journal of Finance 773–806 (2000).

Barta, Sebastian: Der Prospektbegriff in der neuen Verkaufsprospekthaftung, NZG 2005, 305–309.

Baumbach, Adolf/Hopt, Klaus J. (Hrsg.): Handelsgesetzbuch, mit GmbH & Co., Handelsklauseln, Bank- und Börsenrecht, Transportrecht (ohne Seerecht), 38. Aufl., München, 2018.

Baumbach, Adolf/Hueck, Alfred (Hrsg.): Gesetz betreffend die Gesellschaften mit beschränkter Haftung, 21. Aufl., München, 2017.

Baums, Theodor: Recht der Unternehmensfinanzierung, München, 2017.

Baur, Jürgen F./Hopt, Klaus J./Mailänder, K. Peter (Hrsg.): Festschrift für Ernst Steindorff zum 70. Geburtstag, Berlin, 1990.

Bebchuk, Lucian A./Fried, Jesse M.: Pay without Performance, The Unfulfilled Promise of Executive Compensation, Cambridge, Mass., 2004.

Beck, Heinz/Samm, Carl-Theodor/Kokemoor, Axel (Hrsg.): Kreditwesengesetz mit CRR, Kommentar mit Materialien und ergänzenden Vorschriften, Heidelberg, München, 202. AL Oktober 2018.

Becker-Blease, John R./Paul, Donna L.: Stock Liquidity and Investment Opportunities: Evidence from Index Additions, 35 Journal of Banking & Finance 35–51 (2006).

Beisel, Daniel/Andreas, Friedhold (Hrsg.): Beck'sches Mandatshandbuch Due Diligence, 3. Aufl., München, 2017.

Benartzi, Shlomo/Thaler, Richard H.: Myopic Loss Aversion and the Equity Premium Puzzle, 110 The Quarterly Journal of Economics 73–92 (1995).

Bendel, Daniel/Demary, Markus/Voigtländer, Michael: Entwicklung der Unternehmensfinanzierung in Deutschland, IW-Trends 2016, 37–54.

Benecke, Martina: Haftung für Inanspruchnahme von Vertrauen – Aktuelle Fragen zum neuen Verkaufsprospektgesetz, BB 2006, 2597–2601.

Ben-Shahar, Omri/Schneider, Carl E.: The Failure of Mandated Disclosure, 159 University of Pennsylvania Law Review 647–749 (2011).

Ben-Shahar, Omri/Schneider, Carl E.: Coping with the Failure of Mandated Disclosure, 11 Jerusalem Review of Legal Studies 83–93 (2015).

Benveniste, Lawrence/Capozza, Dennis R./Seguin, Paul J.: The Value of Liquidity, 29 Real Estate Economics 633–660 (2001).

Berger, Klaus P./Westermann, Harm P. (Hrsg.): Münchener Kommentar zum Bürgerlichen Gesetzbuch, §§ 433–534, Finanzierungsleasing, CISG, 7. Aufl., München, 2016.

Berger, Klaus Peter: Fremdkapitalnahe Mezzanine-Finanzierungen, ZBB 2008, 92–106.

Bhide, Amar: The Hidden Costs of Stock Market Liquidity, 34 Journal of Financial Economics 31–51 (1993).

Bieder, Marcus: Gesellschaftsvertragliche Inhaltskontrolle von AGB-Recht, ZHR 2010, 705–737.

Binder, Christoph/Högsdal, Nils: EBIT & Co., Controlling & Management Review 2017, 58–61.

Bitter, Georg: Wirksamkeit von Rangrücktritten und vorinsolvenzlichen Durchsetzungssperren, AGB-rechtliche Grenzen der Hybridisierung von Fremdkapitalinstrumenten, ZIP 2015, 345–356.

Bitter, Georg et al. (Hrsg.): Kommentar zum GmbH-Gesetz, 12. Aufl., Köln, 2018.

Bitter, Georg/Ott, Claus/Schimansky, Herbert (Hrsg.): Bankgeschäfte zwischen Markt, Regulierung und Insolvenz, Festschrift für Hans-Jürgen Lwowski zum 75. Geburtstag, München, 2014.

Black, Fischer: Noise, 41 The Journal of Finance 529–543 (1986).

Blaurock, Uwe (Hrsg.): Handbuch Stille Gesellschaft, 8. Aufl., Köln, 2016.

Bolton, Patrick: Corporate Finance, Incomplete Contracts, and Corporate Control, 30 Journal of Law, Economics, and Organization i64–i81 (2014).

Boos, Karl-Heinz/Fischer, Reinfrid/Schulte-Mattler, Hermann (Hrsg.): Kommentar zu Kreditwesengesetz, VO (EU) Nr. 575/2013 (CRR) und Ausführungsvorschriften, Bd. 1, 5. Aufl., München, 2016.

Bork, Reinhard: Abschaffung des Eigenkapitalersatzrechts zugunsten des Insolvenzrechts?, ZGR 2007, 250–270.

Bösl, Konrad/Schimpfky, Peter/Beauvais, Ernst-Albrecht von (Hrsg.): Fremdfinanzierung für den Mittelstand, Alternativen zum Bankkredit, München, 2014.

Bratton, William W.: The Economics and Jurisprudence of Convertible Bonds, Wisconsin Law Review 667–740 (1984).

Bratton, William W.: Bond Covenants and Creditor Protection: Economics and Law, Theory and Practice, Substance and Process, 7 European Business Organization Law Review 39–87 (2006).

Braun, Eberhard (Hrsg.): Insolvenzordnung, InsO mit EuInsVO (Neufassung), Kommentar, 7. Aufl., München, 2017.

Breidenstein, Matthias: Covenantgestützte Bankdarlehen in der Insolvenz, ZinsO 2010, 273–283.

Brennan, Michael J./Subrahmanyam, Avanidhar: Market Microstructure and Asset Pricing: On the Compensation for Illiquidity in Stock Returns, 41 Journal of Financial Economics 441–464 (1996).

Brezski, Eberhard et al.: Mezzanine-Kapital für den Mittelstand, Stuttgart, 2006.

Brokamp, Jürgen et al.: Mezzanine-Finanzierungen, München, 2008.

Brunner, Antje/Krahnen, Jan Pieter: Multiple Lenders and Corporate Distress: Evidence on Debt Restructuring, 75 Review of Economic Studies 415–442 (2008).

Brüse, Markus: Mezzanine-Kapital für den Mittelstand, Eine empirische Analyse aus Unternehmenssicht in quantitativer und qualitativer Art, Lohmar, 2011.

Buck-Heeb, Petra: Das Kleinanlegerschutzgesetz, NJW 2015, 2535–2541.

Buck-Heeb, Petra: Kapitalmarktrecht, 9. Aufl., Heidelberg, 2017.

Bußalb, Jean-Pierre: Nachrang- und partiarische Darlehen, BaFin mahnt bei Kapitalbeschaffung zur Vorsicht, BaFin-Journal März 2015, 19–22.

Cahn, Andreas: Gesellschafterfremdfinanzierung und Eigenkapitalersatz, AG 2005, 217–227.

Campbell, John Y. et al.: Have Individual Stocks Become More Volatile? An Empirical Exploration of Idiosyncratic Risk, 56 Journal of Finance 1–43 (2001).

Campbell, T. Colin/Galpin, Neal/Johnson, Shane A.: Optimal Inside Debt Compensation and the Value of Equity and Debt, 119 Journal of Financial Economics 336–352 (2016).

Casper, Matthias: Das Kleinanlegerschutzgesetz – zwischen berechtigtem und übertriebenem Paternalismus, ZBB 2015, 265–282.

Chang, Regina Yu-Chun/Hanna, Sherman: Consumer Credit Search Behaviour, 16 Journal of Consumer Studies & Home Economics 207–227 (1992).

Coffee, John C.: Unstable Coalitions: Corporate Governance As a Multi-Player Game, 78 Georgetown Law Journal 1495–1550 (1990).

Coffee, John C.: Systemic Risk after Dodd-Frank: Contingent Capital and the Need for Regulatory Strategies beyond Oversight, 111 Columbia Law Review 795–847 (2011).

Cooter, Robert/Ulen, Thomas: Law and Economics, 6. Ed., Berkeley, 2016.

Crome, Carl: Die partiarischen Rechtsgeschäfte nach römischem und heutigem Reichsrecht: nebst Beiträgen zur Lehre der verschiedenen Arbeitsverträge, 1897.

Cumming, Douglas J./Johan, Sofia A.: Venture Capital and Private Equity Contracting, An International Perspective, 2. Aufl., Amsterdam, 2014.

Danwerth, Christopher: Widerrufsjoker 2.0? – Das Last-minute-Widerrufsrecht des § 2d VermAnlG beim Crowdinvesting, WM 2016, 1212–1218.

De Geest, Gerrit (Hrsg.): Contract Law and Economics, Encyclopedia of Law and Economics, Vol. 6, 2. Aufl., Cheltenham, 2011.

DeFusco, Richard A./Johnson, Robert R./Zorn, Thomas S.: The Effect of Executive Stock Option Plans on Stockholders and Bondholders, 45 The Journal of Finance 617 (1990).

Denkhaus, Hans: Die rechtliche Natur der partiarischen Rechtsgeschäfte, Bochum-Langendreer, 1935.

Derleder, Peter/Knops, Kai-Oliver/Bamberger, Heinz Georg (Hrsg.): Deutsches und europäisches Bank- und Kapitalmarktrecht, Bd. 1, 3. Aufl., Berlin, Heidelberg, 2017.

Derleder, Peter/Wosnitza, Rüdiger: Auskunftspflichten der Banken beim Teilzahlungskredit, ZIP 1990, 901–910.

Diamond, Douglas W.: Financial Intermediation and Delegated Monitoring, 51 The Review of Economic Studies 393–414 (1984).

Dörner, Barbara: Anmerkung zum Urteil des BGH vom 20.2.2014, Az. IX ZR 137/13 – Zur Vereinbarung der Nachrangigkeit eines Elterndarlehens zur Finanzierung des Schulbetriebs in AGB, EWiR 2014, 423–424.

Duden, Das Fremdwörterbuch, 11. Aufl., Berlin, 2015.

Easterbrook, Frank H./Fischel, Daniel R.: The Economic Structure of Corporate Law, Cambridge, Mass., 1991.

Ebenroth, Carsten Thomas et al. (Hrsg.): Handelsgesetzbuch, §§ 1–342e, Bd. 1, 3. Aufl., München, 2014.

Ebert, Tim: Stille Gesellschaft, Genussrecht und partiarisches Darlehen als mezzanine Kapitaltitel zur Finanzierung einer GmbH; Eine Analyse der historischen Entwicklung und Abgrenzung dieser Finanzierungsinstrumente sowie der mit diesen verbundenen Kompetenz- und Eigenkapitalersatzfragen im GmbH-Recht, Frankfurt am Main, 2010.

Edmans, A./Liu, Q.: Inside Debt, 15 Review of Finance 75–102 (2011).

Eidenmüller, Horst: Unternehmenssanierung zwischen Markt und Gesetz; Mechanismen der Unternehmensreorganisation und Kooperationspflichten im Reorganisationsrecht, Köln, 1999.

Eidenmüller, Horst/Schön, Wolfang (Hrsg.): The Law and Economics of Creditor Protection, A Transatlantic Perspective, Den Haag, 2008.

Eilers, Stephan/Rödding, Adalbert/Schmalenbach, Dirk (Hrsg.): Unternehmensfinanzierung; Gesellschaftsrecht, Steuerrecht, Rechnungslegung, 2. Aufl., München, 2014.

Engert, Andreas: Drohende Subordination als Schranke einer Unternehmenskontrolle durch Kreditgeber, Zugleich zum Regelungszweck der Subordination von Gesellschafterdarlehen, ZGR 2012, 835–874.

Enriques, Luca: Related Party Transactions: Policy Options and Real-World Challenges (with a Critique of the European Commission Proposal), 16 European Business Organization Law Review 1–37 (2015).

Fama, Eugene F.: Efficient Capital Markets: A Review of Theory and Empirical Work, 25 The Journal of Finance 383–417 (1970).

Feddersen, Dieter/Knauth, Klaus-Wilhelm: Eigenkapitalbildung durch Genußscheine, 2. Aufl., Frankfurt am Main, 1992.

Fleischer, Holger: Covenants und Kapitalersatz, ZIP 1998, 313–321.

Fleischer, Holger: Informationsasymmetrie im Vertragsrecht, Eine rechtsvergleichende und interdisziplinäre Abhandlung zu Reichweite und Grenzen vertragsschlußbezogener Aufklärungspflichten, München, 2001.

Fleischer, Holger: Prospektpflicht und Prospekthaftung für Vermögensanlagen des Grauen Kapitalmarkts nach dem Anlegerschutzverbesserungsgesetz, BKR 2004, 339–347.

Fleischer, Holger/Goette, Wulf (Hrsg.): Münchener Kommentar zum Gesetz betreffend die Gesellschaften mit beschränkter Haftung, §§ 1–34, 3. Aufl., München, 2018.

Fleischhauer, Uwe/Olkowski, Michael: Höhenflug bei Individual-Mezzanine – keine Neuauflage bei Standard-Mezzanine, Unternehmeredition 2010, 30–39.

Frantzen, Christopher: Genußscheine, Köln, 1993.

Fridgen, Alexander/Geiwitz, Arndt/Göpfert, Burkard (Hrsg.): Beck'scher Online-Kommentar zur Insolvenzordnung, München, Stand: 26.04.2018.

Frystatzki, Christian: Insolvenzrechtliche Anforderungen an Rangrücktrittsvereinbarungen, NZI 2013, 609–614.

Fuchs, Andreas (Hrsg.): Wertpapierhandelsgesetz, Kommentar, 2. Aufl., München, 2016.

Ganter, Hans: Rechtliche Risiken der Mezzanine-Finanzierung, WM 2011, 1585–1594.

Gehrlein, Markus: BB-Rechtsprechungsreport zur Unternehmensinsolvenz 2010, BB 2011, 1539–1550.

Gehrlein, Markus: Das Eigenkapitalersatzrecht im Wandel seiner gesetzlichen Kodifikationen, BB 2011, 3–11.

Gehrlein, Markus: Haftung für Vertrieb von durch Allgemeine Geschäftsbedingungen qualifiziert nachrangig ausgestaltete Darlehen, WM 2017, 1385–1391.

Geiser, Gordon: Die zeitliche Reichweite der Rangrücktrittsvereinbarung in Bezug auf Forderungen aus Gesellschafterdarlehen nach § 19 II 2 InsO – Redaktionsversehen oder bewusste Abkehr?, NZI 2013, 1056–1059.

Gemmill, Gordon/Thomas, Dylan C.: Noise Trading, Costly Arbitrage, and Asset Prices: Evidence from Closed-end Funds, 57 Journal of Finance 2571–2594 (2002).

Gillette, Clayton P.: Rolling Contracts as an Agency Problem, 2004 Wisconsin Law Review 679–722 (2004).

Gilson, Ronald J./Kraakman, Reinier H.: The Mechanisms of Market Efficiency, 70 Virginia Law Review 549–644 (1984).

Goette, Wulf/Habersack, Mathias/Kalss, Susanne (Hrsg.): Münchener Kommentar zum Aktiengesetz, §§ 179 –277, Bd. 4, 4. Aufl., München, 2016.

Goetzmann, William N./Kumar, Alok: Equity Portfolio Diversification, 12 Review of Finance 433–463 (2008).

Goldberg, Victor P.: Regulation and Administered Contracts, 7 The Bell Journal of Economics 426–448 (1976).

Gottschalk, Eckart: Das Transparenzgebot und allgemeine Geschäftsbedingungen, AcP 2006, 555–597.

Groß, Wolfgang: Kapitalmarktrecht; Kommentar zum Börsengesetz, zur Börsenzulassungs-Verordnung und zum Wertpapierprospektgesetz, 6. Aufl., München, 2016.

Grossman, Sanford J.: The Informational Role of Warranties and Private Disclosure about Product Quality, 24 The Journal of Law & Economics 461–483 (1981).

Grossman, Sanford J./Hart, Oliver D.: The Costs and Benefits of Ownership, A Theory of Vertical and Lateral Integration, 94 Journal of Political Economy 691–719 (1986).

Grundmann, Stefan: Privatautonomie im Binnenmarkt, Informationsregeln als Instrument, JZ 2000, 1133–1143.

Gummert, Hans/Weipert, Lutz (Hrsg.): Münchener Handbuch des Gesellschaftsrechts, Kommanditgesellschaft, GmbH & Co. KG, Publikums-KG, Stille Gesellschaft, Bd. 2, 4. Aufl., München, 2014.

Habersack, Mathias: Gesellschafterdarlehen nach MoMiG: Anwendungsbereich, Tatbestand und Rechtsfolgen der Neuregelung, ZIP 2007, 2145–2153.

Habersack, Mathias/Mülbert, Peter O./Schlitt, Michael (Hrsg.): Handbuch der Kapitalmarktinformation, 2. Aufl., München, 2013.

Habersack, Mathias/Mülbert, Peter O./Schlitt, Michael (Hrsg.): Unternehmensfinanzierung am Kapitalmarkt, 3. Aufl., Köln, 2013.

Habersack, Mathias/Säcker, Franz Jürgen (Hrsg.): Münchener Kommentar zum Bürgerlichen Gesetzbuch, §§ 705–853, Partnerschaftsgesellschaftsgesetz, Produkthaftungsgesetz, Bd. 5, 7. Aufl., München, 2017.

Hacker, Philipp: Verhaltensökonomik und Normativität, Tübingen, 2017.

Häger, Michael/Elkemann-Reusch, Manfred/Alvensleben, Philipp von (Hrsg.): Mezzanine Finanzierungsinstrumente, Stille Gesellschaft, Nachrangdarlehen, Genussrechte, Wandelanleihen, 2. Aufl., Berlin, 2007.

Hall, Brian J./Murphy, Kevin J.: The Trouble with Stock Options, 17 Journal of Economic Perspectives 49–70 (2003).

Handorf, Willaim C.: Portfolio Diversification and Business Lending, 25 Commerical Lending Review 20–27 (2010).

Häsemeyer, Ludwig: Die Gleichbehandlung der Konkursgläubiger, KTS 1982, 507–575.

Häublein/Martin/Hoffmann-Theinert, Roland (Hrsg.): Beck'scher Online-Kommentar zum Handelsgesetzbuch, München, Stand 15.04.2018.

Havermann, Hans (Hrsg.): Bilanz- und Konzernrecht: Festschrift zum 65. Geburtstag von Dr. Dr. h. c. Reinhard Goerdeler, Düsseldorf, 1987.

Healy, Paul M./Palepu, Krishna G.: Information Asymmetry, Corporate Disclosure, and the Capital Markets, A Review of the Empirical Disclosure Literature, 31 Journal of Accounting and Economics 405–440 (2001).

Heer, Philipp E.: Die Abtretung von Darlehensforderungen durch Banken zu Refinanzierungszwecken, Eine Untersuchung nach deutschem und amerikanischem Recht, Baden-Baden, 2011.

Heinrich, Stefan von: Covenants als Alternative zum institutionellen Gläubigerschutz, Berlin, 2008.

Henke, Matthias: Zum einlagenlosen Einlagengeschäft im Kreditwesengesetz, Über die Reichweite des Einlagengeschäfts und das Verhältnis von Bankaufsichts- und Gesellschaftsrecht, WM 2010, 2157–2163.

Henkel, Andreas/Wentzler, Jochen: Die rechtssichere Gestaltung des Rangrücktritts, GmbHR 2013, 239–243.

Hirte, Heribert/Möllers, Thomas M. J. (Hrsg.): Kölner Kommentar zum WpHG, 2. Aufl., Köln, 2014.

Hoffmann-Becking, Michael/Hüffer, Uwe/Reichert Jochem (Hrsg.): Liber amicorum für Martin Winter, Köln, 2011.

Hommel, Ulrich/Nohtse, Karsten/Schneider, Hilmar: Die endfällige Tilgung von Programm-Mezzanine und ihre Folgen, Eine umfragebasierte Untersuchung zum Anschlussfinanzierungsbedarf und dessen Ausgestaltung, Corporate Finance biz 2011, 213–221.

Hommelhoff, Peter/Rawert, Peter/Schmidt, Karsten (Hrsg.): Festschrift für Hans-Joachim Priester zum 70. Geburtstag, Köln, 2007.

Honsell, Heinrich: Römisches Recht, 7. Aufl., Berlin, 2010.

Hoos, Jan-Philipp/Köhler, Oliver: Überschuldungsverhindernde Rangrücktrittsvereinbarungen in der Finanzierungs- und Restrukturierungspraxis, GmbHR 2015, 729–734.

Horn, Norbert: Rechtsfragen internationaler Umschuldungen, WM 1984, 713–721.

Hüffer, Uwe/Koch, Jens (Hrsg.): Aktiengesetz, Kommentar, 13. Aufl., München, 2018.

Investment Company Institute: Understanding Investor Preferences for Mutual Fund Information, Washington, DC, 2006.

Jackson, Thomas H.: The Logic and Limits of Bankruptcy Law, Cambridge, Mass., 1986.

Jensen, Michael C.: Some Anomalous Evidence Regarding Market Efficiency, 6 Journal of Financial Economics 95–101 (1978).

Jensen, Michael C./Meckling, William H.: Theory of the Firm: Managerial Behavior, Agency Costs and Ownership Structure, 3 Journal of Financial Economics 305–360 (1976).

Jensen, Michael C./Ruback, Richard S.: The Market for Corporate Control, The Scientific Evidence, 11 Journal of Financial Economics 5–50 (1983).

Jestädt, Gottfried: Partiarisches Darlehen oder Stille Gesellschaft? Gibt es nach der neuesten Rechtsprechung des BFH Vorteile für die eine oder andere Gestaltung?, DStR 1993, 387–390.

John, Teresa A./John, Kose: Top-Management Compensation and Capital Structure, 48 The Journal of Finance 949–974 (1993).

Kahneman, Daniel/Riepe, Mark W.: Aspects of Investor Psychology: Beliefs, Preferences, and Biases Investment Advisers should know about, 24 Journal of Portfolio Management 52–65 (1998).

Kahneman, Daniel/Tversky, Amos: On the Psychology of Predictions, 80 Psychological Review 237–251 (1973).

Kahneman, Daniel/Tversky, Amos: Prospect Theory: An Analysis of Decision under Risk, 47 Econometrica 263–292 (1979).

Kampshoff, Matthias: Behandlung von Bankdarlehen in der Krise der GmbH, GmbHR 2010, 897–904.

Kästle, Martina: Rechtsfragen der Verwendung von Covenants in Kreditverträgen, Berlin, 2003.

Kiethe, Kurt: Mezzanine-Finanzierung und Insolvenzrisiko, DStR 2006, 1763–1768.

Kirchhof, Hans-Peter/Stürner, Rolf/Eidenmüller, Horst (Hrsg.): Münchener Kommentar zur Insolvenzordnung, §§ 1–79, Insolvenzrechtliche Vergütungsverordnung, Bd. 1, 3. Aufl., München, 2013.

Klein, Benjamin: The Economic Lessons of Fisher Body–General Motors, 14 International Journal of the Economics of Business 1–36 (2007).

Klöhn, Lars: Kapitalmarkt, Spekulation und Behavioral Finance, Eine interdisziplinäre und vergleichende Analyse zum Fluch und Segen der Spekulation und ihrer Regulierung durch Recht und Markt, Berlin, 2006.

Klöhn, Lars: Grund und Grenzen der Haftung wegen unterlassener Prospektveröffentlichung gem. § 24 WpPG, § 21 VermAnlG, DB 2012, 1854–1860.

Klöhn, Lars (Hrsg.): Marktmissbrauchsverordnung, Verordnung (EU) Nr. 596/2014 über Marktmissbrauch, Kommentar, München, 2018.

Klöhn, Lars/Hornuf, Lars: Crowdinvesting in Deutschland, Markt, Rechtslage und Regulierungsperspektiven, ZBB 2012, 237–266.

Klöhn, Lars/Hornuf, Lars: Die Regelung des Crowdfunding im RegE des Kleinanlegerschutzgesetzes – Inhalt, Auswirkungen, Kritik, Änderungsvorschläge -, DB 2015, 47–53.

Knobbe-Keuk, Brigitte/Klein, Franz/Moxter, Adolf (Hrsg.): Festschrift für Dr. Dr. h. c. Georg Döllerer, Düsseldorf, 1988.

Knütel, Rolf: Zur duplex interpretatio von Allgemeinen Geschäftsbedingungen, JR 1981, 221–225.

Koller, Ingo et al. (Hrsg.): Handelsgesetzbuch, Kommentar, 8. Aufl., München, 2015.

Korth, Charlotte Maria: Die Prospekthaftung am Grauen Kapitalmarkt nach dem Anlegerschutzverbesserungsgesetz, Frankfurt am Main, 2007.

Kraakman, Reinier H. et al.: The Anatomy of Corporate Law, A Comparative and Functional Approach, 3. Ed., Oxford, 2017.

Krieger, Gerd/Lutter, Marcus/Schmidt, Karsten (Hrsg.): Festschrift für Michael Hoffmann-Becking zum 70. Geburtstag, München, 2013.

Krolop, Kaspar: Von der Finanzierungsfolgenverantwortung des Gesellschafters zur Risikoübernahmeverantwortung des Risikokapitalgebers?, GmbHR 2009, 397–405.

Krüger, Wolfgang (Hrsg.): Münchener Kommentar zum Bürgerlichen Gesetzbuch, §§ 241–432, Bd. 2, 7. Aufl., München, 2016.

Kühnle, Horst: Stille Gesellschaft und Partiarisches Darlehen, Köln, 1967.

Kümpel, Siegfried/Wittig, Arne (Hrsg.): Bank- und Kapitalmarktrecht, 4. Aufl., Köln, 2011.

Langenbucher, Katja/Bliesener, Dirk H./Spindler, Gerald (Hrsg.): Bankrechts-Kommentar, 2. Aufl., München, 2016.

Langevoort, Donald C.: Ego, Human Behavior, and Law, 81 Virginia Law Review 853–886 (1995).

Laudenklos, Frank/Sester, Peter: Mezzanine-Kapital als wirtschaftliches Eigenkapital im Ratingverfahren - Eine rechtliche Gestaltungsaufgabe, WM 2004, 2417–2427.

Leopold, Kirsten/Reichling, Christian: Alternative Finanzierungsformen: Mezzanine-Finanzierung für die Masse?, DStR 2004, 1360–1364.

Lieb, Manfred/Noack, Ulrich/Westermann, Harm Peter (Hrsg.): Festschrift für Wolfgang Zöllner, Bd. 1, Köln, 1998.

Lüdicke, Jochen/Sistermann, Christian (Hrsg.): Unternehmensteuerrecht; Gründung, Finanzierung, Umstrukturierung, Übertragung, Liquidation, 2. Aufl., München, 2018.

Lutter, Marcus: Theorie der Mitgliedschaft, Prolegomena zu einem Allgemeinen Teil des Korporationsrechts, AcP 1980, 84–159.

Lutter, Marcus: Genussrechtsfragen, Besprechung der Entscheidung BGH ZIP 1992, 1542 (Klöckner) und BGH ZIP 1992, 1728 (Bremer Bankverein), ZGR 1993, 291–311.

Lutter, Marcus (Hrsg.): Das Kapital der Aktiengesellschaft in Europa, Berlin, 2006.

Luttermann, Claus: Unternehmen, Kapital und Genußrechte, Eine Studie über Grundlagen der Unternehmensfinanzierung und zum internationalen Kapitalmarktrecht, Tübingen, 1998.

Manne, Henry G.: Mergers and the Market for Corporate Control, 73 Journal of Political Economy 110–120 (1965).

Manzei, Daniela: Einzelne Aspekte der Prospektpflicht am Grauen Kapitalmarkt, WM 2006, 845–851.

Marotta-Wurgler, Florencia: Does Contract Disclosure Matter?, 168 Journal of Institutional and Theoretical Economics 94–123 (2012).

Mayer, Colin: Financial Systems and Corporate Governance: A Review of the International Evidence, 154 Journal of Institutional and Theoretical Economics 144–165 (1998).

Mayer-Fiedrich, Matija/Müller, Stefan: Perspektiven für die Anschlussfinanzierung/-sanierung bei auslaufenden Mezzanine-Programmen mittelständischer Unternehmen, BB 2013, 171–175.

Mehra, Rajnish/Prescott, Edward C.: The Equity Premium: A Puzzle, 15 Journal of Monetary Economics 145–161 (1985).

Merkt, Hanno: Creditor Protection through Mandatory Disclosure, 7 European Business Organization Law Review 95–122 (2006).

Meschkowski, Alexander/Wilhelmi, Frederike K.: Investorenschutz im Crowdinvesting, BB 2013, 1411–1418.

Mishkin, Frederic S.: The Economics of Money, Banking, and Financial Markets, 10. Ed., Harlow, Munich, 2013.

Möllers, Thomas M. J./Kastl, Stephanie: Das Kleinanlegerschutzgesetz, NZG 2015, 849–855.

Mülbert, Peter O.: A Synthetic View of Different Concepts of Creditor Protection, or: A High-Level Framework for Corporate Creditor Protection, 7 European Business Organization Law Review 357–408 (2006).

Murphy, Kevin J.: Corporate Performance and Managerial Remuneration: An Empirical Analysis, 7 Journal of Accounting and Economics 11–42 (1985).

Nietsch, Michael/Eberle, Nicolas: Bankaufsichts- und prospektrechtliche Fragen typischer Crowdfunding-Modelle, DB 2014, 1788–1795.

Nini, Greg/Smith, David C./Sufi, Amir: Creditor Control Rights, Corporate Governance0 and Firm Value, 25 Review of Financial Studies 1713–1761 (2012).

Nobbe, Gerd: Zulässigkeit von Bankentgelten, WM 2008, 185–194.

Nouvertné, Richard: Der Interessenausgleich zwischen Bank und Kreditnehmer bei Financial Covenants, ZIP 2012, 2139–2147.

Oetker, Hartmut (Hrsg.): Kommentar zum Handelsgesetzbuch, 5. Aufl., München, 2017.

Palandt, Otto (Begr.): Bürgerliches Gesetzbuch, Kommentar, 77. Aufl., München, 2018.

Parisi, Francesco (Hrsg.): Oxford Handbook of Law and Economics, Vol. 2, Oxford, 2017.

Peters, Klaus: Der vertragliche Rangrücktritt von Forderungen, - Versuch einer Bestandsaufnahme - Teil I, WM 1988, 641–644.

Pfeiffer, Thomas: Was kann ein Verbraucher?, Zur Relevanz von Informationsverarbeitungskapazitäten im AGB-Recht und darüber hinaus, NJW 2011, 1–7.

Pielow, Johann-Christian (Hrsg.): Beck'scher Onlinekommentar zur Gewerbeordnung, München, Stand 01.07.2018.

Poelzig, Dörte: Nachrangdarlehen als Kapitalanlage, Im „Bermuda-Dreieck" von Bankaufsichtsrecht, Kapitalmarktrecht und AGB-Recht, WM 2014, 917–927.

Polinsky, A. Mitchell/Shavell, Steven (Hrsg.): Handbook of Law and Economics, Vol. 2, Amsterdam, 2007.

Polkovnichenko, Valery: Household Portfolio Diversification, A Case for Rank-Dependent Preferences, 18 Review of Financial Studies 1467–1502 (2005).

Posner, Richard A.: Economic Analysis of Law, 9. Ed., Austin, 2014.

Priest, George L.: A Theory of the Consumer Product Warranty, 90 Yale Law Journal 1297–1352 (1981).

Primozic, Frank/Schaaf, Joel: AGB-Kontrolle von Rangrücktrittsvereinbarungen, ZinsO 2014, 1831–1835.

Raiser, Ludwig: Das Recht der allgemeinen Geschäftsbedingungen, Hamburg, 1935.

Renner, Moritz/Schmidt, Daniela: Kollektiver Gläubigerschutz bei Covenants, ZHR 2016, 522–551.

Riethmüller, Tobias: Auswirkungen des Kleinanlegerschutzgesetzes auf die Praxis der bankenunabhängigen Finanzierung, das Crowdinvesting und Crowdlending, DB 2015, 1451–1457.

Rock, Edward B.: Adapting to a new Shareholder-Centric Reality, 161 University of Pennsylvania Law Review 1907–1988 (2013).

Röhricht, Volker/Westphalen, Friedrich/Haas, Ulrich (Hrsg.): HGB, Kommentar zu Handelsstand, Handelsgesellschaften, Handelsgeschäften und besonderen Handelsverträgen (ohne Bilanz-, Transport- und Seerecht), 4. Aufl., Köln, 2014.

Runge, Julia C.: Covenants in Kreditverträgen, Grenzen der Einflussnahme von Kreditgebern, Köln, 2010.

Schäfer, Frank A.: Stand und Entwicklungstendenzen der spezialgesetzlichen Prospekthaftung, ZGR 2006, 40–78.

Schäfer, Hans-Bernd/Ott, Claus: Lehrbuch der ökonomischen Analyse des Zivilrechts, 5. Aufl., Berlin, 2012.

Scharfstein, David: The Disciplinary Role of Takeovers, 55 The Review of Economic Studies 185–199 (1988).

Schimansky, Herbert/Bunte, Hermann-Josef/Lwowski, Hans-Jürgen (Hrsg.): Bankrechts-Handbuch, Bd. 1, 5. Aufl., München, 2017.

Schimansky, Herbert/Bunte, Hermann-Josef/Lwowski, Hans-Jürgen (Hrsg.): Bankrechts-Handbuch, Bd. 2, 5. Aufl., München, 2017.

Schmeisser, Wilhelm/Clausen, Lydia: Mezzanines Kapital für den Mittelstand zur Verbesserung des Ratings, DStR 2008, 688–695.

Schmidt, Harry: Stille Gesellschaft und AGB-Gesetz, Bemerkungen zum Urteil des BGH vom 10 Oktober 1994 (II ZR 32/94, Hamburg), ZHR 1995, 734–745.

Schmidt, Karsten: Gesellschaftsrecht, 4. Aufl., Köln, 2002.

Schmidt, Karsten: Entbehrlicher Rangrücktritt im Recht der Gesellschafterdarlehen?, Kritik an § 19 Abs. 2 E-InsO im MoMiG-Entwurf, BB 2008, 461–463.

Schmidt, Karsten: Normzwecke und Zurechnungsfragen im Recht der Gesellschafter-Fremdfinanzierung, Grundfragen zur Neufassung der §§ 39, 135 InsO durch das MoMiG, GmbHR 2009, 1009–1019.

Schmidt, Karsten (Hrsg.): Münchener Kommentar zum Handelsgesetzbuch, §§ 161–237, Handelsgesellschaften und stille Gesellschaft, Bd. 3, 3. Aufl., München, 2012.

Schmidt, Karsten: Dogmatik und Praxis des Rangrücktritts, ZIP 2015, 901–911.

Schmidt, Karsten (Hrsg.): Insolvenzordnung, Kommentar, InsO mit EuInsVO, 19. Aufl., München, 2016.

Schmidt, Klaus M.: The Economics of Covenants as a Means of Efficient Creditor Protection, 7 European Business Organization Law Review 89–94 (2006).

Schmitt, Christian: Die Haftung wegen fehlerhafter oder pflichtwidrig unterlassener Kapitalmarktinformationen, Baden-Baden, 2010.

Schneck, Ottmar: Handbuch alternative Finanzierungsformen; Anlässe, Private Equity, Genussscheine, ABS, Leasing, Factoring, Mitarbeiterbeteiligung, BAV, Franchising, Stille Gesellschaft, Partiarisches Darlehen, Börsengang, Weinheim, 2006.

Schneider, Carl E.: After Autonomy, 41 Wake Forest Law Review 411–444 (2006).

Schön, Wolfgang: Gibt es partiarische Darlehen?, ZGR 1993, 210–244.

Schorn, Wolfgang: Die Unklarheitenregel des § 305c Abs. 2 BGB – insbesondere im Arbeitsrecht, Zum Verständnis der Norm im Zivil- und Arbeitsrecht, insbesondere bei der Auslegung arbeitsvertraglicher Bezugnahmeklauseln, Frankfurt am Main, 2011.

Schrell, Thomas/Kirchner, Andreas: Mezzanine Finanzierungsstrategien, BKR 2003, 13–20.

Schrell, Thomas/Kirchner, Andreas: Strukturelle und Vertragliche Subordination – Vorstellung und Vergleich der beiden Konzepte zur Subordinierung von Gläubigern bei der Finanzierung von Unternehmensübernahmen -, BKR 2004, 212–219.

Schubert, Claudia (Hrsg.): Münchener Kommentar zum Bürgerlichen Gesetzbuch, §§ 1–240, ProstG, AGG, Bd. 1, 8. Aufl., München, 2018.

Schultheiß, Tilman: Die Dritthaftung von Wirtschaftsprüfern nach dem KAGB, BKR 2015, 133–140.

Schulze, Reiner et al. (Hrsg.): Bürgerliches Gesetzbuch, Handkommentar, 9. Aufl., Baden-Baden, 2017.

Schwab, Martin: AGB-Recht, 2. Aufl., Heidelberg, 2014.

Schwark, Eberhard/Zimmer, Daniel (Hrsg.): Kapitalmarktrechts-Kommentar; Börsengesetz mit Börsenzulassungsverordnung, Wertpapierprospektgesetz, Verkaufsprospektgesetz mit Vermögensanlagen-Verkaufsprospektverordnung, Wertpapierhandelsgesetz, Wertpapiererwerbs- und Übernahmegesetz, 4. Aufl., München, 2010.

Schwartz, Alan/Wilde, Louis L.: Intervening in Markets on the Basis of Imperfect Information: A Legal and Economic Analysis, 127 University of Pennsylvania Law Review 630–682 (1979).

Schwennicke, Andreas/Auerbach, Dirk (Hrsg.): Kreditwesengesetz mit Zahlungsdiensteaufsichtsgesetz und Finanzkonglomerate-Aufsichtsgesetz, Kommentar, 3. Aufl., München, 2016.

Schwintowski, Hans-Peter/Schantz, Peter: Grenzen der Abtretbarkeit grundpfandrechtlich gesicherter Darlehensforderungen, NJW 2008, 472–476.

Scott, Hal S. (Hrsg.): Capital Adequacy Beyond Basel: Banking, Securities, and Insurance, New York, Oxford, 2005.

Servatius, Wolfgang: Gläubigereinfluss durch Covenants; Hybride Finanzierungsinstrumente im Spannungsfeld von Fremd- und Eigenfinanzierung, Tübingen, 2008.

Sester, Peter: Projektfinanzierungsvereinbarungen als Gestaltungs- und Regulierungsaufgabe, Eine symbiotische Finanzierungsform für privatwirtschaftliche Projekte und Public Private Partnership, Köln, 2004.

Sethe, Rolf: Genußrechte: Rechtliche Rahmenbedingungen und Anlegerschutz (II), AG 1993, 351–371.

Shleifer, Andrei: Inefficient Markets, An introduction to Behavioral Finance, Oxford, 2000.

Sieveking, Heinrich: Das Seedarlehen des Altertums, Leipzig, 1893.

Silber, William L.: Discounts on Restricted Stock: The Impact of Illiquidity on Stock Prices, 47 Financial Analysts Journal 60–64 (1991).

Silberschmidt, Wilhelm: Beteiligung und Teilhaberschaft, Ein Beitrag zum Rechte der Gesellschaft, Halle a. d. S., 1915.

Smith, Clifford W./Warner, Jerold B.: An Analysis of Bond Covenants, 161 Journal of Financial Economics 117–161 (1979).

Smith, Clifford W./Watts, Ross L.: The Investment Opportunity Set and Corporate Financing, Dividend, and Compensation Policies, 32 Journal of Financial Economics 263–292 (1992).

Soergel, Hans Theodor (Begr.): Bürgerliches Gesetzbuch, §§ 104–240, Bd. 2, 13. Aufl., Stuttgart, 1999.

Soergel, Hans Theodor (Begr.): Bürgerliches Gesetzbuch, §§ 328–432, Bd. 5/3, 13. Aufl., Stuttgart, 2010.

Soergel, Hans Theodor (Begr.): Bürgerliches Gesetzbuch, §§ 311, 311a–c, 313, 314, Bd. 5/1a, 13. Aufl., Stuttgart, 2014.

Spindler, Gerald: Kapitalmarktreform in Permanenz – Das Anlegerschutzverbesserungsgesetz, NJW 2004, 3449–3455.

Spindler, Gerald/Stilz, Eberhard (Hrsg.): Kommentar zum Aktiengesetz, §§ 1–149, Bd. 1, 3. Aufl., München, 2015.

Spindler, Gerald/Stilz, Eberhard (Hrsg.): Kommentar zum Aktiengesetz, §§ 150–410, IntGesR, SpruchG, SE-VO, Bd. 2, 3. Aufl., München, 2015.

Staub, Hermann (Begr.): Handelsgesetzbuch Großkommentar, §§ 161–236, Bd. 4, 5. Aufl., Berlin, 2015.

Staub, Hermann (Begr.): Handelsgesetzbuch Großkommentar, Bankvertragsrecht, Investment Banking I, Bd. 11/1, 5. Aufl., Berlin, 2017.

Staudinger, Julius von (Begr.): Kommentar zum Bürgerlichen Gesetzbuch, §§ 134–138; Anh zu § 138: ProstG, Berlin, 2011.

Staudinger, Julius von (Begr.): Kommentar zum Bürgerlichen Gesetzbuch, §§ 305–310; UKlaG, Berlin, 2013.

Staudinger, Julius von (Begr.): Kommentar zum Bürgerlichen Gesetzbuch, §§ 241–243, Berlin, 2015.

Staudinger, Julius von (Begr.): Kommentar zum Bürgerlichen Gesetzbuch, §§ 488–490 und §§ 607–609 BGB, Berlin, 2015.

Staudinger, Julius von (Begr.): Kommentar zum Bürgerlichen Gesetzbuch, §§ 397–432, Berlin, 2017.

Stigler, George J.: The Economics of Information, 69 University of Chicago Press 213–225 (1961).

Stoffels, Markus: AGB-Recht, 3. Aufl., München, 2015.

Strasser, Rudolf/Schwarz, Walter (Hrsg.): Möglichkeiten und Grenzen der Rechtsordnung: Festschrift Rudolf Strasser zum 60. Geburtstag, Wien, 1983.

Stupp, Alexander/Mucke, Jörg: Die Auswirkung kreativer „Zins"-Vereinbarungen auf die ordentlichen Kündigungsmöglichkeiten des Darlehensnehmers, BKR 2005, 20–27.

Suchomel, Jan-Ulf: Konkurrenz von § 20 VermAnlG und bürgerlich-rechtlicher Prospekthaftung bei fehlerhaftem Prospekt, NJW 2013, 1126–1131.

Sundaram, Rangarajan/Yermack, David: Pay Me Later, Inside Debt and Its Role in Managerial Compensation, 62 Journal of Finance 1551–1588 (2007).

Tung, Frederick: Pay for Banker Performance: Structuring Executive Compensation for Risk Regulation, 105 Northwestern University Law Review 1205–1252 (2011).

Tversky, Amos/Kahneman, Daniel: Judgment under Uncertainty: Heuristics and Biases, 185 Science 1124–1131 (1974).

Uhlenbruck, Wilhelm/Hirte, Heribert/Vallender, Heinz (Hrsg.): Insolvenzordnung, Kommentar, 14. Aufl., München, 2015.

Ulmer, Peter/Brandner, Hans Erich/Hensen, Horst-Diether (Hrsg.): AGB-Recht, Kommentar zu den §§ 305–310 BGB und zum UKlaG, 12. Aufl., Köln, 2016.

van den Bergh, Roger/Pacces, Alessio M. (Hrsg.): Regulation and Economics, Vol. 9, Cheltenham, 2012.

Vollmer, Lothar: Der Genußschein – ein Instrument für mittelständische Unternehmen zur Eigenkapitalbeschaffung an der Börse, ZGR 1983, 445–475.

Weber, Martin: Vormitgliedschaftliche Treubindungen; Begründung, Reichweite und Vorauswirkung gesellschaftsrechtlicher Treuepflichten, München, 1999.

Wei, Chenyang/Yermack, David: Investor Reactions to CEOs' Inside Debt Incentives, 24 Review of Financial Studies 3813–3840 (2011).

Weitnauer, Wolfgang: Die Gesellschafterfremdfinanzierung aus Sicht von Finanzinvestoren – ein Resümee der Änderungen des MoMiG und der derzeitigen rechtlichen Rahmenbedingungen vor dem Hintergrund der Finanzkrise, BKR 2009, 18–25.

Weitnauer, Wolfgang: Der Rangrücktritt – Welche Anforderungen gelten nach aktueller Rechtsprechung?, GWR 2012, 193–198.

Weitnauer, Wolfgang (Hrsg.): Handbuch Venture Capital, Von der Innovation zum Börsengang, 5. Aufl., München, 2016.

Werner, Horst S.: Mezzanine-Kapital, 2. Aufl., Köln, 2007.

Westermann, Harm Peter/Erman, Walter/Aderhold, Lutz (Hrsg.): Bürgerliches Gesetzbuch, Handkommentar mit AGG, EGBGB (Auszug), ErbbauRG, HausratsVO, LPartG, ProdHaftG, UKlaG, VAHRG und WEG, 15. Aufl., Köln, 2017.

Westermann, Harm Peter/Wertenbruch, Johannes (Hrsg.): Handbuch Personengesellschaften; Gesellschaftsrecht, Steuerrecht, Sozialversicherungsrecht, Verträge und Formulare, Köln, PH Lfg. 71 Juli 2018.

Westphal, Lars/Kresser, Matthias: Rangrücktrittsvereinbarungen in der Beratungspraxis, Zugleich eine Besprechung von BGH, Urteil vom 05.03.2015 – IX ZR 133/14, DB 2015 S. 732, DB 2016, 33–42.

Williamson, James J.: The JOBS Act and Middle-Income Investors: Why It Doesn't Go Far Enough, 122 Yale Law Journal 2069–2080 (2013).

Willis, Lauren E.: Decisionmaking and the Limits of Disclosure: The Problem of Predatory Lending: Price, 65 Maryland Law Review 704–840 (2006).

Winnefeld, Robert: Bilanz-Handbuch; Handels- und Steuerbilanz, rechtsformspezifisches Bilanzrecht, bilanzielle Sonderfragen, Sonderbilanzen, IAS/IFRS-Rechnungslegung, 5. Aufl., München, 2015.

Wise, David A. (Hrsg.): Explorations in the Economics of Aging, Chicago, 2011.

Wittman, Donald A. (Hrsg.): Economic Analysis of the Law, Selected Readings, Oxford, 2003.

Wolf, Manfred/Lindacher, Walter/Pfeiffer, Thomas (Hrsg.): AGB-Recht, Kommentar, 6. Aufl., München, 2013.

Zieble, Jürgen: Rechtsnatur und Ausgestaltung von Genußrechten, DStR 1991, 1594–1597.

Zöllner, Wolfgang: Die Schranken mitgliedschaftlicher Stimmrechtsmacht bei den privatrechtlichen Personenverbänden, München, 1963.

FSC
www.fsc.org
MIX
Papier | Fördert gute Waldnutzung
FSC® C083411

Kolibri 360 GmbH
Ferdinand-Jühlke-Straße 7
99095 Erfurt, Deutschland
produktsicherheit@kolibri360.de